延边朝鲜族自治州

知识产权 保护集成

高斌 主编

知识产权出版社

全国百佳图书出版单位

——北京——

图书在版编目（CIP）数据

延边朝鲜族自治州知识产权保护集成/高斌主编. —北京：知识产权出版社，2019.11

ISBN 978 - 7 - 5130 - 6537 - 5

Ⅰ.①延… Ⅱ.①高… Ⅲ.①知识产权保护—概况—延边朝鲜族自治州 Ⅳ.①D927.342.34

中国版本图书馆 CIP 数据核字（2019）第 229489 号

内容提要

本书从有效专利、商标、地理标志保护产品三个方面全面梳理了延边朝鲜族自治州的知识产权保护状况，详细收录了各县（市）有代表性的相关申请，体现了该自治州对知识产权的重视以及展现了各领域的各项成就。

责任编辑：王玉茂　可　为　　　　　　　　　责任校对：王　岩

封面设计：吴晓磊　　　　　　　　　　　　　责任印制：刘译文

延边朝鲜族自治州知识产权保护集成

高　斌　主编

出版发行：**知识产权出版社** 有限责任公司	网　　址：http：//www.ipph.cn
社　　址：北京市海淀区气象路 50 号院	邮　　编：100081
责编电话：010 - 82000860 转 8541	责编邮箱：wangyumao@cnipr.com
发行电话：010 - 82000860 转 8101/8102	发行传真：010 - 82000893/82005070/82000270
印　　刷：三河市国英印务有限公司	经　　销：各大网上书店、新华书店及相关专业书店
开　　本：787mm×1092mm　1/16	印　　张：20
版　　次：2019 年 11 月第 1 版	印　　次：2019 年 11 月第 1 次印刷
字　　数：410 千字	定　　价：80.00 元

ISBN 978 -7 -5130 -6537 -5

本书编委会

主　任：王秋菊

副主任：郭福金

主　编：高　斌

副主编：金　华　秦　伟

编　委：高松子　朴银姬　宋金泉

　　　　刘　超　邵博雅

前　言

当今世界，新一轮科技革命和产业变革蓬勃兴起，知识产权在各国家或地区社会经济发展中的战略地位日益提升。高水平、高质量、高效益的知识产权是创新能力提升、创新成果产出、创新经济发展的重要支撑，也是衡量各国家或地区综合实力和核心竞争力的重要指标。我国知识产权制度建立 30 多年来，延边朝鲜族自治州知识产权工作紧紧围绕全州创新驱动发展战略和产业转型升级，扎实、有效、稳步推进，实现从无到有、从小到大的历史性跨越，在知识产权创造、保护、运用和管理方面取得显著成效，各项指标位于吉林省前列，为增强全社会创新创造活力、优化营商环境提供了有力支撑，为延边朝鲜族自治州经济、文化、科技等领域发展作出了应有的贡献。

为了扩大宣传和深入贯彻知识产权保护政策，全面展示延边朝鲜族自治州知识产权保护成果，我们整理了延边朝鲜族自治州的各项知识产权成果，并汇编成册，为本州各级政府机关、大专院校、科研院所、企事业单位及社会公众更加全面、清楚地了解其知识产权保护状况提供参考。本书共分为有效专利、商标、地理标志保护产品三大部分，每部分以技术类别、所属县（市）、申请或发布年度为序进行排列，以便读者更加高效、便捷地阅读和选取所需信息。本书在编辑出版过程中，参阅和借鉴了诸多文献和著作，同时也得到了很多业内专家、相关工作人员的热情帮助和大力支持，在此表示衷心的感谢！

本书成稿的截止日期为 2018 年底。由于时间紧迫，并受专业知识、专业能力和专业水平的限制，我们对各类信息的收集、整理、加工可能不够准确和全面，敬请读者谅解，并给予批评指正。

编　者

2019 年 9 月

目　　录

第一部　有效专利

第一部　　**有效专利**

专利是专利权的简称。专利权是国家按专利法授予申请人在一定期限内对其发明成果享有的独占、使用和处分的权利。它是一种财产权，是运用法律保护手段独占现有市场、抢占潜在市场的有力武器。申请专利可以保护自己的发明成果，防止科研成果流失，同时有利于科技进步和经济发展。按照《中华人民共和国专利法》规定，专利分为发明、实用新型和外观设计三种。本书汇集的是延边朝鲜族自治州截至 2018 年底公布的有效专利 1374 件，其中，发明专利 317 件，实用新型专利 693 件，外观设计专利 364 件。

为了方便读者查阅，本书有效发明专利和实用新型专利名录按照国际专利分类体系（IPC）进行排列。IPC 将不同的技术领域概括分为 8 个部分，每个部分包括大类、小类、大组、组等级别。其中，8 个部分的类名分别是 A 部：人类生活必需；B 部：作业、运输；C 部：化学、冶金；D 部：纺织、造纸；E 部：固定建筑物；F 部：机械工程、照明、加热、武器、爆破；G 部：物理；H 部：电学。

A 部：人类生活必需（农、轻、医）类专利

第一章　A 部发明专利

一、延吉市 A 部发明专利

1. 发明名称：一种防治白菜菌核病的生物药剂

专利号：ZL201710420782.8

申请日：2017/6/7

专利权人：延边大学

主分类号：A01N 65/00

摘要：本发明涉及防治白菜菌核病的生物药剂，对白菜菌核病菌具有显著抑菌作用，可有效防治白菜菌核菌以及其引起的病害，是一种无毒无残留的生物药剂。

2. 发明名称：一种烟用梗丝及其制备方法和卷烟

专利号：ZL201611017826.4

申请日：2016/11/15

专利权人：吉林烟草工业有限责任公司

主分类号：A24B 5/16

摘要：本发明烟用梗丝及其制备方法和卷烟，与传统方法制备的梗丝相比，感官质量大幅度提高，光泽改善，香气量更足，杂气、刺激减轻，余味更加舒适，掺配到烟丝的比例有所提高。

3. 发明名称：一种朝医复方鹿茸保健食品及其制备方法和用途

专利号：ZL201610393497.7

申请日：2016/6/6

专利权人：延吉朝耀生物科技有限公司；郭建鹏

主分类号：A23L 33/105

摘要：本发明涉及一种保健食品及其制备方法和用途，是以鹿茸、天冬、升麻、苦杏仁、五味子作为配方主要原料制备的保健食品，具有增强免疫力的功能。

4. 发明名称：一种可上下楼梯的爬梯式拉杆箱

专利号：ZL201610377834.3

申请日：2016/5/31

专利权人：姜今善

主分类号：A45C 5/14

摘要：本发明拉杆箱可实现爬梯功能，具有结构简单、设计合理等优点。

5. 发明名称：高山红景天总多酚分散片及其制备方法和用途

专利号：ZL201610088655.8

申请日：2016/2/17

专利权人：延边大学；郭建鹏

主分类号：A23L 33/105

摘要：本发明以高山红景天为主要原料，

以微晶纤维素、低取代羟丙基纤维素（L－HPC）、聚乙烯吡咯烷酮为辅料，具有辅助降血糖功能。

6. 发明名称：一种烟草组合物
专利号：ZL201510817462.7
申请日：2015/11/23
专利权人：吉林烟草工业有限责任公司
主分类号：A24B 15/10
摘要：本发明烟草组合物，包括特定重量比的铝箔和烟叶，由于铝箔的存在，在加热非燃烧型卷烟时，能够促进加热元件与烟丝、薄片等烟草原料之间的热传导，提高传热效率，促进卷烟烟气的释放。

7. 发明名称：一种治疗冠心病的中药制剂
专利号：ZL201510226339.8
申请日：2015/5/6
专利权人：朴二松
主分类号：A61K 36/898
摘要：本发明治疗冠心病的中药制剂，可瘀散结消，血流畅通，从而对血流不畅、缺血引起的脑痛、憋闷、心慌、心惨、心肌病、心肌炎、心肌梗死等有特效。

8. 发明名称：烟雾生成装置及具有该装置的电子烟
专利号：ZL201510134421.8
申请日：2015/3/25
专利权人：延吉长白山科技服务有限公司
主分类号：A24F 47/00
摘要：本发明烟雾生成装置及具有该装置的电子烟，既可利用加热丝加热方式加热雾化发烟物质保证出烟的速度，又可以利用电磁加热方式将雾化腔内的冷凝液二次雾化并加以消除。

9. 发明名称：一种加热结构及具有该加热结构的雾化装置
专利号：ZL201510134753.6
申请日：2015/3/25
专利权人：延吉长白山科技服务有限公司
主分类号：A24F 47/00
摘要：本发明加热结构及具有该加热结构的雾化装置，实现了发烟物质的间接加热，避免了现有技术中烧焦的情况，进而避免了碳化的有害物质的产生，确保了电子烟的可靠性及使用者的口感。

10. 发明名称：一种从人参茎叶中获取黄酮苷元的方法
专利号：ZL201510122387.2
申请日：2015/3/20
专利权人：延边大学
主分类号：A61K 36/258
摘要：本发明包括通过超声技术提取人参茎叶总黄酮粗提物、配制人参茎叶总黄酮粗提物溶液、将所述人参茎叶总黄酮粗提物溶液中的黄酮糖苷转化为黄酮苷元的步骤。具有操作工艺简单、时间短、成本低、转化率高的优点。

11. 发明名称：一种打糕机
专利号：ZL201510036821.5
申请日：2015/1/26
专利权人：韩志刚
主分类号：A23L 1/10
摘要：本发明模仿朝鲜族手工打糕的传统方式，通过锤头的自身重量，自然下落捶打糯米糕点。具有操作简便、省时省力、安全卫生的特点，所打出的打糕非常筋道、具有传统打糕的风味的优点。

12. 发明名称：一种显微镜下使用的实验动物脑立体固定装置

专利号：ZL201510005505.1

申请日：2015/1/7

专利权人：邱德来

主分类号：A61D 3/00

摘要：本发明显微镜下使用的实验动物脑立体固定装置，具有结构简单、固定稳固，并可根据研究内容调整动物脑部位置的优点。

13. 发明名称：一种不经休眠而发芽的马铃薯微型薯生产方法

专利号：ZL201410812921.8

申请日：2014/12/24

专利权人：延边大学

主分类号：A01G 31/00

摘要：本发明不经休眠而发芽的马铃薯微型薯生产方法，解决了贮藏和发芽过程中因病虫害发生及失水等引起的发芽率降低问题，保留下部的2～4叶，可为已形成的微型薯继续提供足够养分。

14. 发明名称：一种预防脂肪肝疾病的生物发酵液及制备方法

专利号：ZL201410725249.9

申请日：2014/12/4

专利权人：延边大学

主分类号：A61K 36/28

摘要：本发明预防脂肪肝疾病的生物发酵液，具有多种有效活性成分，通过改善内分泌系统，能够促进新陈代谢，消解各种毒素，保护肝脏。

15. 发明名称：万年蒿提取物及其制备方法和用途

专利号：ZL201410549512.3

申请日：2014/10/17

专利权人：朴光春

主分类号：A61K 36/28

摘要：本发明万年蒿提取物，含有总黄酮化合物，具有显著的预防和治疗效果。

16. 发明名称：一种抗肿瘤的注射液剂及其制备方法

专利号：ZL201410370396.9

申请日：2014/7/31

专利权人：朴认南；朴新花

主分类号：A61K 36/8969

摘要：本发明抗肿瘤的注射液剂，直接注入人体组织或血管，具有吸收快、起效迅速，毒性小，免疫力显著提高，癌细胞肿块缩小迅速，减轻患者的痛苦等优点。

17. 发明名称：圆盘式豆腐压机

专利号：ZL201410364121.4

申请日：2014/7/29

专利权人：延边金科食品机械有限公司

主分类号：A23C 20/02

摘要：本发明圆盘式豆腐压机，由多组气缸同时压制，具有可连续和批量压制豆腐，可节省人力、提高效率等特点。

18. 发明名称：一种利用诱导子提高反应器培养东北刺人参不定根中有效物质的方法

专利号：ZL201410352666.3

申请日：2014/7/17

专利权人：廉美兰

主分类号：A01H 4/00

摘要：本发明可以有效提高不定根中黄酮及多糖含量，通过反应器不定根培养可在短期内获得较高含量黄酮及多糖的东北刺人参不定根，为珍稀东北刺人参的资源利用与保护提供方便而有效的方法。

19. 发明名称： 牛饲料添加剂及其使用方法

专利号： ZL201410208462.2

申请日： 2014/5/16

专利权人： 李香子

主分类号： A23K 1/18

摘要： 本发明通过对延边黄牛所述的营养调控方法和饲料配比，有效提高延边黄牛瘤胃内的丙酸浓度，使共轭亚油酸（CLA）及其内源合成前体物反式油酸trans-11C18：1）提高，改善瘤胃内环境，提高延边黄牛生产性能。

20. 发明名称： 种植牙手术用印模辅助帽及印模方法

专利号： ZL201410153041.4

申请日： 2014/4/16

专利权人： 玄龙培

主分类号： A61C 9/00

摘要： 本发明种植牙手术用印模辅助帽，解决了现有技术中采用印模盖代替二体式基台进行印模产生的装配误差大的问题。

21. 发明名称： 一种利用人参病原菌诱导子提高反应器培养西洋参不定根中皂苷含量的方法

专利号： ZL201410095417.0

申请日： 2014/3/10

专利权人： 廉美兰

主分类号： A01G 1/04

摘要： 本发明优化了诱导子处理时间及处理浓度，形成了完整而完善的增加西洋参不定根中皂苷含量及皂苷产量的方

法途径。可提高西洋参不定根的皂苷生产量，利用 HPLC 进行检测更加精密准确。

22. 发明名称： 一种贮柜拨料辊的安全控制方法、系统及贮柜

专利号： ZL201410015987.4

申请日： 2014/1/14

专利权人： 吉林烟草工业有限责任公司

主分类号： A24B 3/00

摘要： 本发明贮柜拨料辊的安全控制方法、系统及贮柜，克服操作人员在清扫贮柜过程中以手动方式不断多次重启拨料辊电机的问题，提高了工作效率和生产稳定性，确保了工作人员的安全性。

23. 发明名称： 用于滚筒类回潮加料设备的冷水加热系统

专利号： ZL201410001592.9

申请日： 2014/1/2

专利权人： 吉林烟草工业有限责任公司

主分类号： A24B 3/00

摘要： 本发明用于滚筒类回潮加料设备的冷水加热系统，将储水容器中的冷水升温为热水，使得加入滚筒类回潮设备中的水成为热水，经雾化后不会拉低滚筒内的热风温度，降低了补偿蒸汽的使用量，具有较高的运行稳定性和回潮效率。

24. 发明名称： 膨胀烟丝加工生产线

专利号： ZL201410001548.8

申请日： 2014/1/2

专利权人： 吉林烟草工业有限责任公司

主分类号： A24B 3/04

摘要： 本发明膨胀烟丝生产线，能够连续生产膨胀烟丝，而且通过该生产线生产的膨胀烟丝造碎量较低、烟丝膨胀率

较高且烟丝香气保持效果较好。

25. 发明名称：一种烟用梗丝的制备方法及其制备的烟用梗丝

专利号：ZL201310647544.2

申请日：2013/12/4

专利权人：吉林烟草工业有限责任公司

主分类号：A24B 5/00

摘要：本发明通过控制温度和转速等参数，提高了梗丝的松散效果，使梗丝与气流的接触表面增大，使水分快速去除，避免冷凝水的形成，减少了对梗丝中香气物质的损失，提高了烟用梗丝的填充性能和感官品质。

26. 发明名称：松花玉竹液饮品

专利号：ZL201310549356.6

申请日：2013/11/8

专利权人：吉林海吉雅生物科技有限公司

主分类号：A23L 2/02

摘要：本发明松花玉竹饮，具有滋阴养血、保肝护胆、提高免疫力、促进新陈代谢等作用以及制备方法简单、服用方便、起效快、可长期服用的优点。

27. 发明名称：苹果梨饴及制备方法

专利号：ZL201310487468.3

申请日：2013/10/18

专利权人：韩忠国

主分类号：A23G 3/48

摘要：本发明苹果梨饴，加入具有益气、滋肾、敛肺、生津、益智、安神功效的五味子和具有缓中补虚、健脾和胃、生津润燥、润肺止咳功效的玉米麦芽糖，再加苹果梨三者互补，其保健效果更佳。

28. 发明名称：牛蒡子提取物在制药或食品中的应用

专利号：ZL201310419074.4

申请日：2013/9/16

专利权人：延边大学

主分类号：A61K 36/28

摘要：本发明牛蒡子提取物作为制备防治抑郁症的药物或食品中的新用途，在预防与治疗各种原因引起的抑郁症及其继发的学习记忆下降、快感缺乏等方面效果显著。

29. 发明名称：钵苗双排拔秧摆秧机构

专利号：ZL201310435189.2

申请日：2013/9/13

专利权人：李精华

主分类号：A01C 11/02

摘要：本发明钵苗双排拔秧摆秧机构，具有秧爪不粘泥、秧苗直立度好、效率高、可靠、维修方便、寿命长的优点。

30. 发明名称：一种过敏性哮喘的组合物及其制备方法

专利号：ZL201310355839.2

申请日：2013/8/13

专利权人：李官浩

主分类号：A61K 36/72

摘要：本发明含有人参抽出浓缩液粉末、五加皮抽出浓缩液粉末、榆根皮抽出浓缩液粉末、枳棋子抽出浓缩液粉末、葛根抽出浓缩液粉末、桔梗抽出浓缩液粉末等组分，可有效抑制支气管哮喘的气道炎症。

31. 发明名称：一种芦荟汁的冷冻制备方法

专利号：ZL201310333304.5

申请日：2013/8/2

专利权人：全洪范

主分类号：A61K 36/896

摘要：本发明芦荟汁的冷冻制备方法，不用机器打浆，不添加防腐剂、色素和化学药品，不存在重金属、化学药品污染的可能；所得芦荟汁新鲜度和纯度高；制备过程中高温灭菌后冷冻，可长时间保存。

32. 发明名称：一种抗癌中药及其制备方法

专利号：ZL201310290983.2

申请日：2013/7/11

专利权人：玄爱玉

主分类号：A61K 36/896

摘要：本发明抗癌中药的优点在于，利用传统的中医中药基本理论，以以毒攻毒为原则，提高免疫力，具有抑制癌细胞的复发和发展的功效。

33. 发明名称：一种全皂苷蒸参箱及其使用方法

专利号：ZL201310176670.4

申请日：2013/5/14

专利权人：延边开城医药有限公司

主分类号：A61K 36/258

摘要：本发明工艺简便、温度容易控制、质量可控，原料中人参皂苷总收率高，人参中所含的挥发油成分损失大大降低，有效保持了人参的功效及固有香气，提高了原料的利用率。

34. 发明名称：蚕蛹北冬虫夏草工厂化栽培技术

专利号：ZL201310192693.4

申请日：2013/5/13

专利权人：玄永男

主分类号：A01G 1/04

摘要：本发明优化了适宜虫草生长的因子，形成了完整、系统的北冬虫夏草人工栽培方法。具有接种后发菌速度快、菌丝整齐致密、满瓶时间短、现原基时间早、虫草子座质量好、数量多等优点。

35. 发明名称：一种桦褐孔菌水提精粉的制备方法

专利号：ZL201310110800.4

申请日：2013/4/2

专利权人：金波；金虎

主分类号：A61K 36/07

摘要：本发明桦褐孔菌水提精粉的制备方法，工艺简单、得率好，所得的精粉产品呈乌黑色、表面光泽发亮、味微苦、微涩，具有增强人体免疫力的保健功效，也可广泛应用于固体和液体饮料的基本原料。

36. 发明名称：负离子矿物牲畜饲料添加剂以及制备方法

专利号：ZL201310087662.2

申请日：2013/3/19

专利权人：安文革；金云鹤；金星焕

主分类号：A23K 1/18

摘要：本发明负离子矿物牲畜饲料添加剂，可强化动物的免疫力，活跃细胞活动，加快成长速度，且具有霉菌吸附的作用，提高了饲养动物的吸收效率，对人的身体没有副作用。

37. 发明名称：一种烟草薄片及其制备方法

专利号：ZL201210562970.1

申请日：2012/12/21

专利权人：吉林烟草工业有限责任公司

主分类号：A24B 15/12

摘要：本发明可有效提升烟草薄片的烟气浓度和成团感，减少薄片的杂气和刺激性，改善辊压法薄片的口感。其制备方法操作简单，生产成本低，适合于辊压法烟草薄片大规模产业化生产。

38. 发明名称：杜香解毒保健液及其配制方法

专利号：ZL201210358624.1

申请日：2012/9/25

专利权人：李善茂

主分类号：A23L 2/38

摘要：本发明杜香解毒保健液，具有解毒保肝和使心脑器官恢复正常之作用，较快排除血液中和体内的酒精及毒品的残留物，使饮酒人少醉、早醒，缓解和抑制酒瘾、毒瘾发作，逐步消除人体对酒精或毒品的依赖且无副作用。

39. 发明名称：一种治疗男性疾病的中药及其制法

专利号：ZL201210376671.9

申请日：2012/9/23

专利权人：方山玉

主分类号：A61K 36/752

摘要：本发明蜜丸微毒，无副作用，服用简便，集防病、保健、治病、康复于一体，一法多用，一药多效。

40. 发明名称：甲壳素豆芽的制备方法

专利号：ZL201210245278.6

申请日：2012/7/14

专利权人：黄仁洙

主分类号：A01G 31/00

摘要：本发明甲壳素豆芽的制备方法，生产工艺简单，豆芽生长速度快，富含有甲壳素，具有保健功效，生长过程中不需频繁换水或浇水，豆芽生长中不腐烂，宜于保存，适于家庭和工业化生产。

41. 发明名称：化合物 6-（4-氯苯氧基）-四唑并[5，1-a]酞嗪在制备治疗抑郁症药物中的应用

专利号：ZL201210232371.3

申请日：2012/6/29

专利权人：全哲山

主分类号：A61K 31/5025

摘要：本发明包含式 I 化合物、及其与至少一种可药用赋型剂组成的药物组合物，用于治疗抑郁症。

42. 发明名称：电气石矿物质饲料添加剂

专利号：ZL201210031981.7

申请日：2012/2/14

专利权人：片永泰

主分类号：A23K 1/175

摘要：本发明电气石矿物质饲料添加剂，没有添加抗生素，能促进畜禽的生长，并且可使畜禽排出所食用的农作物所携带的化学成分危害物，以降低和防止人类食用这些对身体有害处的化学成分。

43. 发明名称：一种沉香薄片香丝及其制备方法

专利号：ZL201110373869.7

申请日：2011/11/22

专利权人：吉林烟草工业有限责任公司

主分类号：A24B 3/12

摘要：本发明沉香薄片香丝及其制备方法，由沉香、天然植物粉、天然植物胶制成，能够满足大众对沉香香气品香的新需求，具有便携使用的特点。

44. 发明名称：一种烟草薄片及其制备方法

专利号：ZL201110339942.9

申请日：2011/11/1

专利权人：吉林烟草工业有限责任公司

主分类号：A24B 15/16

摘要：本发明制成的薄片不含任何烟碱，替代部分烟草添加到卷烟或雪茄中，可有效地降低烟气中焦油、尼古丁等有害物质对人体的危害。本发明所使用原料具有宣肺止咳、清热解毒的功效。

45. 发明名称：万年蒿提取物在制备抗肝损伤药物中的应用
专利号：ZL201110244737.4
申请日：2011/8/25
专利权人：朴光春
主分类号：A61K 31/7048
摘要：本发明得到的药物的活性成分从万年蒿中提取分离得到，其来源广泛，对肝损伤具有显著的疗效。

46. 发明名称：原料蒸制方法和系统
专利号：ZL201010268353.1
申请日：2010/9/1
专利权人：延边檀君生物科技有限公司
主分类号：A61J 3/00
摘要：本发明原料蒸制方法和系统，包括原料容器、加热装置和调节装置，能够大大减少甚至完全避免水溶性的成分通过冷凝水从原料中流失，保证原料的功效。

47. 发明名称：含有β-葡聚糖的菌菇浓缩液品、饮料及制备方法
专利号：ZL201010188707.1
申请日：2010/6/2
专利权人：文承官；吴信子
主分类号：A23L 1/28
摘要：本发明饮料容易被人体消化、吸收，能提高人体的免疫及抵抗能力，营养丰富，可提高人体免疫力，具有抗病毒、抗真菌、降血糖、刺激造血、降低胆固醇、降血脂、抗衰老等保健效果。

48. 发明名称：补气补血营养汤及制备方法
专利号：ZL201010142152.7
申请日：2010/4/9
专利权人：张玉萍
主分类号：A23L 1/39
摘要：本发明补气补血营养汤味道独特、鲜美，食用方便，富有保健功能，特别是具有补气补血作用，此汤老少皆宜，尤其适合产后的妇女、术后的病人、血亏气亏等免疫力低下人群。

49. 发明名称：卷烟嘴过滤材料的制备方法及卷烟嘴过滤材料
专利号：ZL201010149908.0
申请日：2010/4/8
专利权人：吉林烟草工业有限责任公司；云南正邦生物技术有限公司
主分类号：A24D 3/08
摘要：本发明使用生物酶对烟梗进行处理，其目的是使烟梗纤维晶体更加酥松，以利于烟梗材料吸附烟气中的焦油，提高烟梗对焦油的吸附效果，然后造粒便得到卷烟嘴用过滤材料。

50. 发明名称：一种香蛋的腌制方法
专利号：ZL200910218159.X
申请日：2009/12/28
专利权人：杨淑兰
主分类号：A23L 1/32
摘要：本发明采用独特的腌制配料和熟制配料，腌出的咸蛋蛋清嫩黄，蛋黄中有黄色油汁流出，味道适中、口感回香，且腌制成本低，并以鸡蛋为原料，可正常供应给市场。

51. 发明名称：床型治疗器中可曲线运动的传动系统

专利号：ZL200910129297.0

申请日：2009/4/9

专利权人：延吉喜来健实业有限公司

主分类号：A61G 7/05

摘要：本发明可使用户在使用床型治疗器时，根据自身的需要，控制理疗器在自己的脊椎部位进行曲线的运动，从而提高了用户的使用体验度。

52. 发明名称：具有弹簧结构控制线的传动装置

专利号：ZL200910129298.5

申请日：2009/4/9

专利权人：延吉喜来健实业有限公司

主分类号：A61G 7/05

摘要：本发明解决了床型治疗器中传动装置的传输控制信号和传输电力的控制线在长期往复运动中产生断裂的问题；同时采用 L 型的弹簧结构，方便了安装控制线；保证了控制线的运动方向不会偏移。

53. 发明名称：一种芦荟酱及制备方法

专利号：ZL200810145594.X

申请日：2008/7/29

专利权人：朴玉莲

主分类号：A23L 1/24

摘要：本发明在大酱、酱油中添加芦荟成分，使芦荟中的有效成分有机地溶入酱中，使其在具备调味的基础上，同时兼备了保健功能，而且消除了常规大酱中的异味，新制备的芦荟酱具有新的好味道。

54. 发明名称：一种五清通体口服液及其制备方法

专利号：ZL200810132406.X

申请日：2008/7/15

专利权人：金永三

主分类号：A61K 36/752

摘要：本发明实现了整体排毒、全面排毒，排毒过程简单迅速、无痛苦和毒副作用，具有降血脂功效，对化学性肝损伤有保护作用。

55. 发明名称：烤烟型低焦油卷烟及其制备工艺

专利号：ZL200810049173.7

申请日：2008/1/29

专利权人：延吉烟悦科技有限公司；吉林烟草工业有限责任公司

主分类号：A24B 15/10

摘要：本发明利用烤烟烟叶香型转型剂处理叶组配方中的中间香型烤烟烟叶，使烟叶增香，香型改变；利用烤烟烟叶降焦增香剂处理叶组配方中的清香型烤烟烟叶，使烟叶清香风格更突出，焦油释放量降低。

56. 发明名称：烤烟烟叶香型转型剂及其制备方法和使用方法

专利号：ZL200810049170.3

申请日：2008/1/29

专利权人：延吉烟悦科技有限公司；吉林烟草工业有限责任公司

主分类号：A24B 15/18

摘要：本发明烤烟烟叶香型转型剂由多种天然香味和除杂减害成分组成，这些成分可使烟叶增香，香型改变，降低烟气杂气，减少有害成分，突出卷烟香气风格作用明显。

57. 发明名称：烤烟烟叶用表料及其制备方法和使用方法

专利号：ZL200810049171.8

申请日：2008/1/29

专利权人：延吉烟悦科技有限公司；吉林烟草工业有限责任公司

主分类号：A24B 15/18

摘要：本发明的烤烟烟叶用表料中的吸味改良剂能够降低烟气中的杂气和粗糙感，可增加烤烟烟叶本香香气，提高烟叶保湿性能，使切丝过程中不易碎叶，出丝率高。

58. 发明名称：烤烟烟丝用表香及其制备方法和使用方法

专利号：ZL200810049172.2

申请日：2008/1/29

专利权人：延吉烟悦科技有限公司；吉林烟草工业有限责任公司

主分类号：A24B 15/18

摘要：本发明烤烟烟丝用表香中的增香除杂剂能抑制烟叶的辛辣刺激性，掩盖杂气，矫正吸味，增加烟香；生津剂不仅具有改善烟气粗糙、口感低劣的作用，而且具有止咳化痰、清热降火、润肺去燥等功效。

59. 发明名称：烤烟烟叶降焦增香剂及其制备方法和使用方法

专利号：ZL200810049174.1

申请日：2008/1/29

专利权人：延吉烟悦科技有限公司；吉林烟草工业有限责任公司

主分类号：A24B 15/18

摘要：本发明的烤烟烟叶降焦增香剂能够降低卷烟烟气中的焦油含量，并能降低烟气中的有害气体CO，添加在烟叶中可使其清香风格更突出。其制备方法工艺简单，生产成本低，易于实现生产。

60. 发明名称：具有腿部按摩功能的家用温热理疗床

专利号：ZL200710064544.4

申请日：2007/3/19

专利权人：延吉喜来健实业有限公司

主分类号：A61H 15/00

摘要：本发明在下床体上设置按摩机构及发热装置，使人全身在理疗床都能够得到保健理疗，完善了理疗床的保健功能。

61. 发明名称：家用温热理疗床

专利号：ZL200710064545.9

申请日：2007/3/19

专利权人：延吉喜来健实业有限公司

主分类号：A61H 15/00

摘要：本发明通过在按摩车架和传动链或同步带之间设置中间连接机构，消除了现有技术中因传动链或同步带直接与按摩车架相连所带来的问题。

62. 发明名称：一种床面角度可调的理疗床

专利号：ZL200710064421.0

申请日：2007/3/14

专利权人：延吉喜来健实业有限公司

主分类号：A61G 7/005

摘要：本发明可使操作者躺在床上即可根据需要对床面的倾斜角度进行调节，使得整个床面的角度更加符合人体的要求，提高了使用过程中的舒适性，并有针对性地强化对某些部位的按摩、推拿和热敷。

63. 发明名称：一种带有足底保健按摩装置的理疗床

专利号：ZL200710064420.6

申请日：2007/3/14

专利权人：延吉喜来健实业有限公司

主分类号：A61H 15/00

摘要：本发明在现有理疗床的基础上增

加足底保健按摩装置，通过对人足底穴位的按摩、推拿、热敷，可使人体得到更加全面、充分的保健理疗。

64. 发明名称：一种降脂保健品

专利号：ZL200610131614.9

申请日：2006/11/2

专利权人：李英姬；金光洙

主分类号：A61K 36/48

摘要：本发明由纳豆粉、香菇多糖、葛根素、茶多酚按重量混合制成。具有乳化血脂、防止氧化、加速脂质代谢、最终排除脂肪收起的毒性，从而降低血脂、预防动脉硬化和冠心病的发生的作用。

65. 发明名称：一种用于治疗脂肪肝的复方制剂及制备方法

专利号：ZL200610016580.9

申请日：2006/1/28

专利权人：吉林敖东药业集团延吉股份有限公司

主分类号：A61K 36/884

摘要：本发明消脂、保肝、护肝兼而有之，具有健胃消食、活血化瘀、降脂减肥、疏肝保肝的作用，治疗效果显著，无毒副作用，本发明的原料易得，生产工艺简单，操作容易。

66. 发明名称：一种纳豆粉及制备方法和含有这种纳豆粉的保健食品

专利号：ZL200510017008.X

申请日：2005/7/26

专利权人：李英姬

主分类号：A23L 1/20

摘要：本发明包括取精选后的黄豆用水浸泡、蒸煮、冷却、均匀喷入纳豆菌液、发酵培养、冷藏发酵好的纳豆、冷冻干燥、粉碎等步骤。纳豆粉具有溶血栓、

平衡血压、预防心脑血管疾病等功效。

67. 发明名称：甲壳素酱类食品及制备方法

专利号：ZL200410010986.7

申请日：2004/7/8

专利权人：黄仁洙

主分类号：A23L 1/24

摘要：本发明由酱类物质和甲壳素浓缩液构成，具有强化免疫、预防疾病、排除人体多余有害胆固醇、抑制癌细胞转移、降血糖、降血压等功效。

68. 发明名称：注射用复方胰核糖核酸

专利号：ZL00134912.0

申请日：2000/12/9

专利权人：吉林敖东药业集团延吉股份有限公司

主分类号：A61K 35/39

摘要：本发明以牛胰脏为原料，经过前处理、匀浆、提取、除蛋白、沉淀、纯化、除菌、过滤和冻干等程序制成，含有胰核糖核酸、硒和脾细胞内转移因子，具有抗癌、抗衰老和增强免疫功能。

69. 发明名称：磁针式拔罐器的磁头部分

专利号：ZL99111774.3

申请日：1999/8/10

专利权人：延边火炬高新技术有限公司

主分类号：A61N 2/06

摘要：本发明集磁针与拔罐两种治疗于一体，安装在磁针式拔罐器上，可实现磁针与拔罐双重疗法，医疗保健效果显著。

70. 发明名称：一种电子烟

专利号：ZL201410718303.7

申请日：2014/12/1

专利权人：延吉长白山科技服务有限公司

主分类号：A24F 47/00

摘要：本发明具有可避免烟油污染储液容器的外壁的特点。

71. 发明名称：电子烟

专利号：ZL201410718172.2

申请日：2014/12/1

专利权人：延吉长白山科技服务有限公司

主分类号：A24F 47/00

摘要：本发明的特点在于可防止使用者抽吸烟嘴时吸到烟油，使吸烟者的口感更佳。

72. 发明名称：电磁感应烟雾生成装置以及具有该装置的电子烟

专利号：ZL201410717715.9

申请日：2014/12/1

专利权人：延吉长白山科技服务有限公司

主分类号：A24F 47/00

摘要：本发明具有出烟量大、雾化效果好、使用寿命长、可改善电子烟口感等特点。

73. 发明名称：一种雾化装置及使用该雾化装置的电子烟

专利号：ZL201410718319.8

申请日：2014/12/1

专利权人：延吉长白山科技服务有限公司

主分类号：A24F 47/00

摘要：本发明通过在进气孔或出气孔位于雾化腔内的内端口设置孔壁，防止在雾化腔冷凝生成的烟油直接从出气孔流出而被使用者吸到口里，提升吸烟者的口感，避免电子烟内部及外表面受到沾污。

二、珲春市 A 部发明专利

1. 发明名称：模仿母亲心跳震动环境的新生儿睡床

专利号：ZL201610232984.5

申请日：2016/4/15

专利权人：翟凤平

主分类号：A47D 7/00

摘要：本发明依据人的心跳频率和震动幅度提供一种模仿母亲心跳震动环境的新生儿睡床，利用模仿母亲心跳的震动装置所产生的模仿母亲心跳的震动以及心跳的频率，使新生儿离开母体后依然感到安逸，给新生儿一个逐步适应母亲体外环境的条件。

2. 发明名称：仿生驱鸟装置

专利号：ZL201610155503.5

申请日：2016/3/18

专利权人：翟凤平

主分类号：A01M 29/06

摘要：本发明仿生驱鸟装置，用于驱赶在飞机场以及粮库和农田的鸟类，以达到飞机场净空以及保护粮库和农田的粮食不受鸟害的目的。

3. 发明名称：形态、声音、回波、味道为一体的仿生鱼饵

专利号：ZL201510991035.0

申请日：2015/12/28

专利权人：翟凤平

主分类号：A01K 85/01

摘要：本发明仿生鱼饵，包括磁悬浮牵引装置、目标饵体味浓缩体、形态仿生外套等，将形态、声音、回波、味道融为一体，可极大提高鱼中钩率。

4. 发明名称：一种山参茸鞭胶囊及制备方法

专利号：ZL201110264913.0

申请日：2011/9/8

专利权人：珲春华瑞参业生物工程股份有限公司

主分类号：A61K 36/296

摘要：本发明山参茸鞭胶囊及制备方法，以移山参、淫羊藿、鹿茸和鹿鞭为原料，制备具有滋补强壮、补肾壮阳、增强体力和促进健康功效的山参茸鞭胶囊，解决了单方服用不便和效果不理想的缺点。

三、图们市A部发明专利

1. 发明名称：脊椎强韧矫姿健身器

专利号：ZL201610409509.0

申请日：2016/6/13

专利权人：农文明

主分类号：A63B 23/02

摘要：本发明脊椎强韧矫姿健身器，具有结构简单，成本低，能够强韧脊椎和腰部的优点。

2. 发明名称：一种用于焚烧铅祭品的祭祀焚烧装置

专利号：ZL201510795601.0

申请日：2015/11/18

专利权人：崔振国

主分类号：A47G 33/00

摘要：本发明用于焚烧铅祭品的祭祀焚烧装置，采用祭祀焚烧装置来对铅祭品焚化、再对焚烧后的铅进行回收，具有环保、节能、防火灾的有益效果。

3. 发明名称：一种轮滑鞋

专利号：ZL201510487239.0

申请日：2015/8/10

专利权人：金永华

主分类号：A63C 17/06

摘要：本发明轮滑鞋，能够在地面上自由、灵活地转动和滑动，实现轮滑鞋也能够像溜冰鞋那样转动任意角度的效果。

4. 发明名称：一种红参加工方法

专利号：ZL201310739240.9

申请日：2013/12/26

专利权人：图们市龙泉农工贸有限公司

主分类号：A61K 36/258

摘要：本发明红参加工方法，在阴干的过程中使用一种能够放射波动能的非接触式STN触媒块，用以抑制霉菌生成，以避免使用高温风干法导致的致癌物质的产生。

5. 发明名称：一种用活体螺旋藻制备螺旋藻多肽粉的方法

专利号：ZL201210113966.7

申请日：2012/4/18

专利权人：刘锦胜

主分类号：A23J 3/14

摘要：本发明以活体螺旋藻为原料，通过碱性蛋白酶、风味蛋白酶、红曲霉三步酶解法制备螺旋藻多肽粉。具有提取率高，能有效保持螺旋藻多肽产品的活性成分，制备的螺旋藻多肽无腥味、口味好的优点。

6. 发明名称：一种人参超浓缩液的提取方法

专利号：ZL200810051232.4

申请日：2008/9/29

专利权人：延边特产实业有限公司

主分类号：A61K 36/258

摘要：本发明人参超浓缩液的提取方法，

主要包括萃取、分离、蒸馏及熟化等步骤，主要采用膜过滤器和高速离心机以及微机自控等高新设备，工艺先进、自动化程度高，产品质量好，杂质的含量标准为≤1.5%。

7. 发明名称： 一种植物助长剂及其用途

专利号： ZL200710055362.0

申请日： 2007/2/17

专利权人： 延边长白绿宝活性炭有限公司

主分类号： A01N 65/00

摘要： 本发明木醋液植物助长剂，由木醋液和载体水组成，以喷雾、浇灌或浸泡方式在解除农药毒害、促根系生长方面得以应用。本发明促根系生长效果优于常用的植物激素和生长调节剂，解除农药毒害方面效果尤为突出。

8. 发明名称： 植物杀虫剂及其制备方法

专利号： ZL200810146066.6

申请日： 2006/12/25

专利权人： 南风云；朴逸珉

主分类号： A01N 65/00

摘要： 本发明采用植物性原料苦参、藜芦、芫花，提取其中的杀虫机理的活性物质，分离出有效成分生物碱。由于其植物杀虫剂有效成分为纯天然物质，施用后易分解为无毒物质，对环境无污染；并且不易使害虫产生抗药性。

9. 发明名称： 一种植物杀虫剂及其制备方法

专利号： ZL200610170802.2

申请日： 2006/12/25

专利权人： 南风云；朴逸珉

主分类号： A01N 65/00

摘要： 本发明的有益效果是，防治病虫害广泛，对害虫有触杀、胃毒、内吸等

功能，能有效防治果树、蔬菜、大田农作物的各种害虫、真菌等，使用安全方便，对农作物无残留，对土壤、环境无污染。

四、敦化市A部发明专利

1. 发明名称： 一种北冬虫夏草的规模化培育方法

专利号： ZL201510217998.5

申请日： 2015/5/4

专利权人： 聂晶石

主分类号： A01G 1/04

摘要： 本发明北冬虫夏草的规模化培育方法，通过野生北冬虫夏草为出发菌株，经分离、提纯培养，用制作液体的北冬虫夏草菌种，将液体菌种接种到健康、没有发育的柞蚕蛹体上，经盒式栽培或瓶式栽培获得北冬虫夏草。解决了人工栽培北冬虫夏草僵化率低、出草低、不齐等的技术问题。

2. 发明名称： 治疗湿毒感染性疾病的外用药物及其制备方法

专利号： ZL201510009956.2

申请日： 2015/1/9

专利权人： 由丽萍

主分类号： A61K 36/488

摘要： 本发明治疗湿毒感染性疾病的外用药物，由樟脑、儿茶、葛根、朱砂、冰片、水杨酸、苯甲酸按量混合并以酒精溶液浸泡而成，改变已往中、西医治疗湿毒感染性疾病的弊端，使其具有更好的疗效。

3. 发明名称： 减肥饮料及其制备方法

专利号： ZL201410605174.0

申请日：2014/10/29

专利权人：侯波

主分类号：A23L 2/02

摘要：本发明减肥饮料，由野生葡萄、野生山定子、野生山梨、纯净水、白砂糖、柠檬酸和苹果酸组成。本发明制备的减肥饮料，形态澄清透明，色泽柔和，酸甜适口，减肥效果显著且无任何不良效果。

4. 发明名称： 一种蜂蜜酵素产品及其制备方法

专利号：ZL201410153315.X

申请日：2014/4/17

专利权人：延边宝利祥蜂业有限公司

主分类号：A23L 1/08

摘要：本发明的蜂蜜酵素产品口感酸甜可口，远胜蜂蜜，具有增强人体免疫力、抗氧化延衰老、修复受损细胞防止癌变等保健功能；同时还含有大量的益生活性菌，具有增加人体益生菌群，排毒通肠的功效。

5. 发明名称： 清热解毒口服液的制备方法

专利号：ZL201410039639.0

申请日：2014/1/27

专利权人：吉林金复康药业有限公司

主分类号：A61K 36/8968

摘要：本发明涉及清热解毒口服液的制备方法，本制备方法由于提取时间缩短，减少了药液中鞣质及色素等无效成分的析出，解决了药液过滤困难的工艺问题，有效成分黄芩苷含量增加，在同等服用量上能够大幅提高药效。

6. 发明名称： 一种沙棘果、五味子复合禽饲料添加剂

专利号：ZL201310537512.7

申请日：2013/11/5

专利权人：敦化市长白山绿色禽产品科技开发有限公司

主分类号：A23K 1/14

摘要：本发明饲料添加剂，由沙棘果、五味子、刺五加、木贼、贯众、松针、人参叶等组成，与常规的蛋鸡、蛋鸭、蛋鹅饲料混合成全价饲料，避免了饲料中药物添加剂产生的弊端，提高了禽肉和蛋的质量。

7. 发明名称： 一种益气养阴、滋补肝肾的中药制剂

专利号：ZL201310324134.4

申请日：2013/7/30

专利权人：吉林省东北亚药业股份有限公司

主分类号：A61K 36/815

摘要：本发明由高山红景天、枸杞子、淫羊藿、补骨脂、牡蛎、人参、牛膝、地黄、熟地黄、木香、甘草经现代工艺研究制成。对人体无不良反应，对部分肝、肾功能异常的患者有一定改善作用。临床总有效率93.3%。

8. 发明名称： 富含稀有人参皂苷 Rg3、Rh2 人参乳油的制备方法

专利号：ZL201310245097.8

申请日：2013/6/20

专利权人：敦化市广晟油脂生物科技有限责任公司

主分类号：A61K 36/258

摘要：本发明以鲜人参或西洋参、大蒜和食用植物油为原料，通过真空催化、真空萃取、真空乳化技术而制成富含稀有人参皂苷 Rg3、Rh2 的人参乳油。工艺

先进，简单易行，适用于工艺化大生产。

9. 发明名称：一种治疗静脉曲张的注射药物

专利号：ZL201310127413.1

申请日：2013/4/15

专利权人：曲洋志

主分类号：A61K 31/7004

摘要：本发明治疗静脉曲张的注射药物，由医用的甘露醇注射液与葡萄糖注射液混合而成。应用该药费用低，病人无痛苦易接受。

10. 发明名称：一种用于治疗男性阳痿早泄的壮阳药物

专利号：ZL201310127364.1

申请日：2013/4/15

专利权人：曲洋志

主分类号：A61K 36/815

摘要：本发明用于治疗男性阳痿早泄的壮阳药物，由人参、鹿茸、锁阳、肉苁蓉、山萸肉、海马、阿胶、枸杞子、补骨脂、淫羊藿、五味子、当归、仙灵脾经粉碎研面按重量比混合而成，治疗效果好，造价低廉，无毒副作用。

11. 发明名称：一种增加骨密度的中药保健制剂及其制备方法

专利号：ZL201310088455.9

申请日：2013/3/20

专利权人：吉林华康食元生物科技有限公司

主分类号：A61K 36/815

摘要：本发明增加骨密度的中药保健制剂，包括牛骨粉、淫羊藿、菟丝、女贞子、枸杞子、人参、盐酸氨基葡萄糖组分。产品安全、无毒，可以长期服用，具有增加骨密度的功能，质量稳定、

可控。

12. 发明名称：一种治疗贫血的中药制剂及制备方法

专利号：ZL201310045750.6

申请日：2013/2/6

专利权人：孙彩霞

主分类号：A61K 36/8968

摘要：本发明治疗贫血的中药制剂及制备方法，由当归、熟地、白芍、炒白术、苍术、阿胶、西洋参、麦门冬、龙眼肉、琥珀、茯神、炒枣仁、远志、五味子、黑加仑、黄芪、川芎、炙甘草经科学炮制而成。对各类贫血的疗效显著，无不良反应。

13. 发明名称：一种木贼复合奶牛饲料添加剂

专利号：ZL201210354028.6

申请日：2012/9/21

专利权人：敦化市长白山绿色禽产品科技开发有限公司

主分类号：A23K 1/18

摘要：本发明木贼复合奶牛饲料添加剂，由木贼、紫花苜蓿、贯众、甘草、漏芦、王不留行组成，添加剂为纯中药制剂，毒副作用小，生物利用度高，吸收利用率好。

14. 发明名称：一种具有改善睡眠和辅助改善记忆功能的保健组合物

专利号：ZL201210344369.5

申请日：2012/9/17

专利权人：吉林敖东健康科技有限公司

主分类号：A23L 1/29

摘要：本发明具有改善睡眠和辅助改善记忆功能的保健组合物，由何首乌、益智仁、酸枣仁、人参、红景天、五味子

等原料药制成。具有工艺简单易行、携带方便、生物利用度高、可改善睡眠、辅助改善记忆的特点。

15. 发明名称： 一种植物酵素胶原蛋白饮品及其制备方法

专利号： ZL201210251897.6

申请日： 2012/7/20

专利权人： 吉林敖东大高酵素有限公司

主分类号： A23L 2/38

摘要： 本发明植物酵素胶原蛋白饮品，包括植物酵素原液、胶原蛋白粉、质量浓度为70%的低聚木糖浆，以为人体补充所需物质。

16. 发明名称： 一种药物组合物

专利号： ZL201210166310.1

申请日： 2012/5/27

专利权人： 吉林圣亚医药科技有限公司

主分类号： A61K 31/37

摘要： 本发明药物组合物，包含伞形花内酯、7－羟基－8－甲氧基香豆素、8－羟基－7－甲氧基香豆素、木犀草素、4'，7－二羟基－5－甲氧基黄酮等原料药，在制备具有抗炎、镇痛、抗病毒作用的药物中应用。

17. 发明名称： 一种速食林蛙油颗粒的制备方法

专利号： ZL201210140480.2

申请日： 2012/5/8

专利权人： 吉林华康食元生物科技有限公司

主分类号： A61K 36/258

摘要： 本发明速食林蛙油颗粒的制备方法，包括人参提取物细粉制取、林蛙油超微粉碎粉制取、成粒等步骤，能够改善溶出速率，提高人体对其营养成分的吸收率，工艺易于操作，无特殊设备和化学试剂，适于工业化大生产。

18. 发明名称： 治疗血栓闭塞性脉管炎的药物及其制备方法

专利号： ZL201210126022.3

申请日： 2012/4/27

专利权人： 由丽萍

主分类号： A61K 36/56

摘要： 本发明治疗血栓闭塞性脉管炎的药物，由黄芪、金银花、当归、水蛭、蜈蚣、僵虫、地龙、炙甘草、炙乳香、没药、土鳖虫、全蝎、紫丹参、川芎、炙马钱子、桂枝按重量份混合后粉碎研成粉末而成。本发明具有益气养血、祛寒湿癣、活血逐瘀、调解经脉、扶正固本、去瘀生新之功效。

19. 发明名称： 一种人参泡腾颗粒及其制备方法

专利号： ZL201210118543.4

申请日： 2012/4/20

专利权人： 吉林敖东延边药业股份有限公司

主分类号： A61K 36/258

摘要： 本发明人参泡腾颗粒及其制备方法，包括无水柠檬酸、碳酸氢钠、无水葡萄糖、人参提取物、无水乳糖、阿司帕坦、聚维酮K30、95%乙醇等配方；步骤包括预混、配制制粒剂、制粒、颗粒干燥、选粒、内包、外包装。

20. 发明名称： 泡腾剂酸碱中和制粒方法

专利号： ZL201210118549.1

申请日： 2012/4/20

专利权人： 吉林敖东延边药业股份有限公司

主分类号： A61K 9/16

摘要：本发明泡腾剂酸碱中和制粒方法，将主料加于制粒釜内搅拌，配制制粒剂，连接配液罐，启动喷液气泵，将制粒剂液体匀速地喷入釜内搅拌状态的物料中，切削、搅拌、干燥、冷却系统，卸料整粒。不用分步对酸碱单独制粒，简化了工艺，提高了生产效率。

21. 发明名称：**金芪降糖胶囊的制备方法**
专利号：ZL201110308288.5
申请日：2011/10/12
专利权人：吉林敖东延边药业股份有限公司
主分类号：A61K 36/718
摘要：本发明金芪降糖胶囊的制备方法，用正交法筛选、确定了最佳提取工艺，使其在生产中减少有效成分的流失，除去较多杂质。与原制剂比较，降低了临床服用量，提高了生物利用度。

22. 发明名称：**肝达康胶囊的制备方法**
专利号：ZL201110308283.2
申请日：2011/10/12
专利权人：吉林敖东延边药业股份有限公司
主分类号：A61K 36/9064
摘要：本发明确立了产品性状鉴别和4个药材的薄层鉴别，建立了对芍药苷的HPLC的含量测定方法。制备的肝达康胶囊能明显对抗 CCl_4 及 D－半乳糖胺引起的转氨酶升高，减轻化学物质对肝脏的损伤，保护肝细胞膜。

23. 发明名称：**一种治疗乳腺增生的中药组合物**
专利号：ZL201110226368.6
申请日：2011/8/9
专利权人：吉林华康药业股份有限公司

主分类号：A61K 36/9066
摘要：本发明由香附挥发油、鹿角胶、贝母生物碱、莪术油、鳖甲胶原、人参皂苷、人参皂苷 Rg1、天冬提取物、薤白提取物、桔梗皂苷、蜈蚣等原料药制成。应用于治疗乳腺增生，效果显著。

24. 发明名称：**一种伪人参皂苷 GQ 用途**
专利号：ZL201010532779.3
申请日：2010/11/5
专利权人：吉林华康药业股份有限公司
主分类号：A61K 31/7048
摘要：本发明伪人参皂苷 GQ 可应用在制备防治局部及全脑缺血所致的脑组织损伤的药物及制备治疗短暂性脑缺血发作、脑血栓、脑梗死的药物中。

25. 发明名称：**一种治疗胃脘痛的中药组合物及其制备方法**
专利号：ZL201010253445.2
申请日：2010/8/16
专利权人：吉林华康药业股份有限公司
主分类号：A61K 36/898
摘要：本发明由黄连、白芍、地榆、白及、鸡内金等原料药制成。黄连和白芍用水提取两次，其余药材打细粉，水煮两次，减压浓缩、真空干燥，最后浸膏粉和药材粉混合。用于治疗胃脘痛火郁证等症状。

26. 发明名称：**一种鹅胆提取物及其制备方法及其药物用途**
专利号：ZL201010164795.1
申请日：2010/5/7
专利权人：吉林华康药业股份有限公司
主分类号：A61K 35/413
摘要：本发明取鲜鹅胆，去掉胆皮后，过滤，收集滤液，加50%～95%食用乙醇至50%～70%浓度，沉淀，过滤，收集滤液得鹅胆汁原液，回收乙醇，浓缩，干燥，得鹅胆提取物。应用在制备清热解毒、保肝、提高免疫的药物中。

27. 发明名称：一种血府逐瘀口服液的质量控制方法

专利号：ZL200910217834.7

申请日：2009/11/6

专利权人：吉林敖东延边药业股份有限公司

主分类号：A61K 36/804

摘要：本发明血府逐瘀口服液的质量控制方法包括供试品溶液制备、对照品溶液制备、测定等步骤。具有操作简便、稳定、精密度高、重现性好、易掌握的特点。

28. 发明名称：一种具有清利咽喉和消肿止痛功效的药物组合物

专利号：ZL200910217835.1

申请日：2009/11/6

专利权人：吉林敖东延边药业股份有限公司

主分类号：A61K 36/8969

摘要：本发明由金银花、麦冬、生地、山豆根、玄参、青果、射干、锦灯笼、桔梗、甘草、玉竹、木蝴蝶、薄荷脑等原料药制成。具有清热解毒、利咽止痛的功效和抗炎、镇痛、调节免疫功能、解热、抑菌及抗病毒作用。

29. 发明名称：一种玉米大垄三株种植方法

专利号：ZL200910217747.1

申请日：2009/10/12

专利权人：岳维海

主分类号：A01G 1/00

摘要：本发明玉米大垄三株种植方法，从改善玉米生长环境入手，巧妙布局，使单位面积内的玉米数量大幅增加，不但大幅提高玉米单产，也使其技术操作起来更为简便。

30. 发明名称：一种用于增强免疫、抗疲劳的药物组合物

专利号：ZL200910067372.5

申请日：2009/7/31

专利权人：吉林草还丹药业有限公司

主分类号：A61K 36/804

摘要：本发明包含有熟地黄总甙、山茱萸莫诺苷、牡丹皮挥发油、山药多糖、茯苓多糖、泽泻二萜苷等活性物质。用于治疗头晕耳鸣、腰膝酸软、遗精盗汗等症，有滋阴补肾、增强免疫力、抗衰老、抗疲劳的作用。

31. 发明名称：一种治疗肾炎的药物组合物及制备方法和质量控制方法

专利号：ZL200910067307.2

申请日：2009/7/22

专利权人：吉林华康药业股份有限公司

主分类号：A61K 36/804

摘要：本发明包括墨旱莲、女贞子、地黄、当归、川芎、赤芍、茯苓、茜草、大蓟、小蓟、栀子等原料药。具有清热凉血、滋阴养肾的功能。主治慢性肾小球肾炎等。

32. 发明名称：一种用于治疗银屑病的药物组合物

专利号：ZL200910067326.5

申请日：2009/7/17

专利权人：吉林草还丹药业有限公司

主分类号：A61K 36/756

摘要：本发明用于治疗银屑病的药物组

合物，包含苦参碱、甘草酸、槲酮、升麻苷、土茯苓总黄酮、蝉蜕提取物、黄柏水提物、梓醇、金银花醇提物、赤芍总苷、连翘苷、当归多糖等活性物质。

33. 发明名称：一种用于治疗小儿急性支气管炎的药物组合物

专利号：ZL200910067325.0

申请日：2009/7/17

专利权人：吉林草还丹药业有限公司

主分类号：A61K 36/8966

摘要：本发明用于治疗小儿急性支气管炎的药物组合物，包含白屈菜碱、瓜蒌醇提物、半夏醇提物、平贝母总皂苷等活性物质。用于清热解毒、化痰止咳，治疗痰火壅肺、咳痰黄稠或痰中带血、胸胁胀痛等。

34. 发明名称：一种用于治疗感冒的药物组合物

专利号：ZL200910067261.4

申请日：2009/7/10

专利权人：吉林草还丹药业有限公司

主分类号：A61K 36/888

摘要：本发明用于治疗感冒的药物组合物，包含羌活精油、麻黄醇提物、桂皮醛、荆芥穗精油、防风多糖、欧前胡素、川芎阿魏酸、石菖蒲精油、葛根素、薄荷精油、苦杏仁武、阿魏酸钠、黄芩醇提物、桔梗总皂苷等活性物质。

35. 发明名称：肾复康片的质量控制方法

专利号：ZL200910067254.4

申请日：2009/7/8

专利权人：吉林敖东集团力源制药股份有限公司

主分类号：A61K 36/899

摘要：本发明肾复康片的质量控制方法

的优点是建立了药物的鉴别项目和含量测定项目及检测方法，对药物中主药槐花药味进行了薄层色谱法鉴别，测定了药物中芦丁的含量，保证了药物质量控制方法的准确性和先进性。

36. 发明名称：抑亢散的质量控制方法

专利号：ZL200910066942.9

申请日：2009/5/13

专利权人：吉林敖东集团力源制药股份有限公司

主分类号：A61K 36/899

摘要：本发明抑亢散的质量控制方法，包括用高效液相色谱法测定药物中橙皮苷的含量；用薄层色谱法鉴别其中的延胡索、女贞子、α-香附酮和芍药苷成分。优点是保证了药物质量控制方法的准确性和先进性。

37. 发明名称：一种天然植物复合禽饲料添加剂

专利号：ZL200910066534.3

申请日：2009/2/18

专利权人：刘振江

主分类号：A23K 1/16

摘要：本发明天然植物复合禽饲料添加剂，由刺五加、木贼、贯众天然植物制成，可与常规的蛋鸡、蛋鸭、蛋鹅饲料混合成全价饲料，避免了饲料中药物添加剂产生的弊端，并明显提高禽肉和蛋的质量。

38. 发明名称：一种治疗心脑血管疾病的药物组合物

专利号：ZL200810051117.7

申请日：2008/8/27

专利权人：吉林华康药业股份有限公司

主分类号：A61K 36/537

摘要：本发明包含川芎水提物、丹参提取物、芦丁、毛冬青醇提物、水蛭水提物、麝香、冰片、牛黄或人工牛黄、蟾酥、人参茎叶总皂苷或人参总皂苷等活性物质。用于治疗心脑血管疾病，具有活血化瘀、益气通脉的作用。

39. 发明名称： 一种治疗贫血的药物组合物

专利号： ZL200810051116.2

申请日： 2008/8/27

专利权人： 吉林华康药业股份有限公司

主分类号： A61K 36/9064

摘要： 本发明治疗贫血的药物组合物，包含党参水提物、山药水提物、薏苡仁水提物、陈皮水提物、法半夏水提物、草豆蔻水提物、大枣水提物、硫酸亚铁、甘草浸膏等活性物质。用于治疗贫血，具有健脾和胃、益气生血的作用。

40. 发明名称： 一种治疗上呼吸道感染的药物组合物

专利号： ZL200810051031.4

申请日： 2008/7/30

专利权人： 吉林华康药业股份有限公司

主分类号： A61K 36/899

摘要： 本发明包含石膏水提物、大青叶提取物、桑叶总黄酮、芦根提取物、甘草浸膏等活性物质。用于治疗上呼吸道感染，具有解热镇痛、抗病毒、抗感染的作用。

41. 发明名称： 一种血府逐瘀口服液的质量控制检测方法

专利号： ZL200810050687.4

申请日： 2008/5/7

专利权人： 吉林敖东延边药业股份有限公司

主分类号： A61K 36/75

摘要： 本发明血府逐瘀口服液的质量控制检测方法，在原检测标准基础上增加了血府逐瘀口服液处方中牛膝、甘草的薄层色谱法检测方法，改进了枳壳的薄层色谱法，增加了处方中当归、川芎的高效液相色谱法测定含量。

42. 发明名称： 一种利脑心胶囊的质量控制检测方法

专利号： ZL200810050686.X

申请日： 2008/5/7

专利权人： 吉林敖东延边药业股份有限公司

主分类号： A61K 36/9066

摘要： 本发明利脑心胶囊的质量控制检测方法，在原检测标准的基础上增加了甘草的薄层色谱鉴别和何首乌的高效液相色谱法测定含量。

43. 发明名称： 一种添加有木贼的畜禽饲料

专利号： ZL200810050462.9

申请日： 2008/3/12

专利权人： 刘振江

主分类号： A23K 1/16

摘要： 本发明在畜禽饲料中添加中草药木贼作为添加剂，使畜禽饲料具有补气健脾、抗病健体、增进食效、促进生长功能，可以提高畜禽的免疫能力，改善畜禽肉质，还可提高禽类产蛋量和蛋产品质量。

44. 发明名称： 一种治疗泌尿系统感染及前列腺炎的中药组合物

专利号： ZL200810050361.1

申请日： 2008/2/1

专利权人： 吉林华康药业股份有限公司

主分类号：A61K 36/889

摘要：本发明治疗泌尿系统感染及前列腺炎的中药组合物，包含金银花、半枝莲、扁蓄、瞿麦、石韦、川木通、车前子、淡竹叶、桑寄生、灯心草的提取物。用于治疗淋症，清热解毒、利湿通淋。

45. 发明名称：一种药物组合物在制备抗前列腺炎的药物中的应用

专利号：ZL200710056354.8

申请日：2007/11/27

专利权人：吉林华康药业股份有限公司

主分类号：A61K 36/899

摘要：本发明药物组合物，由金银花、半枝莲、瞿麦、扁蓄、石韦、木通、车前子、淡竹叶、灯心草、桑寄生等中药原料制成。具有抗前列腺炎的作用。

46. 发明名称：一种治疗尿毒症的软膏制剂

专利号：ZL200610017253.5

申请日：2006/10/18

专利权人：吉林敖东延边药业股份有限公司

主分类号：A61K 36/896

摘要：本发明治疗尿毒症的软膏制剂，由大黄、金银花、连翘、黄柏、栀子、土茯苓、青黛、丹参、红花、地榆、蒺藜、钩藤、槐米、煅龙骨、煅牡蛎、生晒参、枸杞子、麦冬、桂枝、白茅根制成，具有导滞、泻火、逐瘀、除湿之功。

47. 发明名称：安神补脑液的膜生产工艺及其产品

专利号：ZL200610017254.X

申请日：2006/10/18

专利权人：吉林敖东延边药业股份有限公司

主分类号：A61K 36/9068

摘要：本发明安神补脑液的膜生产工艺及其产品，利用膜分离纯化新技术对药液进行分离纯化，在外加压力的作用下，原料液在膜管内侧或外侧流动，小分子物质液体透过膜，大分子物质被膜截留，从而达到分离、浓缩和纯化的目的。

48. 发明名称：一种治疗中风的中药及其制备方法

专利号：ZL200610017238.0

申请日：2006/10/11

专利权人：吉林华康药业股份有限公司

主分类号：A61K 36/8945

摘要：本发明治疗中风的中药，由人参茎叶、穿山龙制成。按配方取人参茎叶、穿山龙，加水煎煮，过滤煎煮液，合并滤液，浓缩并干燥。具有益气活血、祛瘀通络的功能，适用于缺血性中风气虚血瘀证等。

49. 发明名称：治疗血小板减少、贫血的药物及制备方法和质量控制方法

专利号：ZL200610017172.5

申请日：2006/9/14

专利权人：吉林敖东集团力源制药股份有限公司

主分类号：A61K 36/725

摘要：本发明治疗血小板减少、贫血的药物，包含阿胶、黄芪、当归、大枣、鹿角胶。通过提取挥发油、加水煎煮、滤过、合并滤液、浓缩、加入乙醇、搅拌、滤过、滤液回收乙醇等过程得到药材提取液；阿胶、鹿角胶加水适量，加热烊化。具有补气养血、益肾助脾之功效。

50. 发明名称：一种治疗慢性肝炎的药物及制备方法和质量控制方法

专利号：ZL200610017173.X

申请日：2006/9/14

专利权人：吉林敖东集团力源制药股份有限公司

主分类号：A61K 36/9066

摘要：本发明治疗慢性肝炎的药物，由返魂草、郁金、蒸制黄精、白芍、生麦芽制成，具有舒肝理气、清热解毒之功效。制备时，取以上五味，加水煎煮，合并煎液，滤过，滤液浓缩至稠膏。质量控制方法包括鉴别和含量测定方法。

51. 发明名称：一种抗疲劳的保健食品

专利号：ZL200610017063.3

申请日：2006/8/2

专利权人：吉林华康药业股份有限公司

主分类号：A23F 3/30

摘要：本发明抗疲劳的保健食品，由人参皂苷、咖啡、茶叶、白糖、奶粉、薄荷油、薄荷脑制成。具有抗疲劳作用，服用方便。

52. 发明名称：益肾健骨胶囊的质量控制方法

专利号：ZL200610000649.9

申请日：2006/1/9

专利权人：吉林华康药业股份有限公司

主分类号：A61K 36/9064

摘要：本发明中药制剂益肾健骨胶囊的质量控制方法，包括对性状进行观察，对内容物当归、川芎、何首乌、丹参、甘草、人参和三七进行鉴别，根据药典的方法对内容物进行检查，对含有的淫羊藿苷进行含量测定等步骤。

53. 发明名称：一种治疗产后疾病的中药组合物

专利号：ZL200610000074.0

申请日：2006/1/5

专利权人：吉林敖东集团力源制药股份有限公司

主分类号：A61K 36/734

摘要：本发明治疗产后疾病的中药组合物，包括黄芪、阿胶、益母草、桃仁、当归、艾叶等组分，所述组分的来源可以是中药材或相当于上述中药材生药量的中药水提取物。

54. 发明名称：一种返魂草提取物，它的提取方法及制剂

专利号：ZL200510115124.5

申请日：2005/11/15

专利权人：吉林华康药业股份有限公司

主分类号：A61K 36/28

摘要：本发明返魂草提取物，不含生物碱成分，其制备方法包括水提、醇沉、上阳离子交换树脂柱等步骤。本发明还提供用提取物作为药物活性成分制备的药物制剂，特别是微丸制剂。

55. 发明名称：一种药物组合物及其制备方法和质量控制方法

专利号：ZL200510105233.9

申请日：2005/9/28

专利权人：吉林华康药业股份有限公司

主分类号：A61K 36/9066

摘要：本发明药物组合物由丹参、没药、鸡血藤、血竭、延胡索、郁金、桃仁、红花、葛根、冰片等原料制成，所述药物组合物制剂具有活血化瘀、行气止痛的作用，用于冠心病、心绞痛、冠状动脉供血不足。

56. 发明名称：一种用于治疗跌打损伤药物组合物的质量控制方法

专利号：ZL200510098729.8

申请日：2005/9/7

专利权人：吉林华康药业股份有限公司

主分类号：A61K 36/889

摘要：本发明中药组合物的质量控制方法，包括含量测定方法和鉴别方法。新增加血竭含量测定方法，其阴性试验基本无干扰且结果稳定；新增加当归和红花的薄层鉴别，分离效果好，阴性试验未见干扰。

57. 发明名称：一种用于镇咳、祛痰、平喘、消炎的中药制剂

专利号：ZL200510051214.2

申请日：2005/3/2

专利权人：吉林省东北亚药业股份有限公司

主分类号：A61K 35/78

摘要：本发明镇咳、祛痰、平喘、消炎的中药制剂，以鸡胆为原料，采用环糊精包合，可掩盖鸡胆原有的苦味及腥味，有利于患者特别是小孩服用，而且增加了鸡胆有效成分在水中的溶解度。

58. 发明名称：一种治疗中风的中药组合物

专利号：ZL200410098721.7

申请日：2004/12/14

专利权人：吉林敖东延边药业股份有限公司

主分类号：A61K 36/882

摘要：本发明治疗中风的中药组合物，其组分包括杜仲、巴戟天、淫羊藿、黄芪、当归、水蛭、赤芍、益母草、地黄、白薇、石菖蒲和伸筋草，所述组分的来源可以是中药材或相当于上述中药材生药量的中药水提取物。

59. 发明名称：龟芪壮骨颗粒

专利号：ZL200410010946.2

申请日：2004/6/23

专利权人：吉林瑞隆药业有限责任公司

主分类号：A61K 35/78

摘要：本发明龟芪壮骨颗粒，由熟地黄、龟甲、杜仲、补骨脂、核桃仁、黄芪、山药、白术、当归、枸杞子、何首乌、女贞子、山茱萸、柴胡、丹参、川芎、红花、花粉素等中草药制成。具有祛邪扶正并重、补气补血、滋补肝肾、活血化瘀、强筋壮骨之功效。

60. 发明名称：一种消栓通络的药物及其制备方法

专利号：ZL200410042502.7

申请日：2004/5/19

专利权人：吉林省东北亚药业股份有限公司

主分类号：A61K 35/78

摘要：本发明消栓通络的药物及其制备方法，以川芎、黄芪、丹参、三七、桂枝、泽泻、槐花、郁金、木香、山楂、冰片为原料；所采用的方法可充分提取药材的有效成分；所制得的固体粉末稳定性好，能解决传统的药粉极易吸潮的问题。

61. 发明名称：小儿柴胡、桂枝退热中药制剂

专利号：ZL200410010761.1

申请日：2004/3/26

专利权人：吉林敖东延边药业股份有限公司

主分类号：A61K 35/78

摘要：本发明退热中药制剂，由柴胡、桂枝、葛根、浮萍、黄芩、白芍、蝉蜕等中草药制成，辛温辛凉并用，解表清

里同施，宣通内外，表里双解，用于儿童的外感发热、头身痛、流涕、咽红、溲黄、便干等症治疗。

62. 发明名称： 一种具有壮肾功能的中药制药

专利号： ZL200410010762.6

申请日： 2004/3/26

专利权人： 吉林敖东延边药业股份有限公司

主分类号： A61K 35/78

摘要： 本发明具有壮肾功能的中药制剂，由鹿角胶、枸杞子、鹿鞭（烫）、黄芪、狗肾（烫）、狗脊（烫）、驴肾（烫）、熟地黄、海马（酥）、肉苁蓉、牡蛎（煅）、韭菜子（炒）、大海米、锁阳、红参、补骨脂（盐制）、淫羊藿（制）、杜仲（炭）、肉桂（去粗皮）、牛膝、菟丝子（酒制）制成。

63. 发明名称： 鹿胎颗粒中药制剂及生产工艺

专利号： ZL200410010716.6

申请日： 2004/3/3

专利权人： 吉林敖东延边药业股份有限公司

主分类号： A61K 35/78

摘要： 本发明鹿胎颗粒中药制剂，由红参、当归、益母草、熟地黄、香附、龟甲、地骨皮、延胡索、白术、阿胶、丹参、赤芍、续断、川芎、牛膝、鹿茸、茯苓、鹿胎等中药配伍组成，具有补气养血、温精散寒等作用。

64. 发明名称： 血栓心脉宁新的制备方法

专利号： ZL03141373.0

申请日： 2003/6/6

专利权人： 吉林华康药业股份有限公司

主分类号： A61K 35/78

摘要： 本发明血栓心脉宁新的制备方法，由麝香、冰片、牛黄、人参茎叶皂甙、蟾酥、丹参、毛冬青、川芎、水蛭、槐花等制得活性成分，制成制剂。制剂精致、服用量小、药效稳定且质量可控。

65. 发明名称： 治疗烧伤的中药制剂

专利号： ZL03111500.4

申请日： 2003/4/16

专利权人： 吉林敖东延边药业股份有限公司

主分类号： A61K 35/78

摘要： 本发明治疗烧伤的中药制剂，由石膏、炉甘石、南寒水石、花蕊石、海螵蛸、没药、乳香、珍珠、珍珠母按比例组成。具有清热解毒、活血化瘀、消肿止痛、去腐生肌的效果，用于治疗烧伤、烫伤等各种外科疮疡。

66. 发明名称： 一种治疗乳腺增生的中药

专利号： ZL02146486.3

申请日： 2002/11/12

专利权人： 吉林华康药业股份有限公司

主分类号： A61K 35/78

摘要： 本发明治疗乳腺增生的中药，其配方由香附、鹿角（鹿角脱盘）、浙贝、莪术、鳖甲、人参、天冬、薤白、桔梗、蜈蚣组成。

67. 发明名称： 治疗热淋的中药制剂

专利号： ZL02146487.1

申请日： 2002/11/12

专利权人： 吉林华康药业股份有限公司

主分类号： A61K 35/78

摘要： 本发明治疗热淋的中药制剂，其配方组成为金银花、半枝莲、瞿麦、扁蓄、石韦、木通、车前子、淡竹叶、灯心草、桑寄生。

68. 发明名称：一种治疗急性肠炎的中药分散片及其制备方法和应用

专利号：ZL200710051973.8

申请日：2007/4/26

专利权人：吉林敖东延边药业股份有限公司

主分类号：A61K 36/539

摘要：本发明治疗急性肠炎的中药及其分散片，其成分由小檗皮、黄芩两味中药材组成。本发明在保证有效部分得率和转移率的基础上，使小檗皮、黄芩浸膏得率非常小，并解决了中药提取物制备的片剂崩解难的问题。

五、龙井市 A 部发明专利

1. 发明名称：一种低破肚无生心定色人参加工设备及其加工方法

专利号：ZL201410088830.4

申请日：2014/3/12

专利权人：崔春福

主分类号：A61J 3/00

摘要：本发明低破肚无生心定色人参加工设备，集人参蒸制、冷却、烘干于一体，简单易操作，节能环保，工作效率高。加工时，采用水冷却方法，平缓地控制降温速率，从而降低人参破肚率和生心概率，定色效果佳，产品外观质量高。

2. 发明名称：鱼皮精制加工方法

专利号：ZL201310644142.7

申请日：2013/12/5

专利权人：延边海娇生物科技有限公司

主分类号：A23L 1/326

摘要：本发明鱼皮精制加工方法，解决了用鱼皮生产胶原蛋白，纯鱼分离成本高、杂质含量大，不能实现规模化和工业化生产的问题。

3. 发明名称：一种骨肉丸子及制备方法

专利号：ZL201010134264.8

申请日：2010/3/29

专利权人：朴哲根

主分类号：A23L 1/317

摘要：本发明骨肉丸子及制备方法，由肉、骨、江米粉、面粉、月见草籽粉、藿香、香薷、食盐等原料按重量比经磨绞、混合、搅拌制丸而成。具有味道独特、鲜美，富有保健功效，食用方便的优点。

4. 发明名称：一种荞麦湿面条及其制备方法

专利号：ZL200910067158.X

申请日：2009/6/17

专利权人：李淳镐

主分类号：A23L 1/16

摘要：本发明荞麦湿面条，由荞麦、小麦粉、淀粉、碱、盐等原料组成，通过制粉、配制盐碱水溶液、和面、挤压成型、吊挂晾干、真空包装、清毒等步骤制成。具有容易成型、韧性大、保存和食用方便、煮面条不混汤等优点。

六、和龙市 A 部发明专利

1. 发明名称：感冒疏风胶囊及其制备方法和质量控制方法

专利号：ZL200910308063.2

申请日：2009/9/30

专利权人：吉林龙鑫药业有限公司

主分类号：A61K 36/9068

摘要：本发明感冒疏风胶囊及其制备方法和质量控制方法，对感冒疏风颗粒的各工艺参数作了优化，提高了生产效率，且显著提高了制剂的疗效和稳定性。

2. 发明名称：一种治疗雀斑、黄褐斑的内服中药及制备方法

专利号：ZL200910067495.9

申请日：2009/9/1

专利权人：赵玉英

主分类号：A61K 36/8945

摘要：本发明治疗雀斑、黄褐斑的内服中药，由黑木耳、熟地黄、山萸肉、山药、泽泻、丹皮、白伏苓按重量比例粉碎制成粉末或蜜丸而成。具有有效祛除雀斑、黄褐斑的效果。

3. 发明名称：一种有机锗 Ge – 132 灵芝饮料及制备方法

专利号：ZL200710055623.9

申请日：2007/5/8

专利权人：朴相允；朴雪梅

主分类号：A23L 2/38

摘要：本发明有机锗 Ge – 132 灵芝饮料，含有灵芝浓缩液、灰树花浓缩液、风味调节剂和有机锗 Ge – 132。根据有机锗 Ge – 132、灵芝、灰树花等其本身的特性，进行科学配伍，制成一种具有功能化、营养化、无公害化等特性的综合性饮料。

七、汪清县 A 部发明专利

1. 发明名称：一种温热垫

专利号：ZL201410662619.9

申请日：2014/11/14

专利权人：崔哲权

主分类号：A47G 9/06

摘要：本发明温热垫，能够有效保持床垫弹性、保温效果良好、材质轻便；装有远红外及阴离子层，可将发热层产生的对人体有危害的近红外线转变成远红外线及阴离子，调节人体血液循环达到保健的效果。

2. 发明名称：一种人参总皂苷咀嚼片及其制备方法

专利号：ZL201410231099.6

申请日：2014/5/29

专利权人：延边长白山药业有限公司

主分类号：A23L 1/09

摘要：本发明人参总皂苷咀嚼片，经过人参总皂苷的提取、主料与辅料的配料、制软材、造粒及干燥、压片及灭菌过程而制得。具有加工简便、外观光洁、口感细腻、营养丰富、提高肌体免疫，抗疲劳、延缓衰老等特点。

3. 发明名称：一种北五味子提取物及其制备方法、应用

专利号：ZL201310561193.3

申请日：2012/8/13

专利权人：范惠明；金光洙

主分类号：A61K 36/57

摘要：本发明北五味子提取物，提供五味子醇甲等木脂素含量高、与北五味子果实和藤茎相比木脂素组成与含量不同的提取物，药理活性上表现出独特的活性。还提供北五味子提取物在解酒保肝方面的应用。

4. 发明名称：北五味子提取物及其制备方法、应用

专利号：ZL201210285907.8

申请日：2012/8/13

专利权人： 范惠明；金光洙

主分类号： A61K 36/57

摘要： 本发明北五味子提取物，具体是指从北五味子根中提取得到的提取物中含有 15% 五味子醇甲的北五味子根乙醇提取物，或是从北五味子根茎木质部中提取得到的提取物中含有 18% 五味子醇甲的北五味子根茎木质部乙醇提取物。

八、安图县 A 部发明专利

发明名称： 鹿胎口服液及其制备方法

专利号： ZL01103779.2

申请日： 2001/2/14

专利权人： 吉林敖东延边药业股份有限公司

主分类号： A61K 35/78

摘要： 本发明鹿胎口服液，由鹿胎浸膏、大枣、薏苡仁、甘草、太子参、鹿角脱盘、蜂蜜、白糖、黄瓜、防腐剂原料按一定比例构成。适宜体质虚弱及免疫力低下者，儿童不宜服用。

第二章　A部实用新型专利

一、延吉市A部实用新型专利

1. 实用新型名称：一种半自动草莓采摘器

专利号：ZL201820811063.9

申请日：2018/5/29

专利权人：延边大学

主分类号：A01D 46/00

摘要：本实用新型草莓采摘器，用于采摘草莓时，其采摘端不会与草莓果接触，可避免草莓果受到外部碰撞而损害。

2. 实用新型名称：叉式水果采摘机

专利号：ZL201820758381.3

申请日：2018/5/21

专利权人：延边大学

主分类号：A01D 46/00

摘要：本实用新型叉式水果采摘机，能有效地克服视觉误差，准确地确定水果梗的位置，可提高采摘效率和经济效益。

3. 实用新型名称：机械驱动玉米增产割苗机

专利号：ZL201820588725.0

申请日：2018/4/13

专利权人：延边朝鲜族自治州农业机械管理技术总站

主分类号：A01D 34/73

摘要：本实用新型割苗机，其刀柄固定在切割轴的底部，便于更换和拆卸，且其刀片的高度可以调节。玉米苗在固定箱内被切割，切割后的玉米苗会被带到储存箱内，便于将割苗的玉米苗收集到一起。

4. 实用新型名称：水稻钵育苗宽窄行摆秧杆回转体传动机构

专利号：ZL201820533331.5

申请日：2018/4/5

专利权人：李精华

主分类号：A01C 11/00

摘要：本实用新型采用水稻钵育苗拔秧摆秧分开的两个机构来完成拔秧、移秧、摆秧的水稻钵育苗宽窄行移栽的摆秧杆回转体传动机构，具有结构简单、体积小、安全可靠、寿命长的特点。

5. 实用新型名称：田间四轮驱动四轮转向中央同步机构

专利号：ZL201820499924.4

申请日：2018/3/28

专利权人：李精华

主分类号：A01B 71/00

摘要：本实用新型利用转向油缸来实现左、右L型摆杆，左、右转向连杆，左、右驱动轮的同步摆动，具有结构简单、体积小、安全可靠、寿命长等特点。

6. 实用新型名称：裸苗无投苗器的变速旋转式移植机构

专利号：ZL201820280861.3

申请日：2018/2/21

专利权人：李精华

主分类号：A01C 11/02

摘要：本实用新型通过左、右旋转体时快时慢的运作来实现预定的周期性变速运动，具有结构简单、体积小、安全可靠、寿命长的特点。

7. 实用新型名称：非圆齿轮旋转式红薯斜平插移栽机构

专利号：ZL201820256714.2

申请日：2018/2/5

专利权人：李精华

主分类号：A01C 11/02

摘要：本实用新型通过开爪主动非圆齿轮固定套的旋转来调节红薯苗的斜平插长度，通过夹苗主动非圆齿轮固定套的旋转来调节夹红薯苗的位置，具有结构简单、体积小、安全可靠、寿命长的特点。

8. 实用新型名称：一种营林苗圃培育装置

专利号：ZL201820100182.3

申请日：2018/1/22

专利权人：朴永春

主分类号：A01G 9/029

摘要：本实用新型营林苗圃培育装置，克服以往因水量过多而导致植物根基腐烂的问题，使浇水更加方便、更加均匀，可有效防止植物茎叶受到外物的损害。

9. 实用新型名称：自动刮牙清理式精量施肥器机构

专利号：ZL201721669813.5

申请日：2017/11/24

专利权人：金泰旭；金男哲

主分类号：A01C 15/16

摘要：本实用新型设计独特，结构简单，排肥稳定，施肥均匀，尤其是对形状不一的颗粒状、粉状肥料和吸潮的肥料均可精量施肥，施肥量多级可调，可有效降低劳动强度、提高工作效率。

10. 实用新型名称：一种医疗耳鼻喉科用带有防抖结构的鼻窦手术内窥镜

专利号：ZL201721455656.8

申请日：2017/11/4

专利权人：延边大学

主分类号：A61B 1/233

摘要：本实用新型包括颌托和软垫，所述软垫可以在设置的空槽内上下移动，可根据不同患者的需求调整软垫的位置，也可利用调节杆限定软垫的位置，以提高患者的舒适度。

11. 实用新型名称：夹式肉串器

专利号：ZL201721445203.7

申请日：2017/11/2

专利权人：金明学

主分类号：A22C 17/00

摘要：本实用新型夹式肉串器包括手柄、夹肉槽，可有效解决肉签穿偏、肉串不美感、使用不便、易损坏等问题。

12. 实用新型名称：鲑科鱼类套桶式孵化器

专利号：ZL201721258423.9

申请日：2017/9/28

专利权人：郑伟

主分类号：A01K 61/17

摘要：本实用新型克服传统鲑科鱼类桶式孵化器易产生气泡、气泡震动而造成受精卵大批死亡的问题，实现孵化桶内光线更柔和、水流更平稳、环境更安静，提升鲑科鱼类受精卵的孵化率。

13. 实用新型名称：一种烟叶采收机构

专利号：ZL201721183217.6

申请日：2017/9/7

专利权人：吉林烟草工业有限责任公司

主分类号：A01D 45/16

摘要：本实用新型烟叶采收机构针对带茎烟叶进行采收，效率高、操作简单，可有效保护烟叶的完整性，为后续的烟叶烘干提供保证。

14. 实用新型名称： 自热包野外用压力锅

专利号：ZL201721010877.4

申请日：2017/8/14

专利权人：姜晨辉

主分类号：A47J 27/08

摘要：本实用新型包括外煲、内锅、煲盖，其外煲和内锅之间放置有热源，适用于野外及无电环境，并且煲盖与内锅可实现全密封，使压力锅的保温密封效果极大提升。

15. 实用新型名称： 带式擦地装置

专利号：ZL201721010302.2

申请日：2017/8/14

专利权人：李永顺

主分类号：A47L 11/284

摘要：本实用新型包括带有壳体的智能扫擦机器人、安装在所述智能扫擦机器人壳体上的擦地器，具有使用方便、擦地效果好、自动化程度高等特点。

16. 实用新型名称： 一种多功能康复锻炼椅

专利号：ZL201720944778.7

申请日：2017/7/31

专利权人：南军

主分类号：A63B 23/12

摘要：本实用新型多功能康复锻炼椅，既可用于对患者手臂、腹部及腰背进行锻炼和按摩，也可作为普通椅子使用，功能齐全，使用方便。

17. 实用新型名称： 一种节能减排组合机组

专利号：ZL201720810399.9

申请日：2017/7/5

专利权人：延边阿拉里食品有限公司

主分类号：A21C 11/20

摘要：本实用新型节能减排组合机组的旋转杆上依次设有三个结构不同的螺纹，依次实现向出料端送出料、增加料与机筒的管壁挤压、增加原料从机筒内排出的阻力等功能，从而增强膨化效果。

18. 实用新型名称： 一种多机头制面机

专利号：ZL201720810418.8

申请日：2017/7/5

专利权人：延边阿拉里食品有限公司

主分类号：A21C 11/20

摘要：本实用新型通过加压仓将料送到出面头，通过挤压筒对料进行挤压，将料挤入成型仓并经融合后，通过机头将面挤出。可用多个机头控制出面的速度与数量，减少加压仓和挤压筒内的工作压力。

19. 实用新型名称： 一种熟面机模头

专利号：ZL201720810416.9

申请日：2017/7/5

专利权人：延边阿拉里食品有限公司

主分类号：A21C 7/00

摘要：本实用新型将简单处理的面团通过进面孔挤入，面团在第二配合环的外圈与第一配合环的内圈的间隙中充分接触，简化了揉面的过程，克服了需多次揉捏面才能加工合格面皮的缺陷。

20. 实用新型名称：风筒

专利号：ZL201720806864.1

申请日：2017/7/5

专利权人：延边阿拉里食品有限公司

主分类号：A21C 9/00

摘要：本实用新型包括两个风机、竖桶和隔板组，通过均匀风干面条、均匀向面条喷淋食用油，防止面条粘连，提高面条质量，增强口感，具有操作安全方便、清洁卫生的特点。

21. 实用新型名称：一种搓面机

专利号：ZL201720810419.2

申请日：2017/7/5

专利权人：延边阿拉里食品有限公司

主分类号：A21C 9/08

摘要：本实用新型搓面机，操作时将面条挂在挂钩上，通过转轮带动挂钩转动，当面条经过成对的旋转辊轴之间的间隔时，两边的旋转辊轴对面条进行挤搓，以分开面条。

22. 实用新型名称：一种膨化机头

专利号：ZL201720810400.8

申请日：2017/7/5

专利权人：延边阿拉里食品有限公司

主分类号：A23P 30/30

摘要：本实用新型公开了一种膨化机头，具有结构简单、使用便捷、可调节膨化流向和膨化温度、省时、省力、使用安全可靠特点。

23. 实用新型名称：多功能精量施肥旋耕播种一体机机构

专利号：ZL201720825289.X

申请日：2017/7/3

专利权人：金泰旭；金男哲

主分类号：A01B 49/06

摘要：本实用新型可一次性完成施肥、旋耕、播种、覆土、起垄、镇压作业，施肥量多级可调，可播种各种作物，株距、深浅随时可调，具有省工、省力、省时的优点。

24. 实用新型名称：一种人参蒸制烘干自动加工设备

专利号：ZL201720676540.0

申请日：2017/6/12

专利权人：刘洪亮

主分类号：A61K 36/258

摘要：本实用新型包括蒸发器、加热器、冷凝器和蓄水箱，结合蒸制及烘干功能对人参进行蒸制、烘干，设有可视化窗口，以便观察蒸发器内部情况。

25. 实用新型名称：一种医学院实验室用可调课桌

专利号：ZL201720455930.5

申请日：2017/4/27

专利权人：延边大学

主分类号：A47B 41/00

摘要：本实用新型医学院实验室用可调课桌，在医学实验方面，可作为可调高度的实验课桌使用，可缓冲实验体放在桌子上时的振动；做实验时，可以减小外界震动对实验造成的影响。

26. 实用新型名称：负压虹吸系统

专利号：ZL201720452985.0

申请日：2017/4/26

专利权人：崔勋

主分类号：A01K 63/04

摘要：本实用新型负压虹吸系统，结构紧凑，排水效率高，水位调节容易，可自动将水位维持在设定高度范围内。

27. 实用新型名称：一种脊柱外科用脊柱辅助治疗装置

专利号：ZL201720413754.9

申请日：2017/4/19

专利权人：慎美花

主分类号：A61H 1/00

摘要：本实用新型脊柱外科用脊柱辅助治疗装置，可辅助矫正脊柱变形特别是脊柱弯曲，同时能够辅助改善肩高不同的症状。具有结构简单、使用方便的特点。

28. 实用新型名称：一种用于中医保健火疗的挡火装置

专利号：ZL201720311611.7

申请日：2017/3/28

专利权人：王亮

主分类号：A61H 39/06

摘要：本实用新型有效解决了中医保健火疗过程中采用毛巾安全性较差、透气性不良、有异味、影响患者舒适度的问题。

29. 实用新型名称：一种脂肪肝治疗仪

专利号：ZL201720216778.5

申请日：2017/3/7

专利权人：延边大学

主分类号：A61N 1/36

摘要：本实用新型脂肪肝治疗仪，结合多种治疗手段，通过设置调节部保证治疗部与患者腹部的有效贴合，提高整体治疗效果，具有结构新颖、使用便捷等特点。

30. 实用新型名称：一种基于人工智能的病理取材采图系统

专利号：ZL201720131316.3

申请日：2017/2/14

专利权人：延边大学

主分类号：A61B 10/00

摘要：本实用新型基于人工智能的病理取材采图系统，通过多维整合已有技术，应用于生物样本的大体取材与拍照过程中，并通过箱体设计实现对拍照效果的质量控制。

31. 实用新型名称：一种爬梯装置及其行李箱包、行李车

专利号：ZL201720123911.2

申请日：2017/2/10

专利权人：姜今善

主分类号：A45C 5/04

摘要：本实用新型爬梯装置及其行李箱包、行李车，其拉杆基架与滑撬架之间的折叠与展开简易，既可通过手动的方式，也可通过驱动装置实现支撑杆的折叠和展开功能。

32. 实用新型名称：多功能阅读架

专利号：ZL201720077490.4

申请日：2017/1/20

专利权人：赵香花

主分类号：A47B 23/06

摘要：本实用新型多功能阅读架，可将书本、平板电脑等载体放置在面板上，使用者无须用手支撑。面板上固定有放大镜，放大镜的角度和高度可调节，使阅读变得更加方便舒适。

33. 实用新型名称：水田精准侧深施肥器

专利号：ZL201720054316.8

申请日：2017/1/18

专利权人：延吉春苗农业装备有限公司

主分类号：A01C 15/04

摘要：本实用新型水田精准侧深施肥器，可实现定量、均匀施肥，肥料不会被磨

碎或搅碎，具有可防止潮解结块、提高施肥效果和肥料利用率等特点。

34. 实用新型名称：一种乳腺检查装置及置乳装置

专利号：ZL201720060444.3

申请日：2017/1/18

专利权人：金英姬

主分类号：A61B 5/00

摘要：本实用新型乳腺检查装置及置乳装置，其上设置有U形槽，并可进行调节，使被检者在接受检查时可保持乳腺的自然状态，增强舒适性。

35. 实用新型名称：一种医用检查垫

专利号：ZL201720058225.1

申请日：2017/1/18

专利权人：金英姬

主分类号：A61G 13/12

摘要：本实用新型医用检查垫，尺寸精密，形状大小与人体的生理解剖结构相对应，可使患者能够舒适地配合医生完成阴道超声检查，并且可清洗、可消毒、可反复利用。

36. 实用新型名称：智能滚筒抹布擦地扫地清洁机器人

专利号：ZL201720060390.0

申请日：2017/1/17

专利权人：郑明珠

主分类号：A47L 11/24

摘要：本实用新型智能滚筒抹布擦地扫地清洁机器人，自动化程度高，擦拭地面效果好，可节约水资源，降低劳动强度，提高劳动效率。

37. 实用新型名称：吸尘器及其气筒式循环回气真空丝杠轴皮碗静音吸气泵

专利号：ZL201720060389.8

申请日：2017/1/17

专利权人：郑明珠

主分类号：A47L 5/30

摘要：本实用新型吸尘器及其气筒式循环回气真空丝杠轴皮碗静音吸气泵，吸尘吸气量大、电机消耗功率小、工作噪声小，并且无二次污染。

38. 实用新型名称：一种预防脑出血病人足下垂的矫正装置

专利号：ZL201720056661.5

申请日：2017/1/17

专利权人：延边大学

主分类号：A61F 5/01

摘要：本实用新型预防脑出血病人足下垂的矫正装置，结构简单，操作穿戴方便，不但可以防止病人足下垂，而且可以帮助病人走路，有助于病人快速康复。

39. 实用新型名称：一种新型手术区引流管固定支架

专利号：ZL201720055301.3

申请日：2017/1/17

专利权人：延边大学

主分类号：A61M 25/02

摘要：本实用新型手术区引流管固定支架，其套管内设有压力传感器，可检测引流管的引流量压力，当术区引流量超过设定值时会报警，并且，安装与操作简便，患者携带舒适。

40. 实用新型名称：钓鱼竿风干袋

专利号：ZL201720000519.9

申请日：2017/1/3

专利权人：佟宇轩

主分类号：A01K 97/18

摘要：本实用新型钓鱼竿风干袋，可用吹热风的方法快速吹干鱼竿内侧水分，具有结构简单、使用方便、制造成本低的特点。

41. 实用新型名称：三脚架增固置物袋

专利号：ZL201621432433.5

申请日：2016/12/26

专利权人：朴永俊

主分类号：A45F 3/00

摘要：本实用新型三脚架增固置物袋，有效解决了三脚架上重下轻问题，提高了三脚架稳定性及使用价值。

42. 实用新型名称：360 度旋转分离式烤串机

专利号：ZL201621271394.5

申请日：2016/11/25

专利权人：赵成吉

主分类号：A47J 37/04

摘要：本实用新型360 度旋转分离式烤串机，能够自动调整炭盒高度，具有结构简单、烧烤均匀、容易清洁等特点。串杆不带有旋转齿轮。

43. 实用新型名称：人体成分测量设备

专利号：ZL201621119646.2

申请日：2016/10/13

专利权人：吉林东华原医疗设备有限责任公司

主分类号：A61B 5/00

摘要：本实用新型人体成分测量设备，可有效避免设置在底座中的传感器向托盘传输信号时受到干扰和影响，确保人体成分测量设备的准确性和稳定性。

44. 实用新型名称：机械式血压仪卷紧系统及具有该卷紧系统的血压仪

专利号：ZL201621113051.6

申请日：2016/10/11

专利权人：吉林东华原医疗设备有限责任公司

主分类号：A61B 5/022

摘要：本实用新型可以针对各类人群进行精确的血压测量，即使在突然断电的情况下，臂带也能正常松开，可使测量者抽出手臂，以避免被测者血液不流通而造成安全隐患。

45. 实用新型名称：水稻钵苗拔秧机构

专利号：ZL201621135053.5

申请日：2016/10/10

专利权人：李精华

主分类号：A01C 11/02

摘要：本实用新型水稻钵苗拔秧机构，其秧爪夹开凸轮上设有一侧圆柱凸轮，可通过调节夹秧弹簧螺杆来调节夹秧力，确保拔秧且不伤秧，并具有加工简单、体积小等特点。

46. 实用新型名称：一种多功能便携式激光治疗仪

专利号：ZL201621089257.X

申请日：2016/9/29

专利权人：陈华勇；赵同泉

主分类号：A61N 5/067

摘要：本实用新型增设有血压和血糖检测功能，在使用过程可对病人血压进行实时监测，且可以将治疗过程中的数据传输至电脑，为病人建立电子病历，具有功能齐全、体积小、便于携带等特点。

47. 实用新型名称：食品3D 打印机挤出装置

专利号：ZL201621053659.4

申请日：2016/9/14

专利权人：王洪军

主分类号：A23P 30/20

摘要：本实用新型食品 3D 打印机挤出装置，有效解决了已有产品结构复杂且成本较高的问题，具有结构简单、使用方便、成本低的优点。

48. 实用新型名称： 一种灵芝胶囊

专利号：ZL201621050116.7

申请日：2016/9/12

专利权人：金龙哲

主分类号：A23L 33/00

摘要：本实用新型灵芝胶囊，不仅含有丰富的灵芝多糖，还含有人参皂苷，且两者相互搭配，形成增强免疫力、改善睡眠、补益肝肾的功效，并具有易被人体吸收、制备方法简单等优点。

49. 实用新型名称： 精量施肥旋耕播种一体机自动离合传动机构

专利号：ZL201621049205.X

申请日：2016/8/31

专利权人：金泰旭

主分类号：A01B 49/02

摘要：本实用新型设计独特，结构简单，功能齐全，操作简单，可适应不同的旋耕宽度或跳过已施肥和播种处进行调节施肥，能够避免重复施肥播种现象。

50. 实用新型名称： 一种带自锁功能的折叠横向拉杆

专利号：ZL201621025676.7

申请日：2016/8/31

专利权人：姜今善

主分类号：A45C 13/26

摘要：本实用新型带自锁功能的折叠横向拉杆，克服了可折叠横向拉杆存在的结构不稳定、使用不便等问题，具有结构简单而稳定、使用方便等优点。

51. 实用新型名称： 一种新型支架

专利号：ZL201621020247.0

申请日：2016/8/31

专利权人：赵香花

主分类号：A47B 97/02

摘要：本实用新型支架，通过在支撑框的上部设置伸缩的固定部，配合承托板对画板进行固定，实现升降控制，具有使用方便、控制灵活、保管占用空间小等优点。

52. 实用新型名称： 中国式施肥旋耕播种机构

专利号：ZL201620946256.6

申请日：2016/8/22

专利权人：金泰旭

主分类号：A01B 79/02

摘要：本实用新型具有施肥、旋耕、播种三合一功能，利用施肥播种自动离合器自动升离降合，具有结构简单、安全可靠、维修方便、省工、省力、省时、省肥、省种的特点。

53. 实用新型名称： 一种足浴器

专利号：ZL201620910220.2

申请日：2016/8/22

专利权人：严智虎

主分类号：A61H 35/00

摘要：本实用新型足浴器，将自来水实时分解成有强杀菌力的 OH - 和 HOCL 次氯酸，通过强力杀菌力和去味杀菌水去除双脚上的有害细菌及脚气，具有促进血液循环、增强养护的功效。

54. 实用新型名称： 阅读架

专利号：ZL201620755237.5

申请日：2016/7/18

专利权人：赵香花；郑云泰

主分类号：A47B 23/00

摘要：本实用新型阅读架，将其延伸杆伸出安装孔以增加面板用于承载书或电脑的面积，解决了因面板太小使书本下垂而无法顺畅阅读的问题。

55. 实用新型名称：颈椎前后路手术约束带

专利号：ZL201620749705.8

申请日：2016/7/15

专利权人：王佳楠

主分类号：A61F 5/37

摘要：本实用新型采用基布和固定带组合的形式，在基布上设置填充有棉质填充层的口袋，在肩部固定带加装棉式加厚层，以防止对患者造成压疮，具有制造成本低廉、易清洗、可重复使用的优点。

56. 实用新型名称：钵苗秧箱

专利号：ZL201620772192.2

申请日：2016/7/13

专利权人：李精华

主分类号：A01G 9/10

摘要：本实用新型钵苗秧箱，采用梯形送秧盘杆支承导轨插入育秧盘，并且将链轮设在水稻钵苗育秧盘底部，可用现有秧箱插入水稻钵苗育秧盘。

57. 实用新型名称：剪刀式推结器

专利号：ZL201620671315.3

申请日：2016/6/30

专利权人：延边大学附属医院

主分类号：A61B 17/04

摘要：本实用新型剪刀式推结器，可推动打结点，剪断多余缝线，具有操作简单、节省手术时间等特点。

58. 实用新型名称：可穿戴式听诊器

专利号：ZL201620640882.2

申请日：2016/6/24

专利权人：朱林华

主分类号：A61B 7/02

摘要：本实用新型可穿戴式听诊器，有效解决了用听诊器对患者听诊时易造成患者情绪紧张，听诊准确性差，不适合多次对患者进行听诊的问题。

59. 实用新型名称：口腔综合治疗机用移动痰盂屈伸装置

专利号：ZL201620326272.5

申请日：2016/4/19

专利权人：车锋哲

主分类号：A61C 17/14

摘要：本实用新型口腔综合治疗机用移动痰盂屈伸装置，可以上下左右调节至患者前方，方便吐痰，设计人性化，结构简单，使用灵活方便。

60. 实用新型名称：多功能炭火保温环保节能烧烤炉具

专利号：ZL201620276714.X

申请日：2016/4/6

专利权人：朱先军

主分类号：A47J 37/00

摘要：本实用新型多功能炭火保温环保节能烧烤炉具，不产生破坏环境的油烟和大颗粒烟尘，可减少热量流失，具有保温功效。由于炭火不直接接触肉串，避免了烤焦烤煳的问题。

61. 实用新型名称：一种贮柜的安全保护系统及贮柜

专利号：ZL201620256193.1

申请日：2016/3/30

专利权人：吉林烟草工业有限责任公司

主分类号：A24B 3/00

摘要：本实用新型用于检测是否有人处于拨料辊的危险区域，根据与人体识别装置连接的控制系统发出的信号，对拨料辊的状态进行控制，以保障操作人员的安全。

62. 实用新型名称： 基于温度提示与温度防护的坐垫式远红外辐射治疗仪

专利号： ZL201620157823. X

申请日： 2016/3/2

专利权人： 陈华勇；赵同泉

主分类号： A61N 5/06

摘要：本实用新型坐垫式远红外辐射治疗仪，可通过 LED 灯的灯光向用户提示辐射面的温度，在辐射面上使用防护网，避免治疗时灼伤皮肤，提高安全性。

63. 实用新型名称： 一种精油便利贴

专利号： ZL201620007744. 0

申请日： 2016/1/5

专利权人： 黄正浩；齋藤茂

主分类号： A61K 9/70

摘要：本实用新型精油便利贴，其底部的黏贴层双面都具有黏性，黏贴层底部黏贴有隔离纸，结构简单，体积小，携带方便，实用性强。

64. 实用新型名称： 多功能阅读架

专利号： ZL201521098881. 1

申请日： 2015/12/25

专利权人： 赵香花；郑云泰

主分类号： A47B 23/00

摘要：本实用新型设置有压紧板，将书、平板电脑等载体压紧在放置板上，防止其滑动或掉落。压紧板的位置可根据需要进行调节。可通过插接件组成组合式阅读架。

65. 实用新型名称： 全自动强制对流型谷物烘干机

专利号： ZL201520928200. 3

申请日： 2015/11/20

专利权人： 郑龙龟

主分类号： A23B 9/08

摘要：本实用新型采用气旋过滤的方式分离谷物和废气，在排出废气之前先进行过滤，防止对周边环境形成粉尘污染。

66. 实用新型名称： 磁力吸附式相框

专利号： ZL201520836141. 7

申请日： 2015/10/27

专利权人： 吕美玲

主分类号： A47G 1/14

摘要：本实用新型磁力吸附式相框，取放照片简便，无须把照片填满框体或摆放整齐也可展现出美观效果。

67. 实用新型名称： 一种鱼缸虹吸下水装置

专利号： ZL201520752285. 4

申请日： 2015/9/25

专利权人： 崔勋

主分类号： A01K 63/04

摘要：本实用新型鱼缸虹吸下水装置，当进入鱼缸内的进水量较小时，以溢的方式排水；当进水量较大时，触发虹吸状态增加下水量。具有结构简单、体积小、可拆卸、不易发生堵塞的优点。

68. 实用新型名称： 组合式阅读架

专利号： ZL201520741066. 6

申请日： 2015/9/22

专利权人： 赵香花

主分类号： A47B 23/00

摘要：本实用新型组合式阅读架，将至少两个阅读架组合成一个阅读架，满足同时阅读多个载体的需要。

69. 实用新型名称： 阅读架

专利号：ZL201520682403.9

申请日：2015/9/6

专利权人：赵香花；郑云泰

主分类号：A47B 23/00

摘要：本实用新型阅读架，将书、平板电脑等平板状载体放到放置板，通过调节机构调节固定架与支撑板之间的角度，确定最佳阅读位置。

70. 实用新型名称： 温热电位治疗器的控制器

专利号：ZL201520398780.X

申请日：2015/6/10

专利权人：延吉可喜安医疗器械有限公司

主分类号：A61H 39/06

摘要：本实用新型温热电位治疗器的控制器设置电位控制电路和磁疗控制电路，用于控制电位棒和磁疗棒，以增加温热治疗器的理疗方式，实现对使用者的综合理疗。

71. 实用新型名称： 多功能精量施肥旋耕播种一体机

专利号：ZL201520346829.7

申请日：2015/5/22

专利权人：金泰旭

主分类号：A01B 49/06

摘要：本实用新型一次性完成施肥、旋耕、播种作业，施肥均匀，施肥量多级可调，播种准确率高，水分保存性好，有利于种子发芽，具有省工、省力、省时的优点。

72. 实用新型名称： 一种用于松缓人体的按摩床

专利号：ZL201520287534.7

申请日：2015/5/6

专利权人：李成新

主分类号：A61H 1/00

摘要：本实用新型按摩床，可对平躺在其上面的使用者进行全身按摩，具有良好的保健作用。

73. 实用新型名称： 股动静脉介入术后压迫止血器

专利号：ZL201520233953.2

申请日：2015/4/20

专利权人：安佰富

主分类号：A61B 17/132

摘要：本实用新型股动静脉介入术后压迫止血器，稳固可靠，不易移动，软垫按压的压力可控制，实用方便。

74. 实用新型名称： 一种加热结构及具有该加热结构的雾化装置

专利号：ZL201520173534.4

申请日：2015/3/25

专利权人：延吉长白山科技服务有限公司

主分类号：A24F 47/00

摘要：本实用新型涉及电子烟，通过间接加热发烟物质，解决易烧焦问题，进而避免碳化的有害物质的产生，确保电子烟的可靠性和使用者的口感。

75. 实用新型名称： 水族箱圆柱型循环过滤喷水装置

专利号：ZL201520156128.7

申请日：2015/3/19

专利权人：金贤石

主分类号：A01K 63/04

摘要：本实用新型包括水族箱和过滤装置，过滤装置为圆柱形循环过滤喷水装置。具有结构简单、成本低、过滤效果好、水族箱体美观的优点。

76. 实用新型名称： 水族箱循环过滤喷水装置

专利号： ZL201520157532.6

申请日： 2015/3/19

专利权人： 金贤石

主分类号： A01K 63/04

摘要： 本实用新型包括水族箱和过滤装置，过滤装置上设有喷水装置。具有结构简单、成本低、过滤效果好、水族箱体美观的优点。

77. 实用新型名称： 一种脑切片与活体动物两用 X－Y 移动台

专利号： ZL201520007289.X

申请日： 2015/1/7

专利权人： 邱德来

主分类号： A61D 3/00

摘要： 本实用新型脑切片与活体动物两用 X－Y 移动台，具有既可用于急性脑切片又可用于活体动物电生理实验的优点。

78. 实用新型名称： 可拆卸旋转支架自动烤串机

专利号： ZL201420860730.4

申请日： 2014/12/31

专利权人： 赵成吉

主分类号： A47J 37/06

摘要： 本实用新型可拆卸旋转支架自动烤串机，具有结构简单、翻转烤串效率高、使用后容易清洁的特点。串杆不带有旋转齿轮。

79. 实用新型名称： 一种带有吹风清雪机的保温大棚

专利号： ZL201420820777.8

申请日： 2014/12/9

专利权人： 安东浩

主分类号： A01G 9/14

摘要： 本实用新型带有吹风清雪机的保温大棚，彻底阻断了墙体与大地之间的热桥，使建筑墙基成为保温结构的一部分，可防止大棚内热量散失，下雪时可用风力清除积雪。

80. 实用新型名称： 尜尜球

专利号： ZL201420608286.7

申请日： 2014/10/21

专利权人： 奚亚明

主分类号： A63B 67/00

摘要： 本实用新型尜尜球，具有携带方便、使用简单、运动消费低、趣味性强，适合成年人及青少年健身娱乐的优点。

81. 实用新型名称： 牙科用调拌机

专利号： ZL201420524520.8

申请日： 2014/9/15

专利权人： 洪哲

主分类号： A61C 5/06

摘要： 本实用新型牙科用调拌机，解决了调拌不均匀、水分流失、比例失调的难题，具有结构简单、使用方便灵活、便于操作、使用寿命长的特点。

82. 实用新型名称： 患者辅助起床拉环

专利号： ZL201420435718.9

申请日： 2014/8/5

专利权人： 金爱花

主分类号： A61G 7/05

摘要： 本实用新型患者辅助起床拉环，通过绑带绑附在床头或其他固定物上。使用时，患者手握拉环带，试探加力，借助上肢力量辅助起床，既可锻炼身体，又有助于身体康复。

83. 实用新型名称：自动翻转肉串烤串机

专利号：ZL201420410521.X

申请日：2014/7/24

专利权人：刘东辉

主分类号：A47J3 7/04

摘要：本实用新型自动翻转肉串烤串机，两端均设有转动装置，可满足两侧人同时烧烤的需求，结构简单，易清洁。

84. 实用新型名称：座椅缓冲垫

专利号：ZL201420337018.6

申请日：2014/6/23

专利权人：具万顺；金昭中

主分类号：A47C 7/24

摘要：本实用新型座椅缓冲垫，弹性及散热效果优良，不易滋生细菌，可缓解因久坐而产生的疲劳感。

85. 实用新型名称：自动旋转插杆式烤串机

专利号：ZL201420228727.0

申请日：2014/5/7

专利权人：延吉市元福民族烧烤设备厂

主分类号：A47J 37/06

摘要：本实用新型自动旋转插杆式烤串机，将旋转齿轮置于串架边框内，通过将串杆插入旋转齿轮轴向孔内，借助径向设置的弹簧夹住串杆并使其旋转，无齿轮暴露在外，翻转烤串效率高且易于清洗。

86. 实用新型名称：多功能人体清洗器

专利号：ZL201420179172.5

申请日：2014/4/15

专利权人：奇光

主分类号：A61H 35/02

摘要：本实用新型多功能人体清洗器，集清洗人体的鼻腔、眼睛、牙缝、肛门、妇科内外阴等于一体，清洁彻底，杀菌消毒效果显著。

87. 实用新型名称：一种膨胀烟梗切丝加工装置

专利号：ZL201420081081.8

申请日：2014/2/25

专利权人：吉林烟草工业有限责任公司

主分类号：A24B 5/16

摘要：本实用新型膨胀烟梗切丝加工装置，通过切片机将膨胀烟梗切为片状，通过切丝机将片状膨胀烟梗切为丝状，使膨胀烟梗与烟丝充分配合，提高了膨胀烟梗与烟丝的配伍性以及卷烟的加工质量。

88. 实用新型名称：加料机的料罐冷凝水回收系统

专利号：ZL201420063200.7

申请日：2014/2/12

专利权人：吉林烟草工业有限责任公司

主分类号：A24B 3/12

摘要：本实用新型加料机的料罐冷凝水回收系统，克服因疏水管路的背压大于蒸汽压力而无法排出冷凝水的问题，实现了料罐夹层中的冷凝水顺利排出，确保糖料液的计量准确，加料精度提高。

89. 实用新型名称：一种贮柜拔料辊的安全控制系统及贮柜

专利号：ZL201420021686.8

申请日：2014/1/14

专利权人：吉林烟草工业有限责任公司

主分类号：A24B 3/00

摘要：本实用新型贮柜拔料辊的安全控制系统及贮柜，克服了在清扫贮柜过程中要以手动方式反复开闭拔料辊电机的问题，提高了工作效率、生产稳定性以及工作人员的安全性。

90. 实用新型名称：温热垫

专利号：ZL201420016115.5

申请日：2014/1/10

专利权人：延吉可喜安医疗器械有限公司

主分类号：A61F 7/08

摘要：本实用新型温热垫，其药石球的高度大于药石组合模块层，凸出的药石球可以与人体凹陷的部位紧密贴合，使得整个温热垫能有效地与人体贴合。

91. 实用新型名称：钵苗三排拔秧摆秧机构

专利号：ZL201320883640.2

申请日：2013/12/23

专利权人：李精华

主分类号：A01C 11/02

摘要：本实用新型钵苗三排拔秧摆秧机构，其拔秧臂不接触地，秧爪不粘泥，摆秧不伤秧，直立度好，安全可靠，维修方便，使用寿命长。

92. 实用新型名称：一种水稻钵苗移栽机的秧爪控制系统

专利号：ZL201320736723.9

申请日：2013/11/13

专利权人：陈邦仁

主分类号：A01C 11/02

摘要：本实用新型水稻钵苗移栽机的秧爪控制系统，结构简单，运行稳定，水稻移栽效果优异，取秧准确，栽秧直立度好，作业速度快。

93. 实用新型名称：自动回转多用途实验动物笼

专利号：ZL201320454016.0

申请日：2013/7/29

专利权人：延边大学

主分类号：A01K 1/03

摘要：本实用新型自动回转多用途实验动物笼，具有即使笼内动物自由活动，也不会出现记录线、管缠绕、线管打结、折断等现象的优点。

94. 实用新型名称：婴幼儿头皮静脉穿刺约束带

专利号：ZL201320447349.0

申请日：2013/7/26

专利权人：延边大学

主分类号：A61M 5/14

摘要：本实用新型婴幼儿头皮静脉穿刺约束带，有助于提高穿刺成功率、缩短穿刺时间，从而可减轻患儿痛苦，减轻护理人员与家属的负担。具有结构简单、使用方便、制作简单、成本低等优点。

95. 实用新型名称：一种理疗床

专利号：ZL201320349191.3

申请日：2013/6/18

专利权人：李成新

主分类号：A61H 1/00

摘要：本实用新型理疗床，通过设置在床架一端的足部电磁波保健按摩器和位于理疗床垫与足部电磁波保健按摩器之间的腿部电磁波保健按摩器，同时对多部位进行理疗按摩。

96. 实用新型名称：移动式输液车

专利号：ZL201320169469.9

申请日：2013/4/8

专利权人：朱春莲

主分类号：A61M 5/14

摘要：本实用新型移动式输液车，可快速为行动不便的患者解决如厕难问题，具有结构简单、使用方便等特点。

97. 实用新型名称：大力参蒸参车

专利号：ZL201320000214. X

申请日：2013/1/2

专利权人：吉林紫鑫初元药业有限公司

主分类号：A61K 36/258

摘要：本实用新型大力参蒸参车，结构新颖，挂放的人参之间有一定的空隙，从而保证大力参在蒸参时受热均匀，外观不受损伤，蒸参效果优良。

98. 实用新型名称：蒸参柜

专利号：ZL201220746228. 1

申请日：2012/12/31

专利权人：吉林紫鑫初元药业有限公司

主分类号：A61K 36/258

摘要：本实用新型蒸参柜，结构新颖，方形柜体利用率高，加温快速，受热均匀，节约能源，人参从箱体的正面进出，便于操作。

99. 实用新型名称：球式风动驱鸟器

专利号：ZL201220300648. 7

申请日：2012/6/26

专利权人：吉林省电力有限公司延边供电公司；国家电网公司

主分类号：A01M 29/06

摘要：本实用新型球式风动驱鸟器，包括设置于固定杆上的旋转帽、设置于旋转帽上的扇片、设置于支架上的旋转球。具有结构简单、驱鸟效果良好、安全可靠、使用寿命长等优点。

100. 实用新型名称：可冲洗远红外桑拿房

专利号：ZL201220197259. 6

申请日：2012/5/4

专利权质押合同出质人：徐永，李龙男

专利权质押合同质权人：延吉市延河农村信用合作社

主分类号：A61H 33/06

摘要：本实用新型可冲洗远红外桑拿房，传承传统桑拿房理念，具有安全可靠、健身排汗，使用后易冲洗等特点。内层采用可拆卸实木栅栏，形成无毒清香的氛围，使人神清气爽。

101. 实用新型名称：一种烟丝回潮筒

专利号：ZL201120470599. 7

申请日：2011/11/23

专利权人：吉林烟草工业有限责任公司

主分类号：A24B 3/02

摘要：本实用新型烟丝回潮筒，可边生产边自动清洁烟丝回潮筒，避免了碎烟丝在筒壁上大量堆积后落入烟丝内形成湿团的情况，提高了烟丝加工质量，降低了清扫劳动成本。

102. 实用新型名称：一种卷烟

专利号：ZL201120426214. 7

申请日：2011/11/1

专利权人：吉林烟草工业有限责任公司

主分类号：A24D 1/18

摘要：本实用新型卷烟，烟草薄片不参与燃烧，解决了卷烟烟草净含量高，焦油、尼古丁等有害物质释放量多的问题。

103. 实用新型名称：用于温热电位治疗器的治疗垫

专利号：ZL201120235960. 8

申请日：2011/7/6

专利权人：朴杰

主分类号：A61F 7/08

摘要：本实用新型用于温热电位治疗器的治疗垫，其治疗垫外罩的本体内设置有防火层，可以防止治疗垫由于断线、短路而发生火灾。

104. 实用新型名称：温热电位治疗器的控制器

专利号：ZL201120235982.4

申请日：2011/7/6

专利权人：朴杰

主分类号：A61H 39/06

摘要：本实用新型温热电位治疗器的控制器，将置于控制器内的空气净化器与其余电子部件操作时所释放的电磁波有效隔离，将其所释放的电磁波对彼此的干扰降至最低，改善其理疗功能。

105. 实用新型名称：一种温热电位治疗器的治疗垫

专利号：ZL201120235963.1

申请日：2011/7/6

专利权人：朴杰

主分类号：A61H 39/06

摘要：本实用新型温热电位治疗器的治疗垫，内设三个套件，将治疗垫的各个功能层分别放入套件内，使得普通人也可以根据需要改变治疗垫内部板层结构。

106. 实用新型名称：一种温热电位治疗器的控制器

专利号：ZL201120235965.0

申请日：2011/7/6

专利权人：朴杰

主分类号：A61H 39/06

摘要：本实用新型温热电位治疗器的控制器，将控制器内的空气净化器与控制电路操作时所释放的电磁波有效隔离，将两者所释放的电磁波对彼此的干扰降至最低，改善理疗功能。

107. 实用新型名称：温热电位治疗器的控制器

专利号：ZL201120235958.0

申请日：2011/7/6

专利权人：朴杰

主分类号：A61N 1/08

摘要：本实用新型温热电位治疗器的控制器，通过在其外壳的一个侧面设置睡眠开关，使得人们在极端困乏状态下也容易正确启动或关闭其睡眠功能。

108. 实用新型名称：超声波洗净水槽

专利号：ZL201120174223.1

申请日：2011/5/27

专利权人：延边科创超声波设备技术开发有限公司

主分类号：A47L 17/02

摘要：本实用新型超声波洗净水槽，具有缓解因振动而对水槽箱底部造成磨损的功能，使用寿命长；在净水槽箱体一侧设有刀具箱、垃圾桶和漓水台，使用功能多样化。

109. 实用新型名称：温热电位治疗器的治疗垫

专利号：ZL201120152239.2

申请日：2011/5/13

专利权人：延吉可喜安医疗器械有限公司

主分类号：A61F 7/08

摘要：本实用新型温热电位治疗器的治疗垫，可以阻隔对人体磁场有干扰的电磁波，防止由于干燥、摩擦等原因产生静电而吸附灰尘。

110. 实用新型名称：温热电位治疗器的控制器

专利号：ZL201120152236.9

申请日：2011/5/13

专利权人：延吉可喜安医疗器械有限公司

主分类号：A61H 39/06

摘要：本实用新型温热电位治疗器的控制器，设置空气净化器，使用者接受理疗时，空气净化器产生空气负离子，能净化空气，改善周围环境，进而改善理疗效果。

111. 实用新型名称：温热按摩头

专利号：ZL201120097575.1

申请日：2011/4/2

专利权人：延吉喜来健实业有限公司

主分类号：A61H 15/00

摘要：本实用新型温热按摩头，结构简单、易控制温度、安全系数高，可以广泛应用于各种按摩设备中。

112. 实用新型名称：电热淋浴屏

专利号：ZL201120036972.8

申请日：2011/2/12

专利权质押合同出质人：徐永，李龙男

专利权质押合同质权人：延吉市延河农村信用合作社

主分类号：A47K 3/30

摘要：本实用新型电热淋浴屏，以辐射方式传递热量，发热量均匀、可与人体近距离使用，具有结构简单、安装方便、装饰效果好等特点。

113. 实用新型名称：真空枪式拔罐器

专利号：ZL201120010640.2

申请日：2011/1/14

专利权人：方孝日

主分类号：A61M 1/00

摘要：本实用新型真空枪式拔罐器，罐体内压力稳定，不发生漏气现象，把磁针安装在拔罐器上即可实现磁疗与拔罐

双重功能，结构简单、制作方便、操作安全可靠。

114. 实用新型名称：安全电热席垫

专利号：ZL201020673954.6

申请日：2010/12/22

专利权质押合同出质人：徐永，李龙男

专利权质押合同权质人：延吉市延河农村信用合作社

主分类号：A47C 27/00

摘要：本实用新型安全电热席垫，适用于电热取暖，具有结构简单、使用方便、节能安全、对人体健康不利的电磁波相互抵消等特点。

115. 实用新型名称：连续磨浆机组

专利号：ZL201020670586.X

申请日：2010/12/21

专利权人：杨克栋

主分类号：A23C 11/10

摘要：本实用新型连续磨浆机组，只需操作配电箱开关，即可自动完成所以作业，具有工序简单、工作效率高、省时省力的优点。

116. 实用新型名称：膨胀梗打碎造粒装置

专利号：ZL201020254944.9

申请日：2010/7/12

专利权人：吉林烟草工业有限责任公司

主分类号：A24B 5/16

摘要：本实用新型膨胀梗打碎造粒装置，利用常规烟草设备和通用设备的稳定性和实用性，创新性地改造通用设备，合理设计工艺布局，实现了高效、连续化生产作业。

117. 实用新型名称：电加热石暖床垫

专利号：ZL201020211336. X

申请日：2010/6/2

专利权人：韩雪武

主分类号：A47C 21/04

摘要：本实用新型电加热石暖床垫，能够根据使用者要求随时调节温度，无须根据季节更换，使用安全，操作方便。

118. 实用新型名称：输液用微量调节器

专利号：ZL201020167070. 3

申请日：2010/4/19

专利权人：李明宙

主分类号：A61M 5/175

摘要：本实用新型输液用微量调节器，流量调节准确、可靠，流量大小一目了然，不会产生任何能量消耗，操作简单、使用方便，适合在野外和需准确控制输液量的情况下使用。

119. 实用新型名称：远红外淋浴桑拿一体房

专利号：ZL200920094687. 4

申请日：2009/11/4

专利权质押合同出质人：徐永，李龙男

专利权质押合同权质人：延吉市延河农村信用合作社

主分类号：A61H 33/06

摘要：本实用新型远红外淋浴桑拿一体房，既可淋浴，又可桑拿，其远红外加热层在加热提升房体内的温度的同时释放出有利于人体健康的远红外线，对人体保健效果理想。

120. 实用新型名称：一种保健床垫

专利号：ZL200920218659. 9

申请日：2009/10/10

专利权人：延吉喜来健实业有限公司

主分类号：A47C 27/00

摘要：本实用新型保健床垫，解决了同类产品玉石片基层较大，导致热量不均的问题。采用玉石颗粒可以有效地进行传热并且使热量传导均匀，可以释放负离子。

121. 实用新型名称：碱性矿化水杯

专利号：ZL200920216520. 0

申请日：2009/9/18

专利权人：朴杰

主分类号：A47G 19/22

摘要：本实用新型碱性矿化水杯，设有磁性固定装置，所述磁性固定装置由设置于壳体底面上的磁铁以及装配在所述杯体的底部的磁性挡片构成。

122. 实用新型名称：现磨全自动咖啡机

专利号：ZL200920093584. 6

申请日：2009/4/28

专利权人：赵成彪

主分类号：A47J 31/00

摘要：本实用新型现磨全自动咖啡机，能够自动调出多种咖啡饮品，具有结构简单、体积小、装卸清洗方便等优点。

123. 实用新型名称：一种可计数的传动控制系统

专利号：ZL200920009382. 9

申请日：2009/4/9

专利权人：延吉喜来健实业有限公司

主分类号：A61H 39/06

摘要：本实用新型可计数的传动控制系统，可使用户清楚地掌握温灸器在治疗垫内部往复运动的次数和频率的高低，便于确定使用温灸器进行理疗的具体周期。

124. 实用新型名称：一种床型治疗器的

升降装置

专利号：ZL200920009383.3

申请日：2009/4/9

专利权人：延吉喜来健实业有限公司

主分类号：A61H 39/06

摘要：本实用新型床型治疗器的升降装置，可使使用者在使用床型治疗器时，能够对理疗器进行升降调节。

125. 实用新型名称： 一种具有同步带的传动装置

专利号：ZL200920009379.7

申请日：2009/4/9

专利权人：延吉喜来健实业有限公司

主分类号：A61H 39/06

摘要：本实用新型具有同步带的传动装置，其传动过程更加平稳、可靠、噪声低，且结构简单紧凑，使用成本低。

126. 实用新型名称： 床型治疗器的传动装置

专利号：ZL200920009381.4

申请日：2009/4/9

专利权人：延吉喜来健实业有限公司

主分类号：A61H 39/06

摘要：本实用新型床型治疗器的传动装置，通过简化部分设计，降低了床型治疗器的故障率，节省了空间，降低了制造成本。

127. 实用新型名称： 颗粒梗生产系统

专利号：ZL200920093048.6

申请日：2009/2/20

专利权人：吉林烟草工业有限责任公司

主分类号：A24B 5/16

摘要：本实用新型颗粒梗生产系统，将常规烟草设备与微波装置有机结合，形成相对连续的生产线。

二、珲春市 A 部实用新型专利

1. 实用新型名称： 磁力旋转感应驱动仿生鱼饵装置

专利号：ZL201820518585.X

申请日：2018/4/12

专利权人：翟凤平

主分类号：A01K 85/01

摘要：本实用新型磁力旋转感应驱动仿生鱼饵装置，解决了在定点垂钓过程中作为鱼饵的假虫饵不能像真虫饵一样始终在水中翻转蠕动的问题。

2. 实用新型名称： 环保型磁力感应驱动仿生鱼饵装置

专利号：ZL201721818368.4

申请日：2017/12/22

专利权人：翟凤平

主分类号：A01K 85/01

摘要：本实用新型环保型磁力感应驱动仿生鱼饵装置，不仅解决了在定点垂钓过程中作为鱼饵的假虫饵不能像真虫饵一样始终在水中翻转蠕动的问题，而且克服了使用面食窝料作为引诱鱼类的手段污染水环境的问题。

3. 实用新型名称： 挂底脱落坠

专利号：ZL201721816163.2

申请日：2017/12/22

专利权人：翟凤平

主分类号：A01K 95/00

摘要：本实用新型挂底脱落坠，解决了垂钓过程中钩组的铅坠被杂物挂住而无法拉回的问题。

4. 实用新型名称： 全身闪现鱼鳞光泽的路亚饵

专利号：ZL201720165273.0

申请日：2017/2/23

专利权人：翟凤平

主分类号：A01K 85/01

摘要：本实用新型全身闪现鱼鳞光泽的路亚饵，解决了路亚饵在水中背光面和底部不能反射鱼鳞光泽，以及路亚饵夜间无鱼鳞光泽的问题。

5. 实用新型名称：一次性推进式肛门管

专利号：ZL201621447494.9

申请日：2016/12/27

专利权人：官鲁东

主分类号：A61M 31/00

摘要：本实用新型一次性推进式肛门管，在推进管的尾部设置推动栓，供操作者抓握给药，不接触患者皮肤，也不易脱落。给药管和进药软管的材料具有一定的柔软度，使用舒适，出药孔的外表面润滑性能好，患者痛感小。

6. 实用新型名称：逆驱动路亚

专利号：ZL201621075420.7

申请日：2016/9/24

专利权人：翟凤平

主分类号：A01K 97/02

摘要：本实用新型逆驱动路亚，解决了路亚抛投距离近的问题，实现了逆驱动路亚携带路亚饵或真饵达到较远钓点的目的。

7. 实用新型名称：防挂底舍弃坠

专利号：ZL201620880311.6

申请日：2016/8/15

专利权人：翟凤平

主分类号：A01K 95/00

摘要：本实用新型防挂底舍弃坠，利用防挂底舍弃坠反向受力脱落的原理，实现了保护主线和钩组以及上钩的鱼的目的。

8. 实用新型名称：敲经络锤

专利号：ZL201620404313.8

申请日：2016/5/7

专利权人：金哲男

主分类号：A61H 23/06

摘要：本实用新型敲经络锤，设置可调整力度的锤头，使用者可根据自己的需求选择力度适当的锤头进行击打，提高了经络锤使用的便捷性且扩大了适用范围。

9. 实用新型名称：环保型牵引式固定树苗和其他支架的装置

专利号：ZL201620255140.8

申请日：2016/3/30

专利权人：翟凤平

主分类号：A01G 17/10

摘要：本实用新型环保型牵引式固定树苗和其他支架的装置，包括地面牵引装置和牵引点托举支架，具有美观、节约资源、不破坏地面设施、能够重复使用的优点。

10. 实用新型名称：气体驱蚊设备

专利号：ZL201620020285.X

申请日：2016/1/11

专利权人：翟凤平

主分类号：A01M 29/12

摘要：本实用新型气体避蚊设备，利用蚊子靠嗅觉和对目标的热感应寻找叮咬目标、蚊子身体结构和飞行能力、蚊子着陆人体皮肤前的习性，解决驱蚊问题。

11. 实用新型名称：远投打窝装置

专利号：ZL201520892378.7

申请日：2015/11/11

专利权人：翟凤平

主分类号：A01K 97/02

摘要：本实用新型远投打窝装置，能测量远投钓点深度、指示钓点位置并且能向钓点远投打窝子。

12. 实用新型名称：一种艾灸罐

专利号：ZL201520605600.0

申请日：2015/8/12

专利权人：崔勇；方春土

主分类号：A61H 39/06

摘要：本实用新型艾灸罐，可使使用者根据自身需要，自由控制艾叶产生烟雾的速度和浓度，方便实用。

三、图们市A部实用新型专利

1. 实用新型名称：一种多功能变形椅子

专利号：ZL201720761714.3

申请日：2017/6/28

专利权人：权哲；陈学良

主分类号：A47C 13/00

摘要：本实用新型多功能变形椅子，通过改变不同框架的角度，形成不同的外形，如椅子、懒人沙发、瑜伽垫子、床、晾衣架等，可满足不同需求。

2. 实用新型名称：一种包裹式轮椅靠背

专利号：ZL201720169320.9

申请日：2017/2/24

专利权人：金武战

主分类号：A61G 5/10

摘要：本实用新型包裹式轮椅靠背，专门为脊椎侧弯和坐姿有问题的群体而设计，使椅背更加贴合身形，为轮椅族提供完美支撑，减少对推动轮椅的影响，且靠背本体由天然乳胶材料制成，更加

舒适耐用。

3. 实用新型名称：一种用于焚烧铅祭品的祭祀焚烧装置

专利号：ZL201520923636.3

申请日：2015/11/18

专利权人：崔振国

主分类号：A47G 33/00

摘要：本实用新型用于焚烧铅祭品的祭祀焚烧装置，用于对铅祭品进行焚化、再对焚烧后的铅进行回收，达到环保、节能、防火灾的目的。

4. 实用新型名称：黄土电热弹簧床垫

专利号：ZL201520914136.3

申请日：2015/11/17

专利权人：金虎

主分类号：A47C 27/00

摘要：本实用新型黄土电热弹簧床垫，具有结构简单、保管和使用方便、不会产生对人体有害的电磁波、能够使人舒适并促进睡眠的优点。

5. 实用新型名称：医疗镊子

专利号：ZL201520443349.2

申请日：2015/6/25

专利权人：许晶

主分类号：A61C 3/10

摘要：本实用新型医疗镊子，用于对病人做口腔检查时，可避免频繁更换医疗器械，操作更加快捷。而且只需一种医疗器械即可完成口腔检查，减少了购买医疗器械的成本。

6. 实用新型名称：一种多功能沙发

专利号：ZL201520428758.5

申请日：2015/6/19

专利权人：池佳颖

主分类号：A47C 17/00

摘要：本实用新型多功能沙发，由软体和软垫构成，适用于儿童玩耍休息，便于收纳，用途多样。

7. 实用新型名称：睡舒康腰椎间盘突出矫正器

专利号：ZL201520311302.0

申请日：2015/5/14

专利权人：姜俊吉

主分类号：A41D 13/05

摘要：本实用新型睡舒康腰椎间盘突出矫正器，其护腰带与按摩器相互配合，设置单一按摩器或双联按摩器，可以根据腰部左右腰突的不同，选择其一对腰椎的突出部位进行按摩矫正。

8. 实用新型名称：水取暖式席梦思床垫

专利号：ZL201420230438.4

申请日：2014/5/7

专利权人：延边圣原工贸有限公司

主分类号：A47C 21/04

摘要：本实用新型水取暖式席梦思床垫，具有结构简单、使用方便、睡后感到舒服愉快等优点，长期使用可促进人体血液循环，对风湿性关节炎等具有一定疗效。

9. 实用新型名称：手动旋转式刷子

专利号：ZL201320468505.1

申请日：2013/8/2

专利权人：刘永胤

主分类号：A46B 15/00

摘要：本实用新型手动旋转式刷子，其刷子上设有旋转装置，具有结构简单、不用电也能提高工作效率的优点。

10. 实用新型名称：碳纤维发热布保健中药袋

专利号：ZL201320171204.2

申请日：2013/4/9

专利权人：杜秉权

主分类号：A61M 37/00

摘要：本实用新型碳纤维发热布保健中药袋，包括碳纤维发热布层和中药粉袋，具有使用方便、适合身体各部位、能够提高药效的优点。

11. 实用新型名称：含有中药粉的内衣裤

专利号：ZL201220032023.7

申请日：2012/2/2

专利权人：杜秉权

主分类号：A41B 9/00

摘要：本实用新型含有中药粉的内衣裤，由具有透气性的内层、不透气性的外层和内层与外层之间的中药粉层构成，可加速人体对药物的吸收，具有结构简单、使用方便、便于携带的优点。

12. 实用新型名称：保健中药垫

专利号：ZL201120564115.5

申请日：2011/12/30

专利权人：杜秉权

主分类号：A61M 37/00

摘要：本实用新型保健中药垫，由内垫层、外垫层和中药粉层构成，可根据人体部位形状将其裁剪成各种形状，连接或固定在床上用品或衣物上，让药垫直接接触皮肤，达到保健效果。

四、敦化市 A 部实用新型专利

1. 实用新型名称：一种胆式双层无取暖温室大棚

专利号：ZL201820498300.0

申请日：2018/4/10

专利权人：吉林省科建建筑工程有限公司

主分类号：A01G 9/14

摘要：本实用新型胆式双层无取暖温室大棚，墙体采用框剪结构，结构简单，保温能力和抗风雪能力强，在冬季没有取暖的情况下，可满足普通蔬果的正常生长，自动化程度高，节省灌溉水资源，提高喷雾灌溉效率和植物产量。

2. 实用新型名称：一种多功能便携式折叠装置

专利号：ZL201820491271.5

申请日：2018/4/8

专利权人：潘丽

主分类号：A45C 7/00

摘要：本实用新型多功能便携式折叠装置，结构简单，使用方便，可以根据需要收缩或展开折叠装置。装置折叠后，体积小，便于携带；装置展开后，储存空间大，便于存放物品。

3. 实用新型名称：一种农机具的动力传递装置

专利号：ZL201820392227.9

申请日：2018/3/13

专利权人：敦化市农业技术推广中心

主分类号：A01B 71/00

摘要：本实用新型农机具的动力传递装置，通过转盘带动驱动柄进而通过传动槽带动齿轮部和齿条做往复运动，最终实现齿条的两侧双向往复运动。具有结构简单、成本低、维护方便、体积较小的优点。

4. 实用新型名称：胶囊生产用中心导轨装置

专利号：ZL201721317076.2

申请日：2017/10/13

专利权人：吉林敖东胶囊有限公司

主分类号：A61J 3/07

摘要：本实用新型胶囊生产用中心导轨装置，包括导轨固定座、滑道底板、滑道挡板。具有结构简单、使用方便、在刹车弹簧的作用下模条在滑道内可稳定行走的特点。

5. 实用新型名称：低破碎率的松籽脱粒机

专利号：ZL201720810051.X

申请日：2017/7/6

专利权人：徐洪强

主分类号：A01F 11/00

摘要：本实用新型低破碎率的松籽脱粒机，其转子的前半部为多线螺旋形的凸棱，在脱粒过程中，松塔先由凸棱进行碾压破裂，再由转子后部的钉齿分离松塔外壳与松籽颗粒，从而降低了松籽的破碎率。

6. 实用新型名称：装有离心分离器的松籽脱粒机

专利号：ZL201720810052.4

申请日：2017/7/6

专利权人：徐洪强

主分类号：A01F 11/00

摘要：本实用新型装有离心分离器的松籽脱粒机，由于风机分离出去的松籽比重明显大于杂质的质量，利用安装在风机出口的离心分离器能够回收风机分离出去的松籽，减少了松籽损失。

7. 实用新型名称：黑木耳采摘装置及黑木耳自动采摘机

专利号：ZL201720790285.2

申请日：2017/6/30

专利权人：迟庆凯

主分类号：A01G 18/70

摘要：本实用新型黑木耳采摘装置，解决了传统技术中人工采摘的黑木耳成品质量不稳定、人工采摘的成本高、效率低、受工人技术水平制约的技术问题。

8. 实用新型名称：一种防护手套

专利号：ZL201720516787.6

申请日：2017/5/10

专利权人：孙钰翔

主分类号：A41D 19/015

摘要：本实用新型防护手套，通过设置可更换的柔性保护层，在使用周期中只更换受损的柔性保护层，无须更换整个防护手套，从而延长防护手套主体的使用周期，降低使用成本。

9. 实用新型名称：黑木耳采摘装置及黑木耳自动采摘装置

专利号：ZL201720503273.7

申请日：2017/5/8

专利权人：迟庆凯

主分类号：A01D 45/00

摘要：本实用新型黑木耳采摘装置，增设稳定器和稳定器驱动装置，用于扶正木耳段，解决了现有技术中人工采摘黑木耳成本高、效率低等问题。

10. 实用新型名称：一种电热炕体

专利号：ZL201720417787.0

申请日：2017/4/19

专利权人：吉林运阳电采暖工贸有限公司

主分类号：A47C 21/04

摘要：本实用新型电热炕体，解决了传统电热炕的炕体为整体框架，安装不便，且在转运过程中容易损坏的问题，具有安装简易方便、转运过程中不易损坏等特点。

11. 实用新型名称：阴茎勃起辅助支架

专利号：ZL201720005210.9

申请日：2017/1/4

专利权人：颜廷东

主分类号：A61F 5/41

摘要：本实用新型阴茎勃起辅助支架，可以帮助勃起不坚的绵软阴茎进入阴道，降低了进入阴道所需要的勃起强度，具有简便、快捷、即时即用的特点。

12. 实用新型名称：一种大型耕种基地用自动播种机

专利号：ZL201621063715.2

申请日：2016/9/20

专利权人：刘文华；于长河；庄文君

主分类号：A01C 7/18

摘要：本实用新型大型耕种基地用自动播种机，可自动进行耕种，无须人工推动或驾驶，仅需定位进行位置调整即可，使用方便人性化，耕种强度大幅度降低，适合大型耕种基地使用。

13. 实用新型名称：喷雾器

专利号：ZL201620678582.3

申请日：2016/6/30

专利权人：马金贵

主分类号：A01M 7/00

摘要：本实用新型喷雾器，解决了现有技术劳动强度大、雾化效果差、效率低，且每次均需将喷雾器的压力打到很大才能使药液雾化，操作繁琐的问题。

14. 实用新型名称：林农果子采摘机

专利号：ZL201520483437.5

申请日：2015/7/7

专利权人：高士强

主分类号：A01D 46/00

摘要：本实用新型林农果子采摘机，可

在具有坡度或不平整道路上行走自如，工作效率高，并且爬坡性能好。

15. 实用新型名称： 一种药材扒皮机

专利号： ZL201520103756.9

申请日： 2015/2/12

专利权人： 吉林敖东世航药业股份有限公司

主分类号： A23N 7/00

摘要： 本实用新型药材扒皮机，通过外置高压水泵提供高压水，将水从滚筒内置水管上细孔喷出，强力水柱击打于物料上，从而起到去皮作用，相对手工去皮效率更高，省时省力。

16. 实用新型名称： 一种世航药业蒸箱

专利号： ZL201320806730.1

申请日： 2013/12/10

专利权人： 吉林敖东中药饮片股份有限公司

主分类号： A61J 3/00

摘要： 本实用新型中药饮片蒸箱，解决了生产操作不便、能源消耗大、辅料循环时易出现堵泵现象、不易清洁、工艺参数无监控等问题。

17. 实用新型名称： 一种双钩安全带

专利号： ZL201320467522.3

申请日： 2013/7/24

专利权人： 杨怀远

主分类号： A62B 35/04

摘要： 本实用新型双钩安全带，采用两条挂钩交替或同时使用，具有双重保险，可确保高空作业人员的安全。

18. 实用新型名称： 一种一次性患者使用无菌抗菌手术服

专利号： ZL201320397540.9

申请日： 2013/7/4

专利权人： 刘向东

主分类号： A41D 13/12

摘要： 本实用新型一次性患者使用无菌抗菌手术服，利用魔术贴快速有效地对衣物进行组合，便于患者在手术前、手术后尽快着装，避免患者在接受手术时过分暴露非手术部位。

19. 实用新型名称： 升降式果实采摘机

专利号： ZL201320182557.2

申请日： 2013/4/12

专利权人： 李杨

主分类号： A01D 46/24

摘要： 本实用新型升降式果实采摘机，由支撑装置、行走动力装置、升降装置和采集装置构成，具有结构合理、操作简单、省时省力、安全可靠、效率高等优点。

20. 实用新型名称： 一种折叠式凉鞋

专利号： ZL201320077367.4

申请日： 2013/2/20

专利权人： 申晓波

主分类号： A43B 3/12

摘要： 本实用新型折叠式凉鞋，其具有前脚板和后脚板连接牢固、不易脱落，后脚板可随脚底随意活动，不仅可增加脚的舒适度，而且对环境无污染的优点。

21. 实用新型名称： 二合一复合拖把头

专利号： ZL201220205296.7

申请日： 2012/4/27

专利权人： 刘旭红

主分类号： A47L 13/257

摘要： 本实用新型二合一复合拖把头，整合现有布拖布头、海绵、胶棉拖把头的优点，不仅能把地面油污、污垢擦干净，还能把细小的毛发、纤维吸附干净，而且拖地前后不需要用手来清洗和拧干，降低了劳动强度。

22. 实用新型名称：音乐乳疗理疗仪
专利号：ZL201120363815.8
申请日：2011/9/26
专利权人：李秀玲
主分类号：A61N 1/36
摘要：本实用新型音乐乳疗理疗仪，配合音乐的输出进行穴位电极治疗和穴位热敷治疗，以乳房定制音乐作心理引导和以中医经络学为指导，对女性胸部的穴位进行电极和热敷治疗保健。

五、龙井市A部实用新型专利

1. 实用新型名称：一种带有腿部康复功能的轮椅
专利号：ZL201720426328.9
申请日：2017/4/21
专利权人：潘孝花
主分类号：A61G 5/00
摘要：本实用新型带有腿部康复功能的轮椅，设有调节杆，可使使用者坐在椅面上即可调节护颈和头枕的高度；设有可往复运动的踏板，帮助使用者活动腿部；设有如厕装置，帮助因腿脚不便而如厕困难的使用者解决烦恼。

2. 实用新型名称：一种假牙植体
专利号：ZL201720282897.0
申请日：2017/3/22
专利权人：延边伊诺登医疗科技有限公司
主分类号：A61C 8/00
摘要：本实用新型假牙植体，有效解决了假牙植体植入部分植入速度慢、准确

度低的问题。

3. 实用新型名称：一种热量激光治疗仪
专利号：ZL201720242049.7
申请日：2017/3/14
专利权人：金花；金虎
主分类号：A61N 5/067
摘要：本实用新型热量激光治疗仪，集成了激光治疗仪和热量治疗仪的功能，同时进行激光治疗和热量治疗，可缩短治疗时间，提高治疗效果。其发热体不直接与激光二极管组件接触，避免激光二极管组件受热损坏。

4. 实用新型名称：一种免胶水新型休闲鞋
专利号：ZL201720210546.9
申请日：2017/3/6
专利权人：林龙洙
主分类号：A43B 3/00
摘要：本实用新型免胶水新型休闲鞋，不采用胶水固定，结构简单，穿着舒适，提高使用者体验感。

5. 实用新型名称：一种防止产生废物且避免刺激皮肤的超声波洗面器
专利号：ZL201621201829.9
申请日：2016/11/8
专利权人：池浩光；苏悦强
主分类号：A47K 7/04
摘要：本实用新型防止产生废物且避免刺激皮肤的超声波洗面器，其负离子发生器产生的水呈咸性，可以稳定氧化的皮肤，保护皮肤；负离子发生器可使洗面水中的氧气量增加，有利于激活皮肤。

6. 实用新型名称：一种组合型人参遮荫棚
专利号：ZL201621031320.4

申请日：2016/8/31

专利权人：延边朝鲜族自治州农业科学院

主分类号：A01G 13/02

摘要：本实用新型组合型人参遮荫棚，构造简单、搭建方便、整齐规范、安全牢固、遮荫效果良好、重复利用率高，便于生产作业，可节省大量劳动力。

7. 实用新型名称：一种成套的婴儿浴盆

专利号：ZL201620572229.7

申请日：2016/6/14

专利权人：车明玉

主分类号：A47K 3/024

摘要：本实用新型成套的婴儿浴盆，具备良好的抗菌和杀菌性，浴盆结构牢固，浴盆盖设计符合人体工学。

8. 实用新型名称：全自动食用菌装袋机

专利号：ZL201620287614.7

申请日：2016/4/8

专利权人：朱松鹤

主分类号：A01G 1/04

摘要：本实用新型全自动食用菌装袋机，能自动实现撑开袋口、套袋、装袋、窝口和插棍等功能，具有操作简单、省时省力、工作效率高、劳动成本低等特点。

9. 实用新型名称：伸缩衣架

专利号：ZL201620040778.X

申请日：2016/1/8

专利权人：金日光

主分类号：A47G 25/02

摘要：本实用新型伸缩衣架，可使各衣物之间存有间隔，也可防止衣物受风的影响往一边倾移，造成衣架倾倒或一侧压断的现象。

10. 实用新型名称：中式烤串炉

专利号：ZL201520802026.8

申请日：2015/10/15

专利权人：刘基英

主分类号：A47J 37/06

摘要：本实用新型中式烤串炉，其出烟口设置在炉膛上方，符合烟雾向上运动的原理，且出烟口的长度覆盖整个炉膛的长度，能够将绝大部分的烟雾吸入排烟管，提高中式烤串炉的排烟效率。

11. 实用新型名称：输液报警器自动开关

专利号：ZL201520579166.3

申请日：2015/8/5

专利权人：尹赫

主分类号：A61M 5/168

摘要：本实用新型输液报警器自动开关，根据药物输液量的重量减少度来启动报警器，实现自动报警。其结构简单、成本低、易组装、使用效果好，可广泛应用于医院、卫生所的输液器上。

12. 实用新型名称：一种易于携带的用于儿童午睡的被子

专利号：ZL201520306890.9

申请日：2015/5/6

专利权人：辛龙虎

主分类号：A47G 9/00

摘要：本实用新型易于携带的被子，包括垫子、枕套和被子，结构简单，使用方便，便于折叠打包、易于携带。

13. 实用新型名称：人参蒸制、冷却及烘干设备

专利号：ZL201420109825.2

申请日：2014/3/12

专利权人：崔春福

主分类号：A61K 36/258

摘要：本实用新型人参蒸制、冷却及烘

干设备，解决了人参在蒸制、冷却和烘干过程中无法准确地控制温度及时间，而导致人参破肚开裂的现象的问题。

14. 实用新型名称：鱼皮精制分离机

专利号：ZL201320789944.2

申请日：2013/12/5

专利权人：延边海娇生物科技有限公司

主分类号：A22C 25/00

摘要：本实用新型鱼皮精制分离机，生产效率高，降低了生产成本，解决了不能规模化、产业化生产的瓶颈问题。

六、和龙市 A 部实用新型专利

1. 实用新型名称：红松种子脱粒机

专利号：ZL201820516531.X

申请日：2018/4/12

专利权人：阚永国

主分类号：A01F 11/00

摘要：本实用新型红松种子脱粒机，具有结构简单、操作方便、省时省力、安全高效，作业中不会出现堵塞、糊筛，所脱出的红松籽粒基本无破损、无杂质、不流失的优点。

2. 实用新型名称：发根无痕烫发夹具

专利号：ZL201721496513.1

申请日：2017/11/10

专利权人：李光烈

主分类号：A45D 2/00

摘要：本实用新型发根无痕烫发夹具，有助于烫发操作，具有发根烫蓬松而无任何压痕、烫发根形成自然卷度的效果，使用起来轻巧简单易上手，不损伤头发，且耐用，可重复使用。

3. 实用新型名称：一种多功能宠物干

毛包

专利号：ZL201620424560.4

申请日：2016/5/11

专利权人：李永权

主分类号：A01K 13/00

摘要：本实用新型多功能宠物干毛包，结构简单、方便携带，满足宠物吹毛及保温效果。

4. 实用新型名称：一种感应人体睡姿以改变形状的枕头

专利号：ZL201521082588.6

申请日：2015/12/16

专利权人：胡炜林

主分类号：A47G 9/10

摘要：本实用新型感应人体睡姿以改变形状的枕头，使枕头在人体改变睡姿的时候可以主动改变形状，以适应人体的身体曲线。

5. 实用新型名称：折叠式板凳

专利号：ZL201320495796.3

申请日：2013/8/15

专利权人：顾日光

主分类号：A47C 9/10

摘要：本实用新型折叠式板凳，具有体积小、便于携带、不易损坏等特点。

6. 实用新型名称：沥碗架

专利号：ZL201320006230.X

申请日：2013/1/7

专利权人：尚延秋

主分类号：A47L 19/04

摘要：本实用新型沥碗架，具有结构简单、使用方便、通风卫生、占据空间小、拿取方便、无须沥水盘等优点。

7. 实用新型名称：高层楼房逃生装置

专利号：ZL201220182509.9

申请日：2012/4/19

专利权人：胡炜林

主分类号：A62B 1/20

摘要：本实用新型高层楼房逃生装置，需使用时，其牵引索与管状软质逃生通道从收纳盒中弹出，形成连接楼体与缓冲器的斜向下方的逃生通道，从而解决了高层楼房的灾害逃生问题。

8. 实用新型名称： 化妆刷

专利号：ZL201120408730.7

申请日：2011/10/24

专利权人：林美荣

主分类号：A46B 5/00

摘要：本实用新型化妆刷，其刷毛由人造毛部分和动物毛部分组成。由于动物毛具有较强的粘粉效果，人造毛具有较强的散粉效果，因此，该化妆刷可同时具有粘粉和散粉两种不同的功能，在化妆时操作方便简单。

9. 实用新型名称： 具有加热功能的避孕套

专利号：ZL201120195454.0

申请日：2011/6/1

专利权人：胡炜林

主分类号：A61F 6/04

摘要：本实用新型具有加热功能的避孕套，通过绝缘电加热丝与电池、电流调节器相串联形成封闭的电路，再把绝缘电加热丝环绕固定在避孕套的外表面而构成。使用时调整电流调节器来控制绝缘电加热丝的发热量。

七、汪清县 A 部实用新型专利

1. 实用新型名称： 一种生态农业防虫害

装置

专利号：ZL201820584523.9

申请日：2018/4/24

专利权人：高树育；刁春妍；武文琳；安然；王怀志

主分类号：A01M 7/00

摘要：本实用新型生态农业防虫害装置，解决了送风式打药机的高度不能调整，难以适应不同高度农作物的问题。

2. 实用新型名称： 一种微菜育苗培养箱

专利号：ZL201721291840.3

申请日：2017/10/9

专利权人：吉林省郑氏绿色食品有限公司

主分类号：A01G 9/16

摘要：本实用新型微菜育苗培养箱，可以调控壳体内的湿度，流通壳体内的空气，浇灌培养皿内育苗，使育苗进行光合作用，育苗移植的成活率较高。具有结构简单、易于控制的特点。

3. 实用新型名称： 一种山野菜加工干燥设备

专利号：ZL201721292959.2

申请日：2017/10/9

专利权人：吉林省郑氏绿色食品有限公司

主分类号：A23N 12/10

摘要：本实用新型山野菜加工干燥设备，结构简单，通过电机带动转轴及物架转动，使物架内的山野菜均匀、充分地干燥，保证了山野菜的色泽、口感以及质量。

4. 实用新型名称： 新型玉米种植施肥装置

专利号：ZL201721126864.3

申请日：2017/9/5

专利权人：高树育；慕彩有；刁春妍

主分类号：A01C 7/06

摘要：本实用新型玉米种植施肥装置，具有方便拆卸、容积可调的特点。

5. 实用新型名称：一种具备剪切振动双工作模式的蓝靛果采收装置

专利号：ZL201720983818.9

申请日：2017/8/8

专利权人：延边雪岭绿色蓝靛果苗木有限公司

主分类号：A01D 46/30

摘要：本实用新型具备剪切振动双工作模式的蓝靛果采收装置，可以通过振动和剪切两种工作模式采收蓝靛果。

6. 实用新型名称：一种便携式刷子

专利号：ZL201720168822.X

申请日：2017/2/24

专利权人：马翠礼

主分类号：A46B 5/00

摘要：本实用新型便携式刷子，刷子可折叠，刷毛可更换，刷柄可重复利用，具有方便携带、节约资源的优点。

7. 实用新型名称：超大型多功能菌袋分离机

专利号：ZL201621211534.X

申请日：2016/11/10

专利权人：延边宏日林业新能源有限责任公司

主分类号：A01G 1/04

摘要：本实用新型超大型多功能菌袋分离机，结构简单，易于制造，价格低廉，节省人工，自动化程度高，不易出故障，可以处理高水分菌袋，适合大型生产企业使用。

8. 实用新型名称：一种林业人工鸟窝平台

专利号：ZL201620918007.6

申请日：2016/8/22

专利权人：周健；赵莹；周禹辰；周旭昌；周龙华；汪清龙昌山珍食品有限公司

主分类号：A01K 31/00

摘要：本实用新型林业人工鸟窝平台，为鸟类的鸟窝选址及鸟窝搭建提供了方便，减少了鸟类搭窝时间。

9. 实用新型名称：地栽黑木耳采摘器

专利号：ZL201620274218.0

申请日：2016/4/6

专利权人：刘明

主分类号：A01D 45/00

摘要：本实用新型地栽黑木耳采摘器，具有采摘方便、省时省力、安全可靠，能够极大提高采摘工作效率的优点。

10. 实用新型名称：林业虫害诱捕装置

专利号：ZL201620097157.5

申请日：2016/2/1

专利权人：周旭昌；赵莹；周龙华；周健；周晓萌；汪清龙昌山珍食品有限公司

主分类号：A01M 1/02

摘要：本实用新型林业虫害诱捕装置，固定方便，可以贴合在树干上，通过振动方式自动将昆虫尸体和粪便集中到可拆卸收集盒内。

11. 实用新型名称：多功能双绞龙式年糕机

专利号：ZL201520833543.1

申请日：2015/10/23

专利权人：赵哲峰

主分类号：A23P 30/20

摘要：本实用新型多功能双绞龙式年糕

机，结构合理，生产效率高，所制备的年糕口感更佳。

12. 实用新型名称：一种多功能内科护理装置

专利号：ZL201520499116.4

申请日：2015/7/10

专利权人：潘海霞

主分类号：A61M 5/14

摘要： 本实用新型多功能内科护理装置，通过加热装置对药液进行加热，并且药液的加热温度可控；通过带出水管的水杯方便病人自己喝水，减轻医护人员的劳动强度。

13. 实用新型名称：安全节能水燃环式烤肉器

专利号：ZL201420555512.X

申请日：2014/9/24

专利权人：赵哲峰

主分类号：A47J 37/06

摘要： 本实用新型安全节能水燃环式烤肉器，用于安装在烧烤炉的炉体上，烤制的肉类不粘、不焦、肉嫩，在使用时能减少烧烤架的更换次数，且具有保温效果好、便于清理、加工制作方便的优点。

14. 实用新型名称：磁扣

专利号：ZL201420425747.7

申请日：2014/7/30

专利权人：杨仁龙

主分类号：A44B 1/02

摘要： 本实用新型磁扣，其公扣和母扣内均设有磁性元件，增强了公扣和母扣之间的吸附力。公扣和母扣均为壳体构造，将磁性元件收容于壳体内，可减少外界对磁性元件的损害，延长磁扣的使用寿命。

15. 实用新型名称：一种护理床

专利号：ZL201420387737.9

申请日：2014/7/15

专利权人：全光子

主分类号：A61G 7/02

摘要： 本实用新型护理床，结构简单、操作方便、平躺和如厕两种功能完整实现，床板上黏附床垫，与以往护理床相比，如厕时不需要撤掉床垫和床单等，方便快捷。

16. 实用新型名称：一种假睫毛

专利号：ZL201420004729.1

申请日：2014/1/6

专利权人：蔡熙哲

主分类号：A41G 5/02

摘要： 本实用新型假睫毛，质感更加柔软，整体更加浓密，美观性更好。

17. 实用新型名称：双筛子全自动松籽玉米多用脱粒机

专利号：ZL201220068000.1

申请日：2012/2/28

专利权人：李忠建

主分类号：A01F 11/00

摘要： 本实用新型双筛子全自动松籽玉米多用脱粒机，能实现对松塔与玉米的脱粒，通过二次处理免去了松塔脱粒时人工挑皮挑粒敲打两遍的重复劳动，减轻了劳动强度。

八、安图县A部实用新型专利

1. 实用新型名称：蝲蛄喂食箱

专利号：ZL201720788055.2

申请日：2017/6/23

专利权人：孟庆江

主分类号：A01K61/80

摘要：本实用新型蝲蛄喂食箱，箱体内存有无急水流的稳水区，食物在箱体中的食物器皿中不会被水冲走，蝲蛄能够吃到人工喂养的食物。

2. 实用新型名称：蝲蛄捕捞器

专利号：ZL201720788251.X

申请日：2017/6/23

专利权人：孟庆江

主分类号：A01K 69/08

摘要：本实用新型蝲蛄捕捞器，由上开口的网箱、饵料固定器、浮漂绳、浮漂构成，压箱石在网箱内压住网箱，使网箱不会被水冲走，以适应蝲蛄生活在水流较急的山林溪水中的习性。

3. 实用新型名称：太阳能保温房

专利号：ZL201720768013.2

申请日：2017/6/19

专利权人：孟庆江

主分类号：A01K 31/00

摘要：本实用新型太阳能保温房，可用于较大建筑面积的养鸡、食用菌发菌室等农牧业生产用房，建设简单，房屋投资少，成本低，易扩大规模。可利用太阳能取暖，整体保温效果好。

4. 实用新型名称：下排式水净化无烟烧烤炉

专利号：ZL201720691571.3

申请日：2017/6/14

专利权人：王福刚

主分类号：A47J 37/06

摘要：本实用新型下排式水净化无烟烧烤炉，烟气采用下吸式，吸烟效果好，

不漏烟。烟气经过水面净化室，可大大降低烟气的颗粒物数量。喷淋管可对烟气进行二次净化。

5. 实用新型名称：一种妇产科样本采集器

专利号：ZL201720004372.0

申请日：2017/1/4

专利权人：王静

主分类号：A61B 10/00

摘要：本实用新型妇产科样本采集器，在采集样本的过程中无须转动套筒，只需小幅度转动吸水棉即可，减小了对人体的刺激，避免了样本在取出时被污染。

6. 实用新型名称：肝胆外科用引流固定装置

专利号：ZL201520875819.2

申请日：2015/11/5

专利权人：寇殿飞

主分类号：A61M 1/00

摘要：本实用新型肝胆外科用引流固定装置，结构简单，操作便捷，引流效果优异。同时具有可防止引流管堵塞、可调节引流袋的位置等优点。

7. 实用新型名称：一种大棚采暖炉

专利号：ZL201120357114.3

申请日：2011/9/22

专利权人：罗强

主分类号：A01G 9/24

摘要：本实用新型大棚采暖炉，利用秸秆等燃烧产生的热量使水变为水蒸气来实现大棚采暖，有利于废物利用，并具有结构简单、制作简单、热效率高、保持棚内湿度、可用来制炭等优点。

第二篇

B 部：作业；运输类专利

第一章　B 部发明专利

一、延吉市 B 部发明专利

1. 发明名称：一种间歇性夹持送料装置以及切管设备

专利号：ZL201710306926.7

申请日：2017/5/3

专利权人：延边通达实业有限责任公司

主分类号：B23D 33/02

摘要：本发明通过简单的机械结构，实现对物料的间歇性夹持，并向前输送固定的距离；通过间歇性夹持送料装置进行送料，可以切割出长度均一的管材，具有节省人力、工作效率高、使用简便等特点。

2. 发明名称：电场可控毛细管尺寸排阻色谱分离方法

专利号：ZL201611060268. X

申请日：2016/11/28

专利权人：延边大学

主分类号：B01D 15/20

摘要：本发明电场可控毛细管尺寸排阻色谱分离方法，可以实现对不同尺寸的微尺度物质的高效分离，且该方法无须更换固定相，适用范围广，溶剂消耗量小，绿色安全。

3. 发明名称：利用电磁场的柱内分离微尺度磁性物质的方法

专利号：ZL201510118336.2

申请日：2015/3/18

专利权人：延边大学

主分类号：B03C 1/02

摘要：本发明利用电磁场的柱内分离微尺度磁性物质的方法，具有能够快速分离不同尺寸微尺度磁性物质，且分离方法简单、方便、准确率高的优点。

4. 发明名称：介孔材料在横向电场毛细管柱内电极表面的修饰方法

专利号：ZL201410722590.9

申请日：2014/12/4

专利权人：延边大学

主分类号：B01D 15/20

摘要：本发明介孔材料在横向电场毛细管柱内电极表面的修饰方法，可以提高施加的工作电压，使目标物在分离柱内受到的力变大，横向迁移的速度变快，在更短的时间内到达电极表面并与固定相发生色谱行为，提高分离柱的柱效。

5. 发明名称：植物萃取液中活性成分的筛选方法及专用电泳分离装置

专利号：ZL201410611855.8

申请日：2014/11/5

专利权人：延边大学

主分类号：B01D 57/02

摘要：本发明植物萃取液中活性成分的筛选方法，实现无须酶的固定化，在接近生理环境下，利用电场将蛋白质－活性成分的复合物与植物萃取液中除活性成分外的其他成分快速分离。

6. 发明名称：一种旋转送料阀

专利号：ZL201410050297.2

申请日：2014/2/13

专利权人：吉林烟草工业有限责任公司

主分类号：B65G 29/00

摘要：本发明旋转送料阀，其壳体上开设有用于将转子在返程路径中从出料口获得并积存在辐板间空间内的高压流体提前释放出去的压力释放口，从而有效避免了高压流体对进料口处的物料的阻碍作用，提高了进料效率。

7. 发明名称：微尺度物质的分离方法及毛细管柱横向电色谱分离装置

专利号：ZL201410005331.4

申请日：2014/1/7

专利权人：延边大学

主分类号：B01D 57/02

摘要：本发明微尺度物质的分离方法及毛细管柱横向电色谱分离装置，有效地将电泳技术和色谱技术融为一体，实现不同物质的有效分离，分离方法的操作及专用装置的制作均较简单，且可以实现在线检测。

8. 发明名称：氢气发生装置的气水分离器

专利号：ZL201310457267.9

申请日：2013/9/30

专利权人：延吉市意来净水机制造有限

公司

主分类号：B01D 50/00

摘要：本发明氢气发生装置的气水分离器，在无电能的情况下能完成杂质过滤和气、水分离，不但可节约能源，而且可为净水机内的水提供纯净的氢气，具有结构简单、使用方便、效果良好、环保节能等优点。

9. 发明名称：干燥除尘组合塔

专利号：ZL201210030605.6

申请日：2012/2/13

专利权人：钟元龙；钟环宇

主分类号：B01D 1/18

摘要：本发明干燥除尘组合塔，简化组合工艺流程，工艺设备布局为"摆积木式"设计模式，使之塔系设备占地面积少、防粘壁、正常干燥生产，提高布袋正常使用和容积水分蒸发能力，使庞大的容积性塔能趋于小型化。

10. 发明名称：筒式特刀粉碎机

专利号：ZL201210027398.9

申请日：2012/2/8

专利权人：钟元龙；钟环宇

主分类号：B02C 18/12

摘要：本发明筒式特刀粉碎机，为立式风冷气流蜗旋流化干式碎细机，具有高效、节能，相对启动电流小，功率比耗低，生产能力大，产品粒度细、比表面积大、均质性能好，容积利用率高，机台使用数量少，占地面积少，环保等特点。

11. 发明名称：一种图片或照片的装裱方法

专利号：ZL201010267260.7

申请日：2010/8/31

专利权人：于长馨

主分类号：B44C 7/02

摘要：本发明图片或照片的装裱方法，绿色环保、造型美观、画面亮丽、透视感好，色彩存续期长，边缘平整光滑，坚固不易破损，安装简易、隐形。具有极高的观赏价值和收藏价值。

12. 发明名称：可贴可揭的基板

专利号：ZL201010177686.3

申请日：2010/5/20

专利权人：黄正浩

主分类号：B32B 27/08

摘要：本发明可贴可揭的基板，具有装饰效果或吸收电子设备电磁波的效果，使用时，可以揭下来执行清洁功能。不仅可用于电子设备，还可用于在玻璃窗、墙壁或广告板上进行标示。

13. 发明名称：大容量连续离心分离装置

专利号：ZL200810051205.7

申请日：2008/9/18

专利权人：延边大学

主分类号：B04B 5/04

摘要：本发明大容量连续离心分离装置，可对大容量液体进行连续离心分离，具有结构简单、操作方便、分离效果良好等优点。

二、珲春市 B 部发明专利

发明名称：紊流重力沉降阀

专利号：ZL201410305955.8

申请日：2014/7/1

专利权人：大唐珲春发电厂

主分类号：B01D 45/02

摘要：本发明紊流重力沉降阀，适用于水、气取样系统，具有性能稳定、密封可靠、沉降效果好、安装拆卸方便、使用寿命长等有益效果。

三、敦化市 B 部发明专利

1. 发明名称：刹车防抱死及汽车刹车失灵补救装置

专利号：ZL201510292895.5

申请日：2015/6/2

专利权人：时继才

主分类号：B60T 8/36

摘要：本发明刹车防抱死及汽车刹车失灵补救装置，具有能够自动救助采用气压式、油压式刹车技术的汽车刹车失灵、防抱死、结构简单、制造成本低廉的优点。

2. 发明名称：用于生产热塑型复合材料的方法及双钢带连续压机

专利号：ZL201210098254.2

申请日：2012/4/6

专利权人：亚联机械股份有限公司

主分类号：B32B 37/06

摘要：本发明用于生产热塑型复合材料的方法及双钢带连续压机，不需要内部施胶，靠自身融化后相结合的生产工艺压制成成品板带，根据需求加工成相应尺寸的产品。具有结构简单、性能可靠、成本低廉的优点。

3. 发明名称：双钢带压机用穿针

专利号：ZL201010178349.6

申请日：2010/5/21

专利权人：亚联机械股份有限公司

主分类号：B27N 3/20

摘要：本发明双钢带压机用穿针，其镶

嵌的铜套降低了对辊杆内孔的磨损,增强了内部的润滑作用,延长了穿针的使用寿命。

4. 发明名称: 一种纤维板铺装机用刺辊制造方法

专利号: ZL200910067050.0

申请日: 2009/6/3

专利权人: 亚联机械股份有限公司

主分类号: B23K 28/02

摘要: 本发明纤维板铺装机用刺辊制造方法,可确保针刺与滚筒的结合强度显著提高,加工操作简单,成本低,速度快,焊接质量稳定牢固,加工的刺辊安全性好,不会发生断针或针刺脱落等情况。

5. 发明名称: 用于双钢带压机的移动式框架机构

专利号: ZL200910067051.5

申请日: 2009/6/3

专利权人: 亚联机械股份有限公司

主分类号: B27N 3/24

摘要: 本发明用于双钢带压机的移动式框架结构,采用移动式框架结构使液压缸柱塞与垫板在工作状态下不产生相对滑动,避免了以往因滑动摩擦阻力大而造成框架板变形及液压缸密封易损等现象。

6. 发明名称: 一种用于生产中纤板和刨花板的双钢带压机

专利号: ZL200910067052.X

申请日: 2009/6/3

专利权人: 亚联机械股份有限公司

主分类号: B27N 3/24

摘要: 本发明用于生产中纤板和刨花板的双钢带压机,其液压缸柱塞与垫板在

工作状态下不产生相对滑动,避免了框架板变形及液压缸密封易损等现象;入口舌头板的受力分布合理,延长了入口舌头板的使用寿命。

7. 发明名称: 非线性梯度入口舌头板

专利号: ZL200910067053.4

申请日: 2009/6/3

专利权人: 亚联机械股份有限公司

主分类号: B27N 3/24

摘要: 本发明非线性梯度入口舌头板,通过改变其入口舌头板的结构尺寸,使入口舌头板的受力分布更加合理,延长了入口舌头板的使用寿命。

8. 发明名称: 带有柔性热压板的连续辊压机

专利号: ZL200910066821.4

申请日: 2009/4/15

专利权人: 亚联机械股份有限公司

主分类号: B27N 3/26

摘要: 本发明带有柔性热压板的连续辊压机,具有钢带储备热量充足、能满足后续板坯正常的生产要求以及当板坯心层温度达到软化点时得到压缩、心层密度高、内结合强度高等优点。

四、和龙市B部发明专利

1. 发明名称: 一种自动化棒料去毛刺装备

专利号: ZL201610614135.6

申请日: 2016/7/29

专利权质押合同出质人: 和龙双昊高新技术有限公司、天津双昊车用空调有限公司、延边科源新能源科技有限公司

专利权质押合同质权人: 吉林和龙农村

商业银行股份有限公司

主分类号：B24B 9/00

摘要：本发明自动化棒料去毛刺装备，实现了棒料从锯床的下料口的出料、转运以及磨削去毛刺等连续一系列工序，其设计合理、自动化程度高。

2. 发明名称：一种龙门式刨槽机

专利号：ZL201610311348.1

申请日：2016/5/11

专利权人：朴虎林

主分类号：B23D 1/08

摘要：本发明龙门式刨槽机，通过在机床上设置前压脚和侧压脚，配合传送台上的刀架，改善了刨槽机的刨槽效果。

3. 发明名称：一种刨槽机的刀架

专利号：ZL201610311334.X

申请日：2016/5/11

专利权人：朴虎林

主分类号：B23D 7/06

摘要：本发明刨槽机的刀架，通过在刀头支架底座上设置多组纵向排列的刀头咬合安装槽，在刀头咬合安装槽内设置带刀头的固定刀柄，可大大提高刨槽效果，且刀柄的更换维修便利，可提高刨槽机工作效率。

4. 发明名称：贮液器用铝制堵帽毛坯的智能化自动压制装备

专利号：ZL201610191012.6

申请日：2016/3/29

专利权人：和龙双昊高新技术有限公司

主分类号：B21K 21/02

摘要：本发明贮液器用铝制堵帽毛坯的智能化自动压制装备，设计合理、自动化程度高，可以从进料到出料一次性完成对料块的压制成型工作，从而大大提

高贮液器用铝制堵帽的压制效率，减小了工人的劳动强度。

5. 发明名称：一种复合轻质难燃密度板门板的制作方法

专利号：ZL201010615602.X

申请日：2010/12/31

专利权人：和龙人造板有限公司

主分类号：B27D 1/00

摘要：本发明复合轻质难燃密度板门板的制作方法，利用轻质密度板或轻质难燃密度板做芯板，有利于降低生产成本；采用芯板与隔条的间隔结构，提高门芯板整体强度和质量。

6. 发明名称：一种密度板复合轻体材料的制作方法

专利号：ZL201010615601.5

申请日：2010/12/31

专利权人：李云龙；张兴华

主分类号：B27M 1/08

摘要：本发明密度板复合轻体材料的制作方法，利用高密度纤维板薄板与低密度纤维板复合成密度板复合轻体材料，重量低、原料消耗少；采用芯板与隔条的间隔结构，提高板材的稳定性、整体强度、使用寿命和板材整体质量。

7. 发明名称：贮液器筒壁冲凸外卡工装

专利号：ZL200910068080.3

申请日：2009/3/9

专利权质押合同出质人：和龙双昊高新技术有限公司

专利权质押合同质权人：吉林和龙农村商业银行股份有限公司

主分类号：B21D 22/04

摘要：本发明贮液器筒壁冲凸外卡工装，其中心棒可更换，中心棒在内套的中心

孔中的位置由不同型号的贮液器筒加工所需位置确定，适应不同型号的贮液器筒壁冲凸作业。

8. 发明名称：贮液器端盖多工位多工序多工件交替加工卡具

专利号：ZL200910068081.8

申请日：2009/3/9

专利权人：和龙双昊高新技术有限公司

主分类号：B23Q 3/06

摘要：本发明贮液器端盖多工位多工序多工件交替加工卡具，可在加工机床下面进行在夹具主体上装卡固定工件，具有减少单位工件在机床上的装卡时间，提高机床有效加工工时的利用率的优点。

9. 发明名称：贮液罐底端面多工位多工序多工件加工卡具

专利号：ZL200910068082.2

申请日：2009/3/9

专利权人：和龙双昊高新技术有限公司

主分类号：B23Q 3/08

摘要：本发明贮液罐底端面多工位多工序多工件加工卡具，可在加工机床下面进行在支撑定位板上装卡固定工件，具有减少单位工件在机床上的装卡时间，提高机床有效加工工时的利用率的优点。

五、汪清县 B 部发明专利

1. 发明名称：自动吸料、除湿、除尘式高速混合机

专利号：ZL201410341420.6

申请日：2014/7/18

专利权人：宋旭

主分类号：B29B 7/16

摘要：本发明自动吸料、除湿、除尘式高速混合机，附带上料系统、高速搅拌系统、除湿循环系统、加热冷却系统、除尘系统，各系统相互协同作用，使高速混合机发挥最高工作效率。

2. 发明名称：一种废弃木耳菌袋脱袋方法及脱袋装置

专利号：ZL201210440578.X

申请日：2012/11/7

专利权人：延边宏日林业新能源有限责任公司

主分类号：B65B 69/00

摘要：本发明废弃木耳菌袋脱袋方法及脱袋装置，结构简单，易于制造，部件易购买和修理，价格低廉，可靠性好；可以不分地形地貌，随处边移动边工作，移动范围广。

六、安图县 B 部发明专利

发明名称：一种折叠刀

专利号：ZL201610244336.1

申请日：2016/4/19

专利权人：王德胜

主分类号：B26B 1/04

摘要：本发明折叠刀，在刀体折合在刀槽中时，锁紧机构能将刀体锁紧在刀槽内，避免刀体在折合时的意外打开现象，提高折叠刀的安全性。

第二章 B部实用新型专利

一、延吉市B部实用新型专利

1. 实用新型名称：捆扎带光轮送拉装置

专利号：ZL201820769066.0

申请日：2018/5/23

专利权人：延边龙川包装机械有限公司

主分类号：B65B 13/18

摘要：本实用新型捆扎带光轮送拉装置，拉力大，捆扎后捆扎带表面仍然保持完好无损，可保证冶金产品的表面质量和捆扎包装美观。

2. 实用新型名称：塑钢带气动打捆机振动熔焊时间控制装置

专利号：ZL201820769014.3

申请日：2018/5/23

专利权人：延边龙川包装机械有限公司

主分类号：B65B 13/32

摘要：本实用新型塑钢带气动打捆机振动熔焊时间控制装置，具有调整简单、控制熔焊时间准确、熔焊面积均匀且符合要求、熔焊处抗拉断力大、打捆后不易断带散包等优点。

3. 实用新型名称：一种具有多重稳定结构的图书档案运输装置

专利号：ZL201820646774.5

申请日：2018/5/3

专利权人：延边大学

主分类号：B62B 3/00

摘要：本实用新型具有多重稳定结构的图书档案运输装置，通过多重结构设计，能够防止图书档案在运输过程中散乱、掉落，还能够当作正常书架使用。

4. 实用新型名称：四轮驱动四轮转向前后油缸Ⅱ型同步机构

专利号：ZL201820434777.2

申请日：2018/3/21

专利权人：李精华

主分类号：B62D 5/06

摘要：本实用新型四轮驱动四轮转向前后油缸Ⅱ型同步机构，采用左、右同步柔性件，前左、右同步轮，后右同步轮组成的平行运动的前后油缸同步机构，具有结构简单、体积小、可靠、寿命长的特点。

5. 实用新型名称：一种水环境质量监测用水样存放装置

专利号：ZL201820227238.1

申请日：2018/2/9

专利权人：王海波

主分类号：B65D 81/18

摘要：本实用新型水环境质量监测用水样存放装置，结构简单，功能实用，能满足水环境监测行业对水样存放装置的实用需求。

6. 实用新型名称：瓦楞纸板托架

专利号：ZL201820064093.8

申请日：2018/1/15

专利权人：金凤善

主分类号：B65D 61/00

摘要：本实用新型瓦楞纸板托架，可提高叉车的运输效率、减少能量消耗，且代替木托架，能够大幅度降低经济成本，减少由于生产木托架而砍伐的树木，有利于环境保护。

7. 实用新型名称：烫金版换版装置

专利号：ZL201721811644.4

申请日：2017/12/22

专利权人：吉林长白山包装材料有限公司

主分类号：B41F 27/00

摘要：本实用新型烫金版换版装置，具有可防止烫金版导热油泄漏、有利于环境保护、可防止烫金版磕碰、延长烫金版使用寿命等特点。

8. 实用新型名称：温控循环油墨料盒装置

专利号：ZL201721811588.4

申请日：2017/12/22

专利权人：吉林长白山包装材料有限公司

主分类号：B41F 31/02

摘要：本实用新型温控循环油墨料盒装置，具有不受内外环境影响，把油墨温度控制在适合作业要求范围内，保证印刷产品质量的优点。

9. 实用新型名称：一种超声波萃取固定装置

专利号：ZL201721644000.0

申请日：2017/11/29

专利权人：吉林烟草工业有限责任公司

主分类号：B01D 11/00

摘要：本实用新型超声波萃取固定装置，能够避免萃取器皿漂浮和翻倒，避免造成萃取溶剂的损失和后续处理的麻烦，

提升萃取效果和稳定性。

10. 实用新型名称：带有消毒装置的医用分类垃圾车

专利号：ZL201721630926.4

申请日：2017/11/28

专利权人：徐福子

主分类号：B65F 3/00

摘要：本实用新型带有消毒装置的医用分类垃圾车，可实现对医疗垃圾进行有效分类、初步消毒，以及保护医疗环境和医护人员健康的目的。

11. 实用新型名称：一种多尺寸试剂瓶固定架

专利号：ZL201721448068.1

申请日：2017/11/2

专利权人：吉林烟草工业有限责任公司

主分类号：B01L 9/00

摘要：本实用新型多尺寸试剂瓶固定架，通过具有缺口的限位卡环与限位孔周向边缘的相互配合，利用多种不同周向尺寸的限位卡环，实现多种不同尺寸试剂瓶的限位。

12. 实用新型名称：一种用于电梯的机械导靴

专利号：ZL201721396622.6

申请日：2017/10/27

专利权人：许国虎

主分类号：B66B 7/04

摘要：本实用新型用于电梯的机械导靴，包括滚动导靴、电梯轿厢、固定螺栓，具有承载合理、连接稳固的优点。

13. 实用新型名称：一种电梯坠落缓冲装置

专利号：ZL201721391336.0

申请日：2017/10/26

专利权人：梁成文

主分类号：B66B 5/28

摘要：本实用新型电梯坠落缓冲装置，解决了缓冲器固定于电梯井底部，其缓冲作用完全依靠自身，缓冲强度无法均匀分散，承载不够合理的问题。

14. 实用新型名称：一种生物检测微流控试剂预封装装置

专利号：ZL201721301650.5

申请日：2017/10/10

专利权人：金范学

主分类号：B01L 3/00

摘要：本实用新型生物检测微流控试剂预封装装置，在对生物检测试剂进行预封装的过程中，可以对封装产生的废液进行回收处理，防止废液瓶满后直接回流到仪器内而对仪器造成损坏，保证了预封装工作的清洁与安全。

15. 实用新型名称：一种太阳能光伏玻璃用硅砂清洗装置

专利号：ZL201721146810.3

申请日：2017/9/8

专利权人：延边大学

主分类号：B08B 3/06

摘要：本实用新型太阳能光伏玻璃用硅砂清洗装置，设置有转动机构，可以方便快速对硅砂进行清洗，提高工作效率，设置有开关机构，可以方便地将要清洗的硅砂放入滚筒筛并将清洗好的硅砂取出。

16. 实用新型名称：一种药物分析用药物溶解装置

专利号：ZL201720966867.1

申请日：2017/8/3

专利权人：延边大学

主分类号：B01F 1/00

摘要：本实用新型药物分析用药物溶解装置，上下旋转搅拌，刮板能有效防止药物黏附在杯壁，提高了药物的溶解速度。

17. 实用新型名称：一种用于外科急症的医用药品箱

专利号：ZL201720893620.1

申请日：2017/7/22

专利权人：延边大学

主分类号：B65D8 1/18

摘要：本实用新型用于外科急症的医用药品箱，可将存放室和箱体外空气进行交互，减少潮湿；可对药品的包装以及交换的空气进行杀菌处理，延长药品使用寿命。

18. 实用新型名称：一种皮带割皮机

专利号：ZL201720888295.X

申请日：2017/7/21

专利权人：白云鹤

主分类号：B23D 67/06

摘要：本实用新型皮带割皮机，去皮速度快，不会对胶水层造成损伤；垫块的高度可以进行调节，使割皮机能够对多种规格的皮带进行去皮操作。

19. 实用新型名称：折叠式电动三轮车

专利号：ZL201720815448.8

申请日：2017/7/7

专利权人：许连福

主分类号：B62K 15/00

摘要：本实用新型折叠式电动三轮车，具有结构简单、使用方便、维护简单、维修方便、搬运方便、保管方便、灵活性高等优点。

20. 实用新型名称：一种切干面条机

专利号：ZL201720810431.3

申请日：2017/7/5

专利权人：延边阿拉里食品有限公司

主分类号：B26D 1/15

摘要：本实用新型切干面条机，生产效率高且切出的干面条整齐度高。

21. 实用新型名称：防潮避光包装盒

专利号：ZL201720694726.9

申请日：2017/6/14

专利权人：谷国栋

主分类号：B65D 6/10

摘要：本实用新型防潮避光包装盒，由抗压外盒和密封、防潮性能好的塑料内盒构成，抗压外盒不仅能增强包装盒的抗压性能，也能进一步增强包装盒的防潮性能，起到避光作用。

22. 实用新型名称：一种无人飞机动力装置

专利号：ZL201720472382.7

申请日：2017/5/2

专利权人：林虎

主分类号：B64D 27/24

摘要：本实用新型无人飞机动力装置，将传统的电机轴心转动改成螺旋桨桨尖圆周上的电机驱动，提高了效率；转动力臂长，可以实现在低电流状态下长时间飞行的目的。

23. 实用新型名称：一种烟盒包装

专利号：ZL201720471823.1

申请日：2017/4/28

专利权人：吉林烟草工业有限责任公司

主分类号：B65D 85/10

摘要：本实用新型烟盒包装，外盒内均安放内盒，使得烟盒包装的香烟存储量得到增大，扩大了烟盒包装的表面积，使得其能够展示或印刷更多更丰富的香烟信息。

24. 实用新型名称：一种凹印机的刮刀装置

专利号：ZL201720307702.3

申请日：2017/3/28

专利权人：延边长白山印务有限公司

主分类号：B41F 9/10

摘要：本实用新型凹印机的刮刀装置，能够有效减少或避免印刷时刮刀的抖动，以减少或避免拉线、糊版等印刷故障的发生，有利于降低废品率。

25. 实用新型名称：气动钢带组合式捆扎机控制装置

专利号：ZL201720300119.X

申请日：2017/3/27

专利权人：延边龙川包装机械有限公司

主分类号：B65B 13/18

摘要：本实用新型气动钢带组合式捆扎机控制装置，由于其封口切断动作从开始到结束，拉紧马达一直工作，使钢带一直处于绷紧状态，不但提高了包装捆紧度和包装质量，而且封口切断更顺畅。

26. 实用新型名称：钢带捆扎机的储带装置

专利号：ZL201720300170.0

申请日：2017/3/27

专利权人：延边龙川包装机械有限公司

主分类号：B65B 13/18

摘要：本实用新型钢带捆扎机的储带装置，应用于自动钢带捆扎机和捆带盘之间，自动钢带捆的送带、拉带动作和捆带盘正反转动作互相独立，保证了自动钢带扎捆机的正常运转。

27. 实用新型名称：钢带剪断装置

专利号：ZL201720300163.0

申请日：2017/3/27

专利权人：延边龙川包装机械有限公司

主分类号：B65B 69/00

摘要：本实用新型钢带剪断装置，具有操作简单、劳动强度低、工作效率高的优点。

28. 实用新型名称：医用塑料输液瓶启盖器

专利号：ZL201720143809.9

申请日：2017/2/17

专利权人：崔立敏

主分类号：B67B 7/00

摘要：本实用新型医用塑料输液瓶启盖器，具有不存在手污染机会，不会拉疼手指，有利于提高护士工作效率，可轻松拉开瓶口密封环的优点。

29. 实用新型名称：一种可折叠爬梯装置及其行李箱包、行李车

专利号：ZL201720123903.8

申请日：2017/2/10

专利权人：姜今善

主分类号：B62B 5/02

摘要：本实用新型可折叠爬梯装置及其行李箱包、行李车，其滑撬架相对于拉杆基架的角度可调节，提高其使用的舒适度。行李箱包和行李车中设置有爬梯装置。

30. 实用新型名称：高速 FDM3D 打印机挤出装置

专利号：ZL201621413125.8

申请日：2016/12/22

专利权人：王洪军

主分类号：B29C 64/112

摘要：本实用新型高速 FDM3D 打印机挤出装置，具有可以使打印机在高速打印时，耗材流畅充足挤出，提高打印效率和效果，且结构简单、便于组装和维护的优点。

31. 实用新型名称：一种纸张输送装置

专利号：ZL201621361823.8

申请日：2016/12/13

专利权人：延边长白山印务有限公司；汕头东风印刷股份有限公司

主分类号：B65H 5/02

摘要：本实用新型纸张输送装置，能够将纸张从第一输送带后端平稳地移动至第二输送带前端，有利于提高输纸速度。

32. 实用新型名称：一种高速 FDM3D 打印机结构装置

专利号：ZL201621345086.2

申请日：2016/12/9

专利权人：王洪军

主分类号：B29C 64/209

摘要：本实用新型高速 FDM3D 打印机结构装置，具有能够准确定位，打印平稳、可以在保证一定精度的前提下实现较高速度快速打印，提高打印机打印效率的优点。

33. 实用新型名称：一种糕点包装盒

专利号：ZL201621285624.3

申请日：2016/11/28

专利权人：金明淑

主分类号：B65D 5/26

摘要：本实用新型糕点包装盒，采用环保轻质纸板，达到了节约资源和生产成本的目的；利用槽口之间的卡紧作用，完成整个装置的固紧，实现了零胶带的效果。

34. 实用新型名称：一种可重复使用的

车贴

专利号：ZL201621191992.1

申请日：2016/10/28

专利权人：吉林省帝合文化传媒有限公司

主分类号：B60R 11/02

摘要：本实用新型可重复使用的车贴，具有结构简单、移动性强、方便实用、全色广告等特点；可揭可贴、可重复使用，正反两面黏性水洗不变，适合商家OEM、客户DIY模式生产。

35. 实用新型名称：一种烟盒

专利号：ZL201621194571.4

申请日：2016/10/28

专利权人：吉林烟草工业有限责任公司

主分类号：B65D 85/10

摘要：本实用新型烟盒，取烟时不会对烟盒造成不可逆的破坏，不会造成烟支的水分流失，可以有效地保持烟盒内烟支的香气和湿气。

36. 实用新型名称：一种缓冲滑撬架及其爬梯装置

专利号：ZL201621032534.3

申请日：2016/8/31

专利权人：姜今善

主分类号：B62B 5/02

摘要：本实用新型缓冲滑撬架及其爬梯装置，具有撞击力缓冲和抵消作用，能够降低爬梯装置的颠簸感，提高使用舒适度。

37. 实用新型名称：矩形箱体 FDM3D 打印机双侧 Z 轴传动装置

专利号：ZL201620946157.8

申请日：2016/8/26

专利权人：王洪军

主分类号：B29C 64/232

摘要：本实用新型矩形箱体 FDM3D 打印机双侧 Z 轴传动装置，具有使打印平台平稳上升和下降，在打印过程中，不会因为打印模型较重而影响打印效果的优点。

38. 实用新型名称：可拆卸式 FDM3D 打印机外壳

专利号：ZL201620947123.0

申请日：2016/8/26

专利权人：王洪军

主分类号：B29C 67/00

摘要：本实用新型可拆卸式 FDM3D 打印机外壳，具有使用方便，可根据需要进行部分和全部拆卸，并且拆卸之后也不影响打印机正常使用的优点。

39. 实用新型名称：一种凹版印刷机的油墨盘

专利号：ZL201620695821.6

申请日：2016/7/5

专利权人：延边长白山印务有限公司

主分类号：B41F 31/02

摘要：本实用新型凹版印刷机的油墨盘，可避免因油墨渗漏而对印刷机和车间地面造成污染，便于印刷机的维护并使生产现场保持洁净，并减少次品和废品，能够进行油墨回收，减少油墨浪费。

40. 实用新型名称：液压成型装置

专利号：ZL201620461516.0

申请日：2016/5/20

专利权人：延边龙川包装机械有限公司

主分类号：B65B 13/20

摘要：本实用新型液压成型装置，具有能够使机头与被包装物位置固定不变，确保打捆松紧度同一性的优点。

41. **实用新型名称**：棉签包装盒

专利号：ZL201620437902.6

申请日：2016/5/16

专利权人：王守林

主分类号：B65D 25/02

摘要：本实用新型棉签包装盒，具有棉签被分开放置，相互不碰触，且装有液体，可湿润棉签，可提高棉签使用效率，增强棉签清理效果等特点。

42. **实用新型名称**：一种保护装置

专利号：ZL201620210900.3

申请日：2016/3/18

专利权人：吉林烟草工业有限责任公司

主分类号：B08B 15/02

摘要：本实用新型保护装置，由于罩体体积比通风橱小，在内壁被喷溅液体时，可以从通风橱中移到外界进行清洗，清洗方便，为实验提供了更清洁的实验环境。

43. **实用新型名称**：一种物料超高贮柜拨料辊的安全控制系统

专利号：ZL201620146912.4

申请日：2016/2/26

专利权人：吉林烟草工业有限责任公司

主分类号：B65G 43/08

摘要：本实用新型物料超高贮柜拨料辊安全控制系统，可避免物料高度超高时，操作人员无法识别检测装置检测到的是人体还是物料，而出现一直报警的现象。

44. **实用新型名称**：一种交通安全贴

专利号：ZL201620007708.4

申请日：2016/1/5

专利权人：黄正浩；齋藤茂

主分类号：B60Q 9/00

摘要：本实用新型交通安全贴，具有结

构简单、体积小、使用和携带方便、安全性高、应用范围广等优点。

45. **实用新型名称**：一种爬梯装置

专利号：ZL201521074806.1

申请日：2015/12/22

专利权人：姜今善

主分类号：B62B 5/02

摘要：本实用新型爬梯装置，具有结构简单、设计合理、使用方便、省时省力等优点。

46. **实用新型名称**：一种便携式可折叠爬梯行李车

专利号：ZL201520953670.5

申请日：2015/11/26

专利权人：姜今善

主分类号：B62B 1/04

摘要：本实用新型便携式可折叠爬梯行李车，不仅可折叠，便于携带，而且爬梯效果好。

47. **实用新型名称**：咖啡豆工艺品

专利号：ZL201520860699.9

申请日：2015/11/2

专利权人：金海福

主分类号：B44C 5/04

摘要：本实用新型咖啡豆工艺品，采用咖啡豆作为工艺品的原材料，可充分发挥咖啡豆的各种功效，扩展了咖啡豆的使用范围。

48. **实用新型名称**：一种防纸张起皱的收卷装置

专利号：ZL201520814304.1

申请日：2015/10/21

专利权人：延边长白山印务有限公司

主分类号：B65H 23/16

摘要：本实用新型防纸张起皱的收卷装置，能够有效地压平纸张，使纸张保持平整，防止所收卷的纸张起皱，提高产品成品率。

49. 实用新型名称：一种便携式行李车

专利号：ZL201520761669.2

申请日：2015/9/29

专利权人：姜今善

主分类号：B62B 1/04

摘要：本实用新型便携式行李车，具有结构简单、设计合理、使用方便、易于携带等优点。

50. 实用新型名称：自动钢丝扎捆机压丝机构

专利号：ZL201520637271.8

申请日：2015/8/24

专利权人：延边龙川包装机械有限公司

主分类号：B65B 13/20

摘要：本实用新型自动钢丝扎捆机压丝机构，具有保证钢丝扎捆机不出现送、收丝打滑而且穿丝方便的优点。

51. 实用新型名称：无锁扣自动捆扎机抠冲正反扣机构

专利号：ZL201520636990.8

申请日：2015/8/24

专利权人：延边龙川包装机械有限公司

主分类号：B65B 13/30

摘要：本实用新型无锁扣自动捆扎机抠冲正反扣机构，当捆扎包装物时，两层钢带重叠抠冲处形成正反阴阳扣，能双向锁住，可保证包装物热胀冷缩时不散包，提高冶金产品的包装质量和可靠度。

52. 实用新型名称：自动钢丝扎捆机顶丝扭结机构

专利号：ZL201520636957.5

申请日：2015/8/24

专利权人：延边龙川包装机械有限公司

主分类号：B65B 27/10

摘要：本实用新型自动钢丝扎捆机顶丝扭结机构，具有能够控制扭结圈数，扭结牢固美观、故障率低、零件使用寿命长，对钢丝适应性强、维护方便的优点。

53. 实用新型名称：一种遥控钓鱼船

专利号：ZL201520461079.8

申请日：2015/7/1

专利权人：崔光山

主分类号：B63B 35/14

摘要：本实用新型遥控钓鱼船，结构设计简单、合理，操作方便，使用定位浮漂来确定水域中的钓鱼标点，能提高垂钓趣味性和垂钓率。

54. 实用新型名称：木皮包装盒

专利号：ZL201520270144.9

申请日：2015/4/30

专利权人：延边仙上山土特产经贸有限公司

主分类号：B65D 8/00

摘要：本实用新型木皮包装盒，具有质感好、显档次、造价低的优点。

55. 实用新型名称：一种手提折叠式三轮电动车

专利号：ZL201520264449.9

申请日：2015/4/29

专利权人：许连福

主分类号：B62K 15/00

摘要：本实用新型手提折叠式三轮电动车，具有结构简单、使用方便、安全可靠、易于存放、搬运方便、体积小等优点。

56. 实用新型名称： 一种电动家用洗车装置

专利号： ZL201420590373.4

申请日： 2014/10/14

专利权人： 太文赫

主分类号： B60S 3/04

摘要： 本实用新型电动家用洗车装置，具有体积小、用水少、使用灵活简便的优点。

57. 实用新型名称： 一种机动车

专利号： ZL201420468628.X

申请日： 2014/8/19

专利权人： 李峰鹤

主分类号： B60Q 1/26

摘要： 本实用新型机动车，提高了在低能见度下，其他交通参与人员对机动车位置判断的准确性，增强了警示作用。

58. 实用新型名称： 转鼓浓缩机

专利号： ZL201420445015.4

申请日： 2014/8/8

专利权人： 王伟勇

主分类号： B01D 33/11

摘要： 本实用新型转鼓浓缩机，可对污水进行初步脱水处理，可输出不同浓度的处理后污水，且其结构简单，具有很好的实用性。

59. 实用新型名称： 盘式真空过滤机

专利号： ZL201420427495.1

申请日： 2014/7/31

专利权人： 王伟勇

主分类号： B01D 33/21

摘要： 本实用新型盘式真空过滤机，可避免现有盘式真空过滤机搅拌轴搅拌方式的弊端，能够便于过滤机整体结构的设置。

60. 实用新型名称： 盘式真空过滤机滤扇

专利号： ZL201420427519.3

申请日： 2014/7/31

专利权人： 王伟勇

主分类号： B01D 33/23

摘要： 本实用新型盘式真空过滤机滤扇，在使用中能实现附着于其上的滤饼的快速脱离，保证过滤机的高效运行。

61. 实用新型名称： 连续式自动加药机

专利号： ZL201420427393.X

申请日： 2014/7/31

专利权人： 王伟勇

主分类号： B01F 7/18

摘要： 本实用新型连续式自动加药机，能够实现药剂的自动添加和逐级连续溶解，可得到浓度均匀的药剂溶液，且其内的药剂溶液可在逐级间实现很好的流动，能避免溶液溢出问题的发生。

62. 实用新型名称： 水上旅游双轮悬挂车

专利号： ZL201420409272.2

申请日： 2014/7/24

专利权人： 宋子一

主分类号： B63B 35/74

摘要： 本实用新型水上旅游双轮悬挂车，具有结构简单、车体轻、操作省力、可坐可站均可操作的优点。

63. 实用新型名称： 一种防滑轮胎

专利号： ZL201420300793.4

申请日： 2014/6/9

专利权人： 宋恩华

主分类号： B60C 11/14

摘要： 本实用新型防滑轮胎，具有结构简单、使用方便、效果良好、安全可靠等优点。

64. 实用新型名称：一种多功能涡流喷射节水花洒

专利号：ZL201420159421.4

申请日：2014/3/29

专利权人：孟志广

主分类号：B05B 1/12

摘要：本实用新型多功能涡流喷射节水花洒，喷水状态可不间断无级连续调节，能保持洗浴舒适度，具有多功能用途，并且具有真正节水效果。

65. 实用新型名称：一种振动输送机

专利号：ZL201420081217.5

申请日：2014/2/25

专利权人：吉林烟草工业有限责任公司

主分类号：B65G 27/04

摘要：本实用新型振动输送机，具有可提高烟梗的压制质量、避免压辊压制烟梗过程中过度磨损、有效地延长压梗机的使用寿命的优点。

66. 实用新型名称：一种旋转送料阀

专利号：ZL201420064820.2

申请日：2014/2/13

专利权人：吉林烟草工业有限责任公司

主分类号：B65G 29/00

摘要：本实用新型旋转送料阀，具有有效避免高压流体对进料口处的物料的阻碍作用、提高进料效率的优点。

67. 实用新型名称：城市生活垃圾处理系统

专利号：ZL201420003832.4

申请日：2014/1/6

专利权人：金振山

主分类号：B09B 3/00

摘要：本实用新型城市生活垃圾处理系统，具有工艺简单、成本低，能够把城市生活垃圾分拣成可燃垃圾并制作成固体燃料，可供供热、生产锅炉及发电使用的优点。

68. 实用新型名称：梗麻包自动切割筛分机

专利号：ZL201320889768.X

申请日：2013/12/27

专利权人：吉林烟草工业有限责任公司

主分类号：B65B 69/00

摘要：本实用新型梗麻包自动切割筛分机，能够自动打开麻包，将残包和烟梗进行分离，避免了因采用人工打开麻包而带来的易对工作人员健康造成威胁、劳动强度大的问题。

69. 实用新型名称：垃圾风力分拣装置

专利号：ZL201320856422.X

申请日：2013/12/24

专利权人：金振山

主分类号：B07B 4/02

摘要：本实用新型垃圾风力分拣装置，具有结构简单，利用风力可高效分拣不同比重的垃圾，可防止微细灰尘外漏，回收利用风力等特点。

70. 实用新型名称：卷烟包装机、七号轮及模块

专利号：ZL201320829695.5

申请日：2013/12/16

专利权人：吉林烟草工业有限责任公司

主分类号：B65B 57/04

摘要：本实用新型卷烟包装机、七号轮及模块，可以有效地对烟包背面靠近顶端的位置的乳白胶进行烘干。

71. 实用新型名称：卷烟包装机及其分切刀装置

专利号：ZL201320828486.9

申请日：2013/12/16

专利权人：吉林烟草工业有限责任公司

主分类号：B65B 61/00

摘要：本实用新型卷烟包装机及其分切刀装置，可将烟包的上盒片和下盒片分切成为两部分，与手工分切相比较省事省力，提高了工作效率。

72. 实用新型名称：植物山水组合盆景

专利号：ZL201320781681.0

申请日：2013/12/3

专利权人：李明哲

主分类号：B44C 5/06

摘要：本实用新型植物山水组合盆景，具有管理简便，无须大量人力物力，也能为室内提供充分的湿度和绿化效果的优点。

73. 实用新型名称：一种容器架

专利号：ZL201320648972.2

申请日：2013/10/21

专利权人：吉林烟草工业有限责任公司

主分类号：B01L 9/00

摘要：本实用新型容器架，可使使用者根据需要旋转容器套筒，拿取需要的装置，方便使用者。

74. 实用新型名称：一种金属丝高弹力丝网立体工艺画

专利号：ZL201320303103.6

申请日：2013/5/30

专利权人：林国旭

主分类号：B44C 5/00

摘要：本实用新型金属丝高弹力丝网立体工艺画，画面立体效果强，形象生动，具有艳丽色彩和亮晶晶的金属质感的边缘，易保存，不易变色、发霉、虫蚀、

受潮等。

75. 实用新型名称：自动锁扣制造机送带机构

专利号：ZL201320092398.7

申请日：2013/3/1

专利权人：延边龙川包装机械有限公司

主分类号：B21D 43/13

摘要：本实用新型自动锁扣制造机送带机构，具有提高劳动效率、保证锁扣质量、制造成本低廉等特点。

76. 实用新型名称：塑钢带捆扎机捆带盘装置

专利号：ZL201320092397.2

申请日：2013/3/1

专利权人：延边龙川包装机械有限公司

主分类号：B65B 13/18

摘要：本实用新型塑钢带捆扎机捆带盘装置，具有较强的抗冲击性和良好的延展性，包装物品工作效率高、捆包外形美观、不易断带散包。

77. 实用新型名称：手动塑钢带扎捆机拉紧装置

专利号：ZL201320092396.8

申请日：2013/3/1

专利权人：延边龙川包装机械有限公司

主分类号：B65B 13/22

摘要：本实用新型手动塑钢带扎捆机拉紧装置，有抗冲击性强、延展性好、不生锈、不腐蚀、包装牢固、不易散包、外形美观等优点。

78. 实用新型名称：人参综合清洗系统

专利号：ZL201320000066.1

申请日：2013/1/3

专利权人：吉林紫鑫初元药业有限公司

主分类号：B08B 3/00

摘要：本实用新型人参综合清洗系统，将人参从存贮窖直接输送到洗参机，实现了人参清洗全程自动化，提高了生产效率，清洗彻底、无死角。

79. 实用新型名称：一种人参综合清洗系统

专利号：ZL201320000432.3

申请日：2013/1/3

专利权人：吉林紫鑫初元药业有限公司

主分类号：B08B 3/00

摘要：本实用新型人参综合清洗系统，将人参从存贮窖直接输送到洗参机，实现了人参清洗全程自动化，减少了中间环节，节省了人力，提高了生产效率，清洗彻底、无死角。

80. 实用新型名称：一种西洋参野外处理车

专利号：ZL201320000326.5

申请日：2013/1/1

专利权人：吉林紫鑫初元药业有限公司

主分类号：B60P 3/00

摘要：本实用新型西洋参野外处理车，解决了在野外进行西洋参资源普查工作时没有专用车的问题，为完成普查工作提供了技术保障。

81. 实用新型名称：一种小型五味子资源普查车

专利号：ZL201320000332.0

申请日：2013/1/1

专利权人：吉林紫鑫初元药业有限公司

主分类号：B60P 3/00

摘要：本实用新型小型五味子资源普查车，解决了在野外进行五味子资源普查工作时没有专用车的问题，为完成普查

工作提供了技术保障。

82. 实用新型名称：双向洗参机

专利号：ZL201220746003.6

申请日：2012/12/31

专利权人：吉林紫鑫初元药业有限公司

主分类号：B08B 3/02

摘要：本实用新型双向洗参机，能对人参进行上下双向同时喷射清洗，并有效去除物料残留泥沙、杂物，冲洗后的水经过滤沉淀可循环使用，设备生产效率高，洗参效果佳。

83. 实用新型名称：含有山核桃果壳切片的装饰板

专利号：ZL201220676128.6

申请日：2012/12/11

专利权人：延吉市吉缘工艺品有限公司

主分类号：B44C 5/04

摘要：本实用新型含有山核桃果壳切片的装饰板，以野生山核桃外壳为原料，利用核桃的自然纹理、镂空效果、天然的色泽，达到造型美观独特、古朴典雅自然、立体感强的装饰效果。

84. 实用新型名称：一种可反复粘贴的智能型多用途贴

专利号：ZL201220394697.1

申请日：2012/8/10

专利权人：黄正浩

主分类号：B32B 5/24

摘要：本实用新型可反复粘贴的智能型多用途贴，可与智能手机、平板电脑等物品紧密结合、随时使用、功能多样，方便用户。

85. 实用新型名称：一种反复粘贴型擦拭支撑多用途贴

专利号：ZL201220330633.5

申请日：2012/7/10

专利权人：黄正浩

主分类号：B32B 5/02

摘要：本实用新型反复粘贴型擦拭支撑多用途贴，可多次吸附粘贴在所用物品上，对智能手机、平板电脑等数码产品，对各种材质的镜面等接触部位具有擦拭清洁、支撑、防滑、防磨损的保护作用。

86. 实用新型名称：泡沫塑料整形机

专利号：ZL201220340675.7

申请日：2012/6/29

专利权人：安东浩

主分类号：B26D 9/00

摘要：本实用新型泡沫塑料整形机，可以按照需要，加工成具有复杂侧边及冲孔的各种结构形状，并且是侧边成型及冲孔一次完成，自动化程度高，加工出的产品精度高，质量可靠。

87. 实用新型名称：一种折叠式烟盒

专利号：ZL201220175684.5

申请日：2012/4/24

专利权人：吉林烟草工业有限责任公司

主分类号：B65D 5/08

摘要：本实用新型折叠式烟盒，具有结构简单、占地面积小、运输方便、美观而实用的优点。

88. 实用新型名称：异形折叠式烟盒

专利号：ZL201220175682.6

申请日：2012/4/24

专利权人：吉林烟草工业有限责任公司

主分类号：B65D 85/10

摘要：本实用新型异形折叠式烟盒，具有设计合理、结构简单、占地面积小、运输方便、美观而实用的优点。

89. 实用新型名称：一种磁力钻用线夹打孔托架

专利号：ZL201120526110.3

申请日：2011/12/15

专利权人：吉林省电力有限公司延边供电公司、国家电网公司

主分类号：B23B 45/14

摘要：本实用新型磁力钻用线夹打孔托架，达到了既可以满足为磁力钻提供吸附平台，又能够牢牢地固定设备线夹的目的。

90. 实用新型名称：气动无锁扣自动捆扎机捆带导承机构

专利号：ZL201120500404.9

申请日：2011/12/6

专利权人：延边龙川包装机械有限公司

主分类号：B65B 13/18

摘要：本实用新型气动无锁扣自动捆扎机捆带导承机构，具有能够调整送带间隙，提高产品包装的生产效率、牢固性和外形美观的优点。

91. 实用新型名称：气动锁扣自动捆扎机夹钳锁扣机构

专利号：ZL201120500405.3

申请日：2011/12/6

专利权人：延边龙川包装机械有限公司

主分类号：B65B 13/24

摘要：本实用新型气动锁扣自动捆扎机夹钳锁扣机构，具有捆扎包装产品牢固、外形美观，既可包装平面产品又可包装曲面产品等优点。

92. 实用新型名称：保温砌块成型模具

专利号：ZL201120031788.4

申请日：2011/1/24

专利权人：安东浩

主分类号：B28B 7/22

摘要：本实用新型保温砌块成型模具，由底板和围板构成，在底板的四边设有围板连接轴和围板，在围板的上侧设有限位定位器。在其正面围板的内侧，装有图形模板。

93. 实用新型名称：有害气体处理装置

专利号：ZL201020610078.2

申请日：2010/11/17

专利权人：金振山

主分类号：B01D 46/02

摘要：本实用新型有害气体处理装置，具有结构简单，能使有害气体与化学药剂充分混合、接触、反应，可提高有害气体处理效率，减少药剂费用等特点。

94. 实用新型名称：垃圾破碎装置

专利号：ZL201020610071.0

申请日：2010/11/17

专利权人：金振山；李贤秀

主分类号：B02C 18/14

摘要：本实用新型垃圾破碎装置，具有结构简单、使用方便、安全可靠、破碎效率高、可缩短更换刀片时间等优点。

95. 实用新型名称：塑钢带气动打捆机振动熔焊装置

专利号：ZL201020554733.7

申请日：2010/10/11

专利权人：延边龙川包装机械有限公司

主分类号：B65B 13/32

摘要：本实用新型塑钢带气动打捆机振动熔焊装置，具有使用塑钢带打捆包装时工作效率高，包装成本低廉，外形美观，封口处抗拉断力强，不易断带散包等特点。

96. 实用新型名称：振动式保温砌块成型机

专利号：ZL201020557268.2

申请日：2010/9/28

专利权人：安东浩

主分类号：B28B 3/00

摘要：本实用新型振动式保温砌块成型机，不需要压力成型，直接采用振动密实成型，具有能耗低、成本低、噪声低的优点。

97. 实用新型名称：滤芯壳体及包括所述滤芯壳体的净水机

专利号：ZL201020253132.2

申请日：2010/7/6

专利权人：延吉喜来健实业有限公司

主分类号：B01D 35/30

摘要：本实用新型滤芯壳体及包括所述滤芯壳体的净水机，实现了各种滤芯材质统一使用同一滤芯结构，节约了生产成本，并具有结构简单的特点。

98. 实用新型名称：一种滤芯用塞子

专利号：ZL201020194311.3

申请日：2010/5/14

专利权人：延吉喜来健实业有限公司

主分类号：B01D 24/02

摘要：本实用新型滤芯用塞子，在塞子侧壁的外表面设置多条凸肋，可以对活性炭微粒形成多重阻挡，避免活性炭微粒的遗漏和防止其随过滤后的净水流出。

99. 实用新型名称：聚丙烯棉芯和接头的插接结构

专利号：ZL201020194299.6

申请日：2010/5/14

专利权人：延吉喜来健实业有限公司

主分类号：B01D 29/33

摘要：本实用新型聚丙烯棉芯和接头的插接结构，省去了现有技术的接合件，棉芯和接头直接进行插接，结构简单，而且可以达到较好的密封效果。

100. 实用新型名称：一种滤芯

专利号：ZL201020194307.7

申请日：2010/5/14

专利权人：延吉喜来健实业有限公司

主分类号：B01D 35/30

摘要：本实用新型滤芯，上部接头和下部接头以内旋的方式通过旋熔工艺固定于壳体的端部，结构简单，而且可以到达较好的密封效果。

101. 实用新型名称：自动钢丝打捆机挡钢丝捆紧延时机构的弹簧动力机构

专利号：ZL200920094352.2

申请日：2009/9/8

专利权人：延边龙川包装机械有限公司

主分类号：B65B 13/18

摘要：本实用新型自动钢丝打捆机挡钢丝捆紧延时机构的弹簧动力机构，能解决在高温状态下油缸失效的技术难题，可直接安装在轧钢生产线末端，与轧钢生产线在线联动，使包装产品牢固，捆包外形美观。

102. 实用新型名称：自动捆扎机送带机构

专利号：ZL200920094353.7

申请日：2009/9/8

专利权人：延边龙川包装机械有限公司

主分类号：B65B 13/18

摘要：本实用新型自动捆扎机送带机构，可直接安装在轧钢生线末端，能够在短时间内及时将被包装物缠绕一周并将钢带送到理想的捆扎包装位置。

103. 实用新型名称：高压喷水单元

专利号：ZL200920132863.9

申请日：2009/6/15

专利权人：李成德

主分类号：B05B 9/04

摘要：本实用新型高压喷水单元，具有工作压力稳定，便于将整个单元与高压清洗设备一体化，节约设备摆放空间的优点。

104. 实用新型名称：烟盒

专利号：ZL200920154527.4

申请日：2009/5/14

专利权人：吉林烟草工业有限责任公司

主分类号：B65D 85/10

摘要：本实用新型烟盒，结构简单，盒盖可方便地上下移动，同时向后翻折即可打开烟盒；开关方便，可防止盖不严的问题。

二、珲春市 B 部实用新型专利

1. 实用新型名称：一种超声波半自动焊接设备的装夹机构

专利号：ZL201820431499.5

申请日：2018/3/28

专利权人：南日

主分类号：B23K 20/10

摘要：本实用新型超声波半自动焊接设备的装夹机构，能够将需要焊接的扁平电缆进行有效的固定，使得整个焊接过程得以顺利进行。

2. 实用新型名称：一种排线印刷设备的输送机构

专利号：ZL201820431483.4

申请日：2018/3/28

专利权人：南日

主分类号：B41F 17/00

摘要：本实用新型排线印刷设备的输送机构，通过传送轮的设置将排线按照一定轨迹输送；可对排线移动状态进行调节，避免排线出现松动或绷紧的状态；设置夹紧轮，进一步保证排线平整输送。

3. 实用新型名称：一种排线印刷设备的印刷机构

专利号：ZL201820431497.6

申请日：2018/3/28

专利权人：南日

主分类号：B41F 17/00

摘要：本实用新型排线印刷设备的印刷机构，通过两印刷组件对排线的正反两面进行图案印刷，生产效率高，印刷效果好；计数器的设置能够控制印刷头在正确位置进行印刷，确保印刷准确，提高印刷质量。

4. 实用新型名称：一种时钟弹簧排线的自动印刷设备

专利号：ZL201820431482.X

申请日：2018/3/28

专利权人：南日

主分类号：B41F 17/10

摘要：本实用新型钟弹簧排线的自动印刷设备，通过放平轮、收卷轮以及传送轮组成印刷流水线，对排线的正反两面进行图案印刷，生产效率高，印刷效果好。

5. 实用新型名称：一种排线印刷设备的印刷组件

专利号：ZL201820431485.3

申请日：2018/3/28

专利权人：南日

主分类号：B41J 3/407

摘要：本实用新型排线印刷设备的印刷组件，通过印刷座、印刷头以及辅助板的设置，确保排线平整进入印刷座，便于印刷工作的进行；图案编辑器与传感器配合设置，控制排线准确印刷，提高印刷质量。

6. 实用新型名称：一种压紧装配机的压入机构

专利号：ZL201820396766.X

申请日：2018/3/22

专利权人：南日

主分类号：B23P 19/027

摘要：本实用新型压紧装配机的压入机构，通过两压紧气缸与推板、推杆的配合设置将短路片压入至时钟弹簧的外壳上，实现自动装配；通过导向条确保短路片准确进入对应的位置，压紧装配效果好。

7. 实用新型名称：一种时钟弹簧的压紧装配机

专利号：ZL201820396752.8

申请日：2018/3/22

专利权人：南日

主分类号：B25B 27/00

摘要：本实用新型时钟弹簧的压紧装配机，将短路片压入至时钟弹簧的外壳上，实现自动装配；定位块、夹板以及夹紧块的配合设置能够保证工件定位稳定准确；容置槽以及置入口的设置方便短路片的放置，达到良好的压紧装配效果。

8. 实用新型名称：一种尾矿浆可控流量分流装置

专利号：ZL201820215407.X

申请日：2018/2/7

专利权人：珲春紫金矿业有限公司

主分类号：B01D 21/02

摘要：本实用新型尾矿浆可控流量分流装置，具有结构简单、操作方便、制作与运行成本低廉、无动力且能够保证浓密机方向输浆管矿浆满管使浓密机工作正常进行的优点。

9. 实用新型名称：一种无振动精矿粉打包机

专利号：ZL201820215408.4

申请日：2018/2/7

专利权人：珲春紫金矿业有限公司

主分类号：B65B 1/22

摘要：本实用新型无振动精矿粉打包机，具有结构简单、操作与维护方便、制作与运行成本低、生产高效可靠的特点。

10. 实用新型名称：一种细粒尾矿固液分离筑坝设备

专利号：ZL201820192423.1

申请日：2018/2/5

专利权人：珲春紫金矿业有限公司

主分类号：B01D 21/26

摘要：本实用新型细粒尾矿固液分离筑坝设备，具有结构简单、操作方便、制作与使用成本低、尾矿固液分离效率高、分离后尾矿底流筑坝强度高的特点。

11. 实用新型名称：一种浮选前矿浆液位提升与振动除渣装置

专利号：ZL201820185275.0

申请日：2018/2/2

专利权人：珲春紫金矿业有限公司

主分类号：B03B 1/00

摘要：本实用新型浮选前矿浆液位提升与振动除渣装置，即使在旋流器与矿渣除杂装置间无高差仍能无动力提升矿浆液位，使矿浆平缓均匀地进入振动筛筛选以除去塑料类矿渣，避免塑料类矿渣进入浮选设备。

12. 实用新型名称：一种软硬结合的垫子

专利号：ZL201721458164.4

申请日：2017/11/6

专利权人：高锋

主分类号：B32B 27/08

摘要：本实用新型软硬结合的垫子，将XPE泡棉和乳胶相结合，使垫子的表面比较软，而且垫子的支撑性比较好，使用起来比较舒适。

13. 实用新型名称：压缩空气净化过滤器

专利号：ZL201721167747.1

申请日：2017/9/13

专利权人：大唐珲春发电厂

主分类号：B01D 46/00

摘要：本实用新型压缩空气净化过滤器，用以净化过滤工业用压缩空气携带的颗粒杂质和油脂。

14. 实用新型名称：一种面加绒双层针织面料

专利号：ZL201720410524.7

申请日：2017/4/19

专利权人：尹县城

主分类号：B32B 5/26

摘要：本实用新型面加绒双层针织面料，上层面料和下层绒面料通过循环设置的纱线的连接结构缝合相连，制造成本低，不会对人体造成伤害；面料柔和，有立体感，结构稳定。

15. 实用新型名称：一次性推进式肛门管

专利号：ZL201621447494.9

申请日：2016/12/27

专利权人：官鲁东

主分类号： A61M 31/00

摘要： 本实用新型推进式肛门管，其推动栓方便操作者抓握给药，不接触患者皮肤，也不易脱落；给药管和进药软管具有一定的柔软度，使用舒适。

16. 实用新型名称： 一种无极绳牵引车防跑车装置

专利号： ZL201621229457.0

申请日： 2016/11/16

专利权人： 珲春矿业（集团）有限责任公司机电分公司

主分类号： B61H 7/04

摘要： 本实用新型无极绳牵引车防跑车装置，有效解决了无极绳牵引车防断绳跑车事故；使无极绳绞车牵引车在断绳失控的情况下，能够实现自动落闸停止运行，防止牵引车继续运行。

17. 实用新型名称： 一种尾矿浓密机给矿缓冲箱

专利号： ZL201620948666.4

申请日： 2016/8/26

专利权人： 珲春紫金矿业有限公司

主分类号： B67D 99/00

摘要： 本实用新型尾矿浓密机给矿缓冲箱，具有结构简单、制作与运行成本低、使用方便、耐磨与缓冲性能好的特点。

18. 实用新型名称： 升降式运输机

专利号： ZL201620618291.5

申请日： 2016/6/22

专利权人： 姜春林

主分类号： B66F 7/08

摘要： 本实用新型升降式运输机，不仅能运输货物到货车边，还能平稳升降运输机货箱直接将货物抬送到货车厢等高位置的升降式运输机，有效提高工作效率。

19. 实用新型名称： 液压式循环水泵套筒联轴器拆卸装置

专利号： ZL201620519026.1

申请日： 2016/6/1

专利权人： 大唐珲春发电厂

主分类号： B25B 27/02

摘要： 本实用新型液压式循环水泵套筒联轴器拆卸装置，通过液压千斤顶和专用装置的组合，把循环水泵套筒联轴器的套筒，对称均匀顶出。具有结构简单，操作方便、省力，安全性高，稳定性好的优点。

20. 实用新型名称： 端部带沟槽立轴安全快速垂直吊装锁具

专利号： ZL201620502919.5

申请日： 2016/5/30

专利权人： 大唐珲春发电厂

主分类号： B66C 1/10

摘要： 本实用新型端部带沟槽立轴安全快速垂直吊装锁具，结构简单，操作使用方便，性能稳定、安全可靠，主要适用于起吊中速磨煤机的端部带沟槽立轴的锁具和不同轴径带沟槽立轴与内孔配合精度高的拆装作业。

21. 实用新型名称： 一种三层实木板

专利号： ZL201520494272.1

申请日： 2015/7/10

专利权人： 刘秀萍

主分类号： B27D 1/04

摘要： 本实用新型三层实木板，改变了传统三层实木板无法作为家具材料使用的局限，生产出来的三层实木板面板表面缝隙较小，不存在胶线，机械强度高，产品结构稳定，在实际使用中无须拼接。

22. 实用新型名称： 防止物品倒置的包

装箱

专利号：ZL201520482600.6

申请日：2015/7/7

专利权人：翟凤平

主分类号：B65D 6/02

摘要：本实用新型防止物品倒置的包装箱，在运输、搬运、摆放过程中，其四个平面中的一个平面做底，内包装箱上底的两个安全挂钩挂在外包装箱的中轴上，并可以在外包装箱内转动，内包装箱始终会保持直立的状态。

23. 实用新型名称： 节水酸雾吸收器

专利号：ZL201520314647.1

申请日：2015/5/16

专利权人：大唐珲春发电厂

主分类号：B01D 53/18

摘要：本实用新型节水酸雾吸收器，具有吸收、净化效果优异，节约水消耗，使用寿命长，性能稳定，安全可靠，减少酸气对大气的污染和对设备的腐蚀危害，节约用水、用电，降低能耗的优点。

24. 实用新型名称： 设备检修专用拉拔器

专利号：ZL201420410165.1

申请日：2014/7/24

专利权人：大唐珲春发电厂

主分类号：B25B 27/02

摘要：本实用新型设备检修专用拉拔器，专为起拔反渗透装置的封板而设计，适用于水处理系统反渗透装置检修，具有结构简单、性能稳定、拉拔效果好、操作方便、使用寿命长等有益效果。

25. 实用新型名称： 设有无沉淀装置的磁选机

专利号：ZL201320585354.8

申请日：2013/9/23

专利权人：马奎学

主分类号：B03C 1/14

摘要：本实用新型设有无沉淀装置的磁选机，具有结构简单、使用方便、磁选效果好、可减少滚筒磨损等优点。

26. 实用新型名称： 环集烟气和制酸尾气脱硫装置

专利号：ZL201320379554.8

申请日：2013/6/28

专利权人：珲春多金属有限公司

主分类号：B01D 53/04

摘要：本实用新型环集烟气和制酸尾气脱硫装置，避免了硫酸尾气采用活性焦技术处理时因含水量不足需在硫酸尾气烟道进脱硫装置之前设置增湿塔以及加蒸汽的问题，从而简化了流程。

27. 实用新型名称： 湿法冶炼配套设备

专利号：ZL201320083605.2

申请日：2013/2/25

专利权人：珲春多金属有限公司

主分类号：B01J 19/00

摘要：本实用新型湿法冶炼配套设备，具有能耗小、使用成本低、容易收集压滤过程中滤液产生的蒸汽的优点。

三、图们市 B 部实用新型专利

1. 实用新型名称： 多功能快递专用包

专利号：ZL201721705542.4

申请日：2017/12/8

专利权人：郑克艳

主分类号：B65D 81/03

摘要：本实用新型多功能快递专用包，在其充气气囊中根据派送的物品来冲入暖气还是冷气；通过扫描二维码的方式来进行解锁，从而有效提高快递运输过程中物品的安全系数。

2. 实用新型名称：一种可调式重型汽车用新型导向板

专利号：ZL201720274876.4

申请日：2017/3/21

专利权人：马文平

主分类号：B60G 11/10

摘要：本实用新型可调式重型汽车用新型导向板，在应用过程中，通过增加或更换主板与副板之间的垫片来弥补因钢板弹簧与副板之间产生磨损而增大的间隙，具有维修方便、更换容易、费用低、省时省力的优点。

3. 实用新型名称：劈柴机

专利号：ZL201720209228.0

申请日：2017/3/6

专利权人：李利辉

主分类号：B27L 7/06

摘要：本实用新型劈柴机，可分体或连体式劈柴，降低了机器工作产生的噪声，并且一个人便可操作整个工作过程，具有工作效率高、运转速度快、安全可靠、可调节刀片高度、可随意更换能够将木材劈成多瓣的刀片的优点。

4. 实用新型名称：安全型双套化铁路信号 LED 显示及报警系统

专利号：ZL201621131761.1

申请日：2016/9/20

专利权人：曹升侠

主分类号：B61L 5/18

摘要：本实用新型采用过压防护，单片机控制，主、副灯自动转换，数码显示及声光报警等多项新技术，解决了铁路信号机单套 LED 光源失效后影响铁路安全行车等重大安全隐患问题。

5. 实用新型名称：一种食物容器

专利号：ZL201620867603.6

申请日：2016/8/11

专利权人：李梅

主分类号：B65D 3/02

摘要：本实用新型食物容器，能够将其侧壁自上而下逐渐撕开，并将食物裸露出来，便于人们食用。

6. 实用新型名称：一种滑轮车

专利号：ZL201520598593.6

申请日：2015/8/10

专利权人：金永华

主分类号：B62K 3/00

摘要：本实用新型滑轮车，具有滑行更加灵活、可有效控制转向和减速、安全、操作灵活等优点。

7. 实用新型名称：汽车后视镜及汽车

专利号：ZL201520367239.2

申请日：2015/6/1

专利权人：李熙哲

主分类号：B60R 1/06

摘要：本实用新型汽车后视镜及汽车，解决了现有汽车未配备供后排乘客下车前查看后方路况的后视镜，易造成不必要的人员伤亡和财产损失的缺陷。

四、敦化市 B 部实用新型专利

1. 实用新型名称：车用地板

专利号：ZL201820774753.1

申请日：2018/5/23

专利权人：刘庆国

主分类号：B60P 3/32

摘要：本实用新型车用地板，使用舒适、

便于清洗, 同时能够避免使用时出现打滑现象。

2. 实用新型名称: 一种汽车保险杠

专利号: ZL201820753389.0

申请日: 2018/5/21

专利权人: 曲治昕

主分类号: B60R 19/04

摘要: 本实用新型汽车保险杠, 具有能最大限度地保护被撞人员安全的同时降低车辆损失的优点。

3. 实用新型名称: 一种汽车出风口香薰夹

专利号: ZL201721643998.2

申请日: 2017/11/29

专利权人: 安成男

主分类号: B60H 3/00

摘要: 本实用新型汽车出风口香薰夹, 能改变汽车出风口风向, 提高车内舒适度。

4. 实用新型名称: 六棱体胶囊抛光装置

专利号: ZL201721432362.3

申请日: 2017/11/1

专利权人: 吉林敖东胶囊有限公司

主分类号: B24B 31/02

摘要: 本实用新型六棱体胶囊抛光装置, 通过设置在胶囊抛光容器的三根搅拌棍实现胶囊各个角度的翻转, 达到更好的抛光效果; 能够实现锁扣拉杆机构的长度调节, 使搭扣杆与卡钩在搭扣连接时更加柔性。

5. 实用新型名称: 模条气动刹车装置

专利号: ZL201721429734.7

申请日: 2017/11/1

专利权人: 吉林敖东胶囊有限公司

主分类号: B29C 41/34

摘要: 本实用新型模条气动刹车装置, 通过刹车块压紧模条, 停止模条的运动, 模条不会受到撞击产生噪声和反弹, 可以使模条推到沾胶机段倒下时更加稳定。

6. 实用新型名称: 胶囊用钛白粉匀质机

专利号: ZL201721358237.2

申请日: 2017/10/20

专利权人: 吉林敖东胶囊有限公司

主分类号: B01F 7/16

摘要: 本实用新型胶囊用钛白粉匀质机, 能够使钛白粉均匀分散在明胶中, 达到充分混合的目的。

7. 实用新型名称: 胶囊生产用补胶桶升降挂臂

专利号: ZL201721340567.9

申请日: 2017/10/18

专利权人: 吉林敖东胶囊有限公司

主分类号: B66C 1/14

摘要: 本实用新型胶囊生产用补胶桶升降挂臂, 通过调整吊环或吊板在支撑臂上的位置, 使升降挂臂能够满足不同规格补胶桶的需求, 能提高补胶桶的运输效率。

8. 实用新型名称: 胶囊生产用自动上料的溶胶装置

专利号: ZL201721317083.2

申请日: 2017/10/13

专利权人: 吉林敖东胶囊有限公司

主分类号: B01F 1/00

摘要: 本实用新型胶囊生产用自动上料的溶胶装置, 通过真空泵实现自动上料, 同时利用真空泵将明胶溶解时产生的气泡抽走, 使得到的胶液更加均一稳定。

9. 实用新型名称: 胶囊生产用自动涂油

装置

专利号：ZL201721317085.1

申请日：2017/10/13

专利权人：吉林敖东胶囊有限公司

主分类号：B05C 1/02

摘要：本实用新型胶囊生产用自动涂油装置，通过传油轮与涂油轮的相互作用，完成对模针的涂油，使涂油更加均匀，涂油效果更好；通过定时继电器控制输油量，防止输油量过多出现漏油或涂油效果不好等现象。

10. 实用新型名称：胶囊生产用溶胶罐

专利号：ZL201721317101.7

申请日：2017/10/13

专利权人：吉林敖东胶囊有限公司

主分类号：B29B 7/16

摘要：本实用新型胶囊生产用溶胶罐，通过剪切板、搅拌桨及搅拌爪三重作用完成搅拌，搅拌更加充分，提高溶胶速度胶液更加均一；通过清洗球的转动将水射到溶胶罐的内侧壁上，可快速实现对溶胶罐的清洗。

11. 实用新型名称：车用木质脚垫

专利号：ZL201720901552.9

申请日：2017/7/24

专利权人：刘庆国

主分类号：B60N 3/04

摘要：本实用新型车用木质脚垫，使用时不会产生有害气体的挥发，同时铺设安装更为方便、快捷。

12. 实用新型名称：车用地板

专利号：ZL201720900467.0

申请日：2017/7/24

专利权人：刘庆国

主分类号：B62D 25/20

摘要：本实用新型车用地板，具有隔音降噪的作用，使用户使用更为舒适。

13. 实用新型名称：一种纸浆画

专利号：ZL201720672527.8

申请日：2017/5/29

专利权人：刘旭红

主分类号：B44D 3/00

摘要：本实用新型纸浆画，在一种印制好写真背景图案和轮廓线，并在轮廓线内标注纸浆颜色的纸浆画底板上，按颜色标注填充纸浆。

14. 实用新型名称：内置饮料原料的瓶盖

专利号：ZL201720522516.1

申请日：2017/5/11

专利权人：马伟东

主分类号：B65D 51/28

摘要：本实用新型内置饮料原料的瓶盖，内置有饮料原料，消费者可以将瓶盖中的饮料原料直接倒入至饮料瓶中，根据消费者的口味，混合出不同浓度的饮料。

15. 实用新型名称：四轮拖拉机三点悬挂式简易叉车装置

专利号：ZL201720200213.8

申请日：2017/3/3

专利权人：隋文龙

主分类号：B66F 9/075

摘要：本实用新型四轮拖拉机三点悬挂式简易叉车装置，具有结构简单、安装方便、自重较轻、制作成本较低的优点。

16. 实用新型名称：汽车实木复合脚垫

专利号：ZL201620779698.6

申请日：2016/7/22

专利权人：刘庆国

主分类号：B60N 3/06

摘要：本实用新型汽车实木复合脚垫，表面为通过实木板块拼接形成的实木层，具有弹性好、使用舒适等优点；在实木层下方设有衬垫层，可有效隔音、防潮、保暖。

17. 实用新型名称：一种喷灌系统及微喷头

专利号：ZL201620222689.7

申请日：2016/3/22

专利权人：刘玉忠

主分类号：B05B 1/18

摘要：本实用新型微喷头，可以有效解决喷灌系统中因过滤网堵塞而需要关闭整个喷灌系统的问题。

18. 实用新型名称：汽车实木保健防滑脚垫

专利号：ZL201520696793.5

申请日：2015/9/10

专利权人：敦化市安泰尔汽车饰品有限公司

主分类号：B60N 3/06

摘要：本实用新型汽车实木保健防滑脚垫，具有结构简单、使用方便、便于清洗、耐磨美观且保健防滑、与车地面贴合较好的优点。

19. 实用新型名称：一种人参清洗机

专利号：ZL201520102995.2

申请日：2015/2/12

专利权人：吉林敖东世航药业股份有限公司

主分类号：B08B 3/00

摘要：本实用新型人参清洗机，在洗参的过程中可很好地保护人参表面，避免名贵人参表面在清洗过程中被损坏，减少经济损失。

20. 实用新型名称：一种人参切片机

专利号：ZL201320822325.9

申请日：2013/12/13

专利权人：吉林敖东世航药业股份有限公司

主分类号：B26D 7/06

摘要：本实用新型人参切片机，采用转盘式切片机原理，可有效固定进料角度、速度、压力，防止震动，使物料始终与刀片垂直，提高切片合格率。

21. 实用新型名称：带有图标或图案的汽车脚垫

专利号：ZL201320453594.2

申请日：2013/7/29

专利权人：刘庆国

主分类号：B60N 3/06

摘要：本实用新型带有图标或图案的汽车脚垫，具有结构简单、使用方便、便于清洗、弹力保暖、隔音防潮、耐刮耐磨、美观大方等优点。

22. 实用新型名称：可变幅在线锯

专利号：ZL201320354922.3

申请日：2013/6/20

专利权人：纪慧军

主分类号：B27B 19/00

摘要：本实用新型可变幅在线锯，解决了人造板连续辊压生产线或者连续平压生产线技术中在线锯产品规格尺寸单一，在线锯加工产品，产生很多的边角余料，造成没有必要的浪费等问题。

23. 实用新型名称：人造板生产运输装置

专利号：ZL201320354982.5

申请日：2013/6/20

专利权人：纪慧军

主分类号：B27N 3/16

摘要：本实用新型人造板生产运输装置，其铺装机、预压机、伸缩皮带运输机共用同一条网带来完成对板坯的运输，实现运输同步，无过渡区域散落纤维或者木片，板坯运送到热压工段连续稳定，提高生产效率和成品板的质量。

24. 实用新型名称：人参切条装置

专利号：ZL201320249586.6

申请日：2013/5/10

专利权人：吉林草还丹药业有限公司

主分类号：B26D 1/08

摘要：本实用新型人参切条装置，结构新颖，能对人参进行适度软化，切刀运行平稳，切割精度高，提高了生产效率，保证了人参切块的质量。

25. 实用新型名称：人参切片装置

专利号：ZL201320001174.0

申请日：2013/1/5

专利权人：吉林草还丹药业有限公司

主分类号：B26D 1/30

摘要：本实用新型人参切片装置，结构新颖，设备运行平稳，切片精度高，能同时对多个人参进行切片加工，保证了产品质量和生产效率。

26. 实用新型名称：一种西洋参资源普查车

专利号：ZL201320000258.2

申请日：2013/1/1

专利权人：吉林草还丹药业有限公司

主分类号：B60P 3/00

摘要：本实用新型西洋参资源普查车，其普查所用的仪器平时放于储物室内，工作时，将仪器放置在工作台上，进行测试分析工作，并可根据需要对样品进行烘干、冷藏，非常适合普查工作。

27. 实用新型名称：半自动陶瓷切参刀

专利号：ZL201220746590.9

申请日：2012/12/31

专利权人：吉林草还丹药业有限公司

主分类号：B26D 1/30

摘要：本实用新型半自动陶瓷切参刀，结构新颖，干参切片前不需软化，切片厚度可调，形状完整薄厚均匀，无卷曲对折现象发生，刀刃无细孔，不藏污纳垢，不生锈，清洗容易，使用寿命长，节省人力。

28. 实用新型名称：切参陶瓷刀

专利号：ZL201220747591.5

申请日：2012/12/31

专利权人：吉林草还丹药业有限公司

主分类号：B26D 1/30

摘要：本实用新型切参陶瓷刀，结构新颖，干参切片前不需软化，切片厚度可调，形状完整薄厚均匀，可达到半透明，口含60秒内可全部溶解，无卷曲对折现象发生，刀刃无细孔，不藏污纳垢，不生锈，清洗容易，使用寿命长。

29. 实用新型名称：一种人参资源普查车

专利号：ZL201220745933.X

申请日：2012/12/31

专利权人：吉林草还丹药业有限公司

主分类号：B60P 3/00

摘要：本实用新型人参资源普查车，其普查所用的光合作用仪、病虫害测定仪、液氮罐、超低温离心机、细胞破碎仪、PCR仪、基因组测序仪等平时放于储物室内，工作时，将仪器放置在工作台上，开机进行测试分析工作，非常适合普查工作。

30. 实用新型名称：汽车实木拼接脚垫

专利号：ZL201220532832.4

申请日：2012/10/18

专利权人：刘庆国

主分类号：B60N 3/04

摘要：本实用新型汽车实木拼接脚垫，将实木板块和板体通过黏扣相互粘贴，简化了脚垫的制作；实木板块的表面涂覆有自然油，防滑胶皮垫的内侧设有磁铁块，具有环保、卫生、防水、防潮、保健等优点。

31. 实用新型名称：一种可移动及升降的托盘装置

专利号：ZL201220324208.5

申请日：2012/7/6

专利权人：吉林省敖腾生物科技有限责任公司

主分类号：B66F 7/00

摘要：本实用新型可移动及升降的托盘装置，由于在升降台和承物圆盘两者的外围安装了挡圈，可防止竖直运输的贮液桶倾覆，提高安全性。

32. 实用新型名称：汽车实木保健脚垫

专利号：ZL201220106810.1

申请日：2012/3/21

专利权人：刘庆国

主分类号：B60N 3/04

摘要：本实用新型汽车实木保健脚垫，在实木板体的外侧涂覆紫外光固体涂料，实木板体上的防滑胶皮垫内侧设有磁铁块，因此，不但耐刮磨，而且还具有保健作用。

33. 实用新型名称：用于高速生产薄板的双钢带连续平压机

专利号：ZL201220022319.0

申请日：2012/1/18

专利权人：敦化市亚联机械制造有限公司

主分类号：B27N 3/20

摘要：本实用新型用于高速生产薄板的双钢带连续平压机，在板坯进入压板前经过强制压缩，然后进入压板，从而减小了来自板坯的反作用力，使钢带所受到的应力降低，使用寿命延长。

34. 实用新型名称：一种连续平压机用的倾斜式油道入口压板

专利号：ZL201220022398.5

申请日：2012/1/18

专利权人：亚联机械股份有限公司

主分类号：B27N 3/26

摘要：本实用新型连续平压机用的倾斜式油道入口压板，有效地改善了生产中板坯受热不均造成的质量问题和生产速度低的问题，使入口板大大增强了来自压缸和板坯的抗剪切和抗弯曲的能力，延长了使用寿命。

35. 实用新型名称：一种具有恒间距恒压控制生产复合材料的双钢带连续压机

专利号：ZL201220022922.9

申请日：2012/1/18

专利权人：亚联机械股份有限公司

主分类号：B30B 5/04

摘要：本实用新型具有恒间距恒压控制生产复合材料的双钢带连续压机，在衬板与热板中间增加气囊装置，使其与衬板完全接触，起到加压的作用，与辊毯系统、辊毯加热板等部件实现了恒间距与恒压控制生产。

36. 实用新型名称：加热冷却定型一体化生产复合板材的双钢带连续压机

专利号：ZL201220022413.6

申请日：2012/1/18

专利权人：亚联机械股份有限公司

主分类号：B32B 37/06

摘要：本实用新型加热冷却定型一体化生产复合板材的双钢带连续压机，采用先加热后冷却的一体化双系统模式，通过钢带直接传递冷热能量，提高了传导效率，降低了生产所需的制热和制冷能耗，缩短了生产周期。

37. 实用新型名称：保压辊式连续辊压机

专利号：ZL201120274142.9

申请日：2011/7/31

专利权人：纪慧军

主分类号：B27N 3/26

摘要：本实用新型保压辊式连续辊压机，保证了对板坯压力的连续性，让胶水的固化过程在高温、高压下进行，使得成品密度板或刨花板的内结合强度、静曲硬度、表结合强度大大提高，密度得到很好的控制。

38. 实用新型名称：一种辊压机用快速调整人造板厚度装置

专利号：ZL201120274119.X

申请日：2011/7/31

专利权人：纪慧军

主分类号：B30B 15/00

摘要：本实用新型辊压机用快速调整人造板厚度装置，通过调整调厚螺母旋入调厚螺杆的深浅控制人造板的厚度，在线操作方便，厚度连续可调，具有调整快、精度高、安全可靠、生产效率高等特点。

39. 实用新型名称：伸缩机过渡除斑装置

专利号：ZL201120269075.1

申请日：2011/7/27

专利权人：纪慧军

主分类号：B27N 3/18

摘要：本实用新型伸缩机过渡除斑装置，采用收集盒和收集斗两段式收集装置，可有效地收集生产过程中掉落的零散原料粉末，防止这些原料粉末遗落在成品板的表面产生斑点，保证了人造板的生产质量。

五、和龙市 B 部实用新型专利

1. 实用新型名称：一种石膏熏香临时停车专用电话号码牌

专利号：ZL201820384688.1

申请日：2018/3/21

专利权人：尹海花

主分类号：B60R 13/10

摘要：本实用新型石膏熏香临时停车专用电话号码牌，由石膏制成，石膏上面滴有熏香精油，可以达到车辆熏香效果。

2. 实用新型名称：一种刨槽机的机床

专利号：ZL201620426628.2

申请日：2016/5/11

专利权人：朴虎林

主分类号：B23D 1/14

摘要：本实用新型刨槽机的机床，将上滑轨和下滑轨设置成"工"字形轨道，降低了机床的滑道成本，能够延长机床上滑轨和下滑轨的使用寿命。

3. 实用新型名称：一种刨槽机的安装罩

专利号：ZL201620426595.1

申请日：2016/5/11

专利权人：朴虎林

主分类号：B23Q 11/08

摘要：本实用新型刨槽机的安装罩，在

刨槽机的主电机及传送台伺服电机的外侧设置电机护罩，并在电机护罩内设置霓虹灯，电机护罩表面设置透明区，使电机护罩的透明区表面发光变亮，起到警示和美观作用。

4. 实用新型名称：一种刨槽机的侧压脚
专利号：ZL201620426670.4
申请日：2016/5/11
专利权人：朴虎林
主分类号：B23Q 3/00
摘要：本实用新型刨槽机的侧压脚，通过将侧压脚的基础固定块固定在机床的边侧，将侧压脚的侧压脚升降油缸的伸缩杆固定在压脚块上，侧压脚升降油缸的伸缩杆控制压脚块的上升与下降，使压脚块的压紧效果更好。

5. 实用新型名称：一种刨槽机的前压脚
专利号：ZL201620426606.6
申请日：2016/5/11
专利权人：朴虎林
主分类号：B23Q 3/08
摘要：本实用新型刨槽机的前压脚，可使刀架带动刀头在左压块和右压块之间进行刨槽，提高前压脚的压紧效果，不会妨碍刀具刨槽。

6. 实用新型名称：贮液器用铝制堵帽毛坯的智能化自动压制装备
专利号：ZL201620255228.X
申请日：2016/3/29
专利质押合同出质人：和龙双昊高新技术有限公司
专利质押合同质权人：延边州中小企业信用担保投资有限公司
主分类号：B21K 21/02
摘要：本实用新型贮液器用铝制堵帽毛坯的智能化自动压制装备，设计合理、自动化程度高，可以从进料到出料一次性完成对料块的压制成型工作，大大提高了贮液器用铝制堵帽的压制效率，减小了工人的劳动强度。

7. 实用新型名称：气动旋转刀架
专利号：ZL201320068034.5
申请日：2013/2/6
专利权人：和龙双昊高新技术有限公司
主分类号：B23B 21/00
摘要：本实用新型气动旋转刀架，结构紧凑，体积小，省料省空间，可以加工体积更大的工件，故障率低，不易损坏。可用于普通车床和数控车床、有旋转要求的工艺装备、有固定圈数要求的设备等。

8. 实用新型名称：气动自动卡盘
专利号：ZL201320068035.X
申请日：2013/2/6
专利权人：和龙双昊高新技术有限公司
主分类号：B23B 31/24
摘要：本实用新型气动自动卡盘，由普通卡盘改进而制成，结构简单，成本低，仅需对原有卡盘改造即可实现自动化。不易损坏，便于维护保养。

六、汪清县 B 部实用新型专利

1. 实用新型名称：一种卷式垃圾袋固定架
专利号：ZL201721565524.0
申请日：2017/11/22
专利权人：金秉善
主分类号：B65F 1/14
摘要：本实用新型卷式垃圾袋固定架，

设计合理、简单，制作和使用均十分方便，减少了现有技术中垃圾塑料袋使用的麻烦。

2. 实用新型名称：一种废弃菌袋除石分离装置

专利号：ZL201720715990.6

申请日：2017/6/20

专利权人：延边宏日林业新能源有限责任公司

主分类号：B07B 9/00

摘要：本实用新型废弃菌袋除石分离装置，日处理量高，耗能低，只需一人铲车上料即可；可以处理高水分菌袋，处理带石头石子砖头瓦块集中堆放废弃菌袋垃圾，自动化程度高，不易出故障，适合大型生产企业使用。

3. 实用新型名称：一种自动切肉块机

专利号：ZL201620944279.3

申请日：2016/8/25

专利权人：赵哲峰

主分类号：B26D 3/22

摘要：本实用新型自动切肉块机，利用传送装置带动置肉板匀速移动，利用两组切割装置对置肉板上待加工肉块进行两次切割，加工人员只需要往置肉板上放置肉块以及操作开关按钮即可，切肉块效率高而且得到的肉块大小均匀。

七、安图县 B 部实用新型专利

1. 实用新型名称：一种平衡车操纵杆

专利号：ZL201820689843.0

申请日：2018/5/9

专利权人：边疆

主分类号：B62K 11/00

摘要：本实用新型平衡车操纵杆，将平衡车的手控模式和脚控模式整合到一体，满足了不同人群的使用需求，满足了使用多样性的要求。

2. 实用新型名称：一种中药快速蒸馏提取装置

专利号：ZL201820270065.1

申请日：2018/2/26

专利权人：长城；范宇光；李颖慧；于文杰；陈兆双

主分类号：B01D 11/02

摘要：本实用新型中药快速蒸馏提取装置，设置搅拌叶和粉碎叶装置，在对中药液进行搅拌的同时，可以对块状中药原料进行粉碎，提高药材的利用率；设置循环水泵和水箱，对蒸汽进行冷凝，冷却水可以循环使用，增强冷却效果。

3. 实用新型名称：一种可调式书脊贴书标装置

专利号：ZL201720643276.0

申请日：2017/6/5

专利权人：蒋艳

主分类号：B65C 9/02

摘要：本实用新型可调式书脊贴书标装置，可极大提高图书采编部门贴书标速度，保证书标粘贴更加整齐与美观。

4. 实用新型名称：一种洗笔桶

专利号：ZL201720328141.5

申请日：2017/3/30

专利权人：陈超

主分类号：B43K 13/02

摘要：本实用新型洗笔桶，底座采用上细下粗的结构，可稳固地放置在桌子上，不容易被撞倒；固定件内的通道孔和数个螺旋孔的结构特点，可使水流快速地经过笔头，清洗得更干净。

5. 实用新型名称：折叠刀

专利号：ZL201520721501.9

申请日：2015/9/17

专利权人：王德胜

主分类号：B26B 1/02

摘要：本实用新型折叠刀，通过保护连接片可以分担来自刀体的冲击力，从而可以增强刀体与刀柄之间的连接点的抗力强度。

第三篇

C 部：化学；冶金类专利

第一章　C 部发明专利

一、延吉市 C 部发明专利

1. 发明名称：一种发酵洋葱皮功能性产品及其制备方法

专利号：ZL201710007217.9

申请日：2017/1/5

专利权人：李官浩

主分类号：C07D 311/30

摘要：本发明洋葱皮中黄酮类化合物的提取方法，可以高提取率得到黄酮类化合物，且得到的黄酮类化合物适用于减肥保健产品。

2. 发明名称：一种快速筛选植物中痕量紫杉醇类活性物质的方法

专利号：ZL201610423808.X

申请日：2016/6/15

专利权人：延边大学

主分类号：C07D 305/14

摘要：本发明快速筛选植物中紫杉醇类活性物质的方法，可减少分析的物质用量，降低背景干扰，提高检测灵敏度，且具有筛选成分不同的多种类型天然物样品的高通用性。

3. 发明名称：一种派洛宁染料的制备方法

专利号：ZL201610375006.6

申请日：2016/5/31

专利权人：延边大学

主分类号：C09B 57/00

摘要：本发明派洛宁染料的制备方法，采用较廉价的水杨醛与氨基酚为起始原料，得到的派洛宁染料的收率及纯度较高，有利于提高经济效益。

4. 发明名称：含氰基白藜芦醇类似物及其制备方法和用途

专利号：ZL201511016946.8

申请日：2015/12/30

专利权人：延边大学

主分类号：C07C 253/30

摘要：本发明含氰基白藜芦醇类似物，以3,5－二羟基苯甲酸为原料，经甲基化、还原、溴代、Abozove 重排、Wittig－Hornor 反应和 Knoevenegal 反应制得，减轻了对操作者的伤害，避免环境污染。

5. 发明名称：氨基官能团化合物及糖链标记带正电荷质谱衍生化试剂

专利号：ZL201510470738.9

申请日：2015/8/5

专利权人：延边大学

主分类号：C07F 9/50

摘要：本发明氨基官能团化合物及 N－连接糖链标记带正电荷质谱衍生化试剂，能显著提高质谱的检测灵敏度、易于结构推断，为生物代谢组学、微量糖链生物功能的研究及各种疾病生物标志物的筛选提供高灵敏度带正电荷的质谱试剂。

6. 发明名称： 有机环保固沙剂及制备方法

专利号： ZL201510315410. X

申请日： 2015/6/11

专利权人： 延边大学

主分类号： C09K 17/32

摘要：本发明有机环保固沙剂，喷施于沙土地面后形成沙结皮，既吸收地上水分，又减少地下水分蒸发，还能提高沙土中的氮、磷、钾和微量元素及有机质的含量，改良土壤，促进植物生长，在短时间内能够降解。

7. 发明名称： 瓦楞纸板矿物胶、制备方法及其应用

专利号： ZL201510252742. 8

申请日： 2015/5/18

专利权人： 金凤善

主分类号： C09J 103/02

摘要：利用本发明制备方法制得的瓦楞纸板矿物胶，能够大大增强瓦楞纸板的强度，可调节湿度，吸附有害气体和乙烯等气体，具有抑菌抗菌作用，能延长保鲜时间。

8. 发明名称： 产香菌 GXY35、其培养方法及烟用香料

专利号： ZL201510139997. 3

申请日： 2015/3/27

专利权人： 吉林烟草工业有限责任公司；

延吉长白山科技服务有限公司

主分类号： C12N 1/20

摘要：本发明提供一种产香菌 GXY35，可以发酵含有烟末成分的培养基，并产生对乙烯基愈创木酚作为典型的香味物质，该种香味物质与烟香较好协调，可用于提调烟香，细腻醇和烟气，改善卷烟吸味。

9. 发明名称： 一种派洛宁衍生物染料的合成方法

专利号： ZL201410723141. 6

申请日： 2014/12/4

专利权人： 延边大学

主分类号： C09B 57/00

摘要：本发明派洛宁衍生物染料的合成方法，以派洛宁为原料，在叔丁醇钾的作用下生成卡宾中间体，卡宾再与硫磺或氧气反应生成派洛宁硫酮或酮，派洛宁硫酮再与胺或卤代烃反应生成派洛宁衍生物染料，安全简单，反应时间短，收率和纯度都较好。

10. 发明名称： 黑纳豆南瓜露酒及其制备方法

专利号： ZL201410521630. 3

申请日： 2014/10/8

专利权人： 崔承禄；崔宝井

主分类号： C12G 3/02

摘要：本发明黑纳豆南瓜露酒，其外观色泽重黄色、澄清透明，口感柔和、鲜美、纯正，饮后口不干渴，不上头，体内酒精残留低，无宿醉感，富含多种营养物质，具备疏通血管垃圾，降低血压、血脂的保健功效。

11. 发明名称： 生产 MSTN 双侧基因敲除的双肌性状体细胞克隆猪的方法

专利号：ZL201410168615.5

申请日：2014/4/23

专利权人：尹熙俊

主分类号：C12N 15/63

摘要：本发明生产 MSTN 双侧基因敲除的双肌性状体细胞克隆猪的方法，其工艺简单，易于实施，应用于农业方面时，可改进动物的肌肉质量和重量；在医学领域，会为人的肌肉萎缩、肌营养不良等疾病提供良好的治疗切入点。

12. 发明名称：用于白光 LED 的荧光材料及制备方法

专利号：ZL201410009169.3

申请日：2014/1/9

专利权人：延边大学

主分类号：C09K 11/67

摘要：本发明用于白光 LED 的荧光材料，其激发带覆盖 200~500 nm 范围，发射带较窄，可被紫外、近紫外和蓝光有效激发。

13. 发明名称：高固含量溶剂型非固化橡胶沥青防水涂料及制备方法

专利号：ZL201310714842.9

申请日：2013/12/23

专利权人：李崇

主分类号：C09D 195/00

摘要：本发明高固含量溶剂型非固化橡胶沥青防水涂料，施工简单，高温耐热性和低温弹性较佳，有较好的耐热流动性，在整个使用年限中一直保持弹塑性胶状状态。

14. 发明名称：RAPD – PCR 试剂盒、扩增方法及其应用

专利号：ZL201310101897.2

申请日：2013/3/27

专利权人：吉林烟草工业有限责任公司；郑州轻工业学院

主分类号：C12N 15/10

摘要：本发明 RAPD – PCR 试剂盒，以成品卷烟烟丝总 DNA 为模板，通过二次 RAPD – PCR 获得的扩增产物电泳图谱清晰，为后续研究奠定了基础。

15. 发明名称：一种烟用香精提取液、提取方法、制得的烟用香精及烟草制品

专利号：ZL201210559129.7

申请日：2012/12/20

专利权人：吉林烟草工业有限责任公司

主分类号：C11B 9/00

摘要：利用本发明提取方法提取的烟用香精提取液，包括 C2 – 3 的醇、酯、苹果酸和水；用本发明提取方法制得的烟用香精，香气与烟草香气协调，优雅而绵长，可赋予烟草制品独特的香气风格。

16. 发明名称：纳豆露营养保健酒及制备方法

专利号：ZL201210461295.3

申请日：2012/11/16

专利权人：崔承禄；崔宝井

主分类号：C12G 3/02

摘要：利用本发明制备方法制得的纳豆露营养保健酒，外观色泽淡黄色、澄清透明，口感柔和、鲜美、纯正，富含多种营养物质，饮用本发明酒后口不干渴，不上头，体内酒精残留低，无宿醉感，具有营养保健之功效。

17. 发明名称：用于导热的液体组合物及其使用以及传热工件

专利号：ZL201110201941.8

申请日：2011/7/19

专利权人：金正焕

主分类号：C09K 5/04

摘要：本发明用于导热的液体组合物，包括重铬酸钾、铬酸钾、三氯化钌、丙酮和功能水；其液体组合物具有在 28～250℃范围内进行热传导的用途；其传热工件的管体内填充有上述用于导热的液体组合物。

18. 发明名称：成品烟烟丝总 DNA 的提取方法

专利号：ZL201110172183.1

申请日：2011/6/24

专利权人：吉林烟草工业有限责任公司；郑州轻工业学院

主分类号：C12N 15/10

摘要：本发明成品烟烟丝总 DNA 的提取方法，事先采用 70% 乙醇水溶液对样品进行前处理，加大 CTAB 沉淀缓冲液体积，提高 DNA 的沉淀效率，降低 DNA 提取难度。

19. 发明名称：大酱酒及制备方法

专利号：ZL201010184928.1

申请日：2010/5/28

专利权人：李东春

主分类号：C12G 3/02

摘要：本发明大酱酒，利用传统的朝鲜族大酱与酒进行加工，将传统的朝鲜族大酱所含有的氨基酸态氨等营养成分溶解到酒里，具有味道香甜、口感柔和、在体内扩散快、排泄快、解酒快的优点。

20. 发明名称：碱性水制造机

专利号：ZL200910177523.2

申请日：2009/9/15

专利权人：朴杰

主分类号：C02F 1/70

摘要：本发明碱性水制造机，从根源上避免酸性水的生成，无须用电，便于携带；在变成离子水后尽可能减少与滤清器以及空气的接触，保持离子水的恒定酸碱度，可使人体充分享受离子水的有益效果。

21. 发明名称：一种具有保健功能的人造石及其制备方法

专利号：ZL200910149915.8

申请日：2009/6/22

专利权人：延吉可喜安医疗器械有限公司

主分类号：C04B 33/00

摘要：本发明具有保健功能的人造石，在释放远红外线和负离子的同时，对有害电磁波起到屏蔽和吸收作用；并且，其竹炭的比表面积大，可吸收较多的可挥发性液体，有利于将几种原料制成强度较高的成型体。

22. 发明名称：核糖核酸及其制备方法与应用

专利号：ZL200710099981.X

申请日：2007/6/1

专利权人：吉林敖东药业集团延吉股份有限公司

主分类号：C07H 21/02

摘要：本发明核糖核酸及其制备方法，采用氯仿－异丙醇为提取溶剂，能有效提取出牛胰腺中的核糖核酸，脱氧核糖核酸"污染"含量降低，批成品率提高；产品经过病毒灭活步骤，安全性更易于保证。

二、图们市 C 部发明专利

1. 发明名称：一种有机膨胀剂木质素磺

酸盐的制备方法及应用

专利号：ZL201510386432.5

申请日：2015/6/28

专利权人：延边石岘双鹿实业有限责任公司

主分类号：C08H 7/00

摘要：本发明保证了木质素磺酸盐有机膨胀剂的单一性和纯正性，改善了木质素磺酸盐的溶解性，增强和改善了木质素磺酸盐有机膨胀剂的分散性能及其对铅离子的吸附性能，提高了铅酸蓄电池的性能。

2. 发明名称：一种木质素磺酸铁锰盐的制备方法

专利号：ZL201110078971.4

申请日：2011/3/30

专利权人：延边石岘双鹿实业有限责任公司

主分类号：C09K 8/035

摘要：本发明木质素磺酸铁锰盐的制备方法，使用木质素磺酸为原料，减少钙离子含量，不用过滤除钙，减少物料损失，并省去配制置换液的工序，与传统制备方法比较，工序更加简单，省时省力。

3. 发明名称：木质素磺酸盐的制备方法

专利号：ZL201110054361.0

申请日：2011/3/8

专利权人：延边石岘双鹿实业有限责任公司

主分类号：C08H 7/00

摘要：本发明木质素磺酸盐的制备方法，将两种废液混合后再进行集中处理，利用两种废液不同的酸碱性相互中和，无须额外添加碱或酸等化学试剂，能够节

省原料、简化工艺。

4. 发明名称：一种木质素磺酸盐类染料分散剂的制备方法

专利号：ZL201110055598.0

申请日：2011/3/8

专利权人：延边石岘双鹿实业有限责任公司

主分类号：C09B 67/38

摘要：通过本发明木质素磺酸盐类染料分散剂的方法制备的木质素磺酸盐类染料分散剂，单独用于C.I.分散蓝79时，得到的染料组合物在150℃时的稳定性和高温分散性能均达到5级。

5. 发明名称：基于硫酸盐法制浆废液制备染料分散剂的方法

专利号：ZL201110055604.2

申请日：2011/3/8

专利权人：延边石岘双鹿实业有限责任公司

主分类号：C09B 67/38

摘要：通过本发明基于硫酸盐法制浆废液制备染料分散剂的方法制备的木质素磺酸盐类染料分散剂，具有良好的分散性能、耐热稳定性、高温分散性能、纤维沾污性和偶氮染料还原性。

6. 发明名称：一种混凝土减水剂及其制备方法

专利号：ZL201110020261.6

申请日：2011/1/18

专利权人：延边石岘双鹿实业有限责任公司

主分类号：C04B 24/38

摘要：通过本发明混凝土减水剂的制备方法制备的混凝土减水剂，与现有技术中以木质素磺酸钙为主要成分的减水剂

性能相当,同时在与萘系高效减水剂的复配中沉淀量小。

三、敦化市 C 部发明专利

1. 发明名称:一种锅炉采暖水防盗剂及其制备方法、装置

专利号:ZL201510006714.8

申请日:2015/1/7

专利权人:田洪太

主分类号:C09K 3/00

摘要:本发明锅炉采暖水防盗剂,散发固有臭味,在不换循环水的情况下使锅炉水的臭味自始至终都存在,因此,不需要再添加显色剂等,降低产品成本。

2. 发明名称:一种锅炉采暖水防盗剂及其制备方法

专利号:ZL201410722733.6

申请日:2014/12/3

专利权人:田洪太

主分类号:C09K 3/00

摘要:本发明锅炉采暖水防盗剂,由克德特和氢氧化钠组成,其制备方法包括将克德特和氢氧化钠在密闭容器中充分混合等步骤。

3. 发明名称:利用种植黑木耳的废弃锯末生产植物育苗块

专利号:ZL201310147373.7

申请日:2013/4/25

专利权人:敦化市吉祥农业科技有限公司

主分类号:C05G 3/00

摘要:本发明利用种植黑木耳的废弃锯末生产植物育苗块,有效利用废弃锯末,经过添加补充营养成分后,使基质本身的营养成分达到作物的生长条件,再压成块。

4. 发明名称:利用种植双孢菇废弃料生产有机肥料

专利号:ZL201310147322.4

申请日:2013/4/25

专利权人:敦化市吉祥农业科技有限公司

主分类号:C05G 3/00

摘要:本发明利用种植双孢菇废弃料生产有机肥料,利用双孢菇种植后的废料,添加有效成分,使其内部的氮磷钾和微量元素适合作物的生长,并且解决了废料中的透气性、保水性和吸水性。

5. 发明名称:用于汽车车身空腔的发泡材料、其制备方法及在汽车车身空腔填充发泡材料的方法

专利号:ZL201310131608.3

申请日:2013/4/16

专利权人:刘玉忠

主分类号:C08L 23/08

摘要:本发明用于汽车车身空腔的发泡材料及其制备方法,其发泡材料遇到高温工艺时,即开始发泡,可解决其他材质难以充分填充汽车车身空腔的问题,利于消音减震。

6. 发明名称:24(R)-拟人参皂苷元DQ 的制备方法及其药物用途

专利号:ZL201010575130.X

申请日:2010/12/7

专利权人:吉林圣亚医药科技有限公司

主分类号:C07J 17/00

摘要:本发明以人参总皂苷为原料,通过结构修饰半合成了生物活性很强的24(R)-拟人参皂苷元DQ奥克梯隆型四

环三萜；提供了防治局部及全脑缺血所致的脑组织损伤的药物及治疗短暂性脑缺血发作、脑血栓、脑梗死的药物。

7. 发明名称：拟人参皂苷 RT5 的提取方法及其药物用途

专利号：ZL201010574835.X

申请日：2010/1/26

专利权人：吉林圣亚医药科技有限公司

主分类号：C07J17/00

摘要：本发明拟人参皂苷 RT5 的提取方法，解决了现有技术的成本高、安全性差问题，同时提供了拟人参皂苷 RT5 抗心肌缺血的新作用。

8. 发明名称：20（R）-拟人参皂苷 F11 及其提取方法和其药物用途

专利号：ZL201010271061.3

申请日：2010/9/3

专利权人：吉林圣亚医药科技有限公司

主分类号：C07J17/00

摘要：本发明提供的 20（R）-拟人参皂苷 F11，可应用在制备抗心律失常药物中。

9. 发明名称：人参皂苷 R10 及其提取方法和其药物用途

专利号：ZL201010271008.3

申请日：2010/9/3

专利权人：吉林圣亚医药科技有限公司

主分类号：C07J17/00

摘要：本发明提供的人参皂苷 R10 应用在制备抗脑中风药物中。

10. 发明名称：拟人参皂苷 G2 及其提取方法和其药物用途

专利号：ZL201010271022.3

申请日：2010/9/3

专利权人：吉林圣亚医药科技有限公司

主分类号：C07J17/00

摘要：本发明提供的拟人参皂苷 G1 应用在制备钙离子拮抗剂药物中。

11. 发明名称：拟人参皂苷 G1 及其提取方法和其药物用途

专利号：ZL201010271042.0

申请日：2010/9/3

专利权人：吉林圣亚医药科技有限公司

主分类号：C07J17/00

摘要：本发明提供的拟人参皂苷 G1，应用在制备治疗心肌梗死、抗心肌缺血、降低血小板粘附性及聚集性的药物中。

12. 发明名称：一种真菌液体发酵方法及发酵罐

专利号：ZL200910066928.9

申请日：2009/8/18

专利权人：王相刚

主分类号：C12M1/08

摘要：本发明真菌液体发酵方法及发酵罐，可提高菌丝体或菌种活性率，简化生产工艺，减少污染，提高发酵和接种的工作效率。

13. 发明名称：一种置有液体输导仓的发酵罐及其使用方法

专利号：ZL200910066929.3

申请日：2019/5/11

专利权人：王相刚

主分类号：C12M1/12

摘要：本发明置有液体输导仓的发酵罐，输导仓内管道、阀门、软管液实现了加热灭菌，具有结构简单、实用、操作方便的优点。

14. 发明名称：一种莨虎醇的提取方法、

以其作为主要活性成分的鼠用抗生育药物

专利号：ZL200510016659.7

申请日：2005/3/30

专利权人：延边天保生物制剂有限公司

主分类号：C07D 493/08

摘要：本发明莪术醇的提取方法，工艺简单，容易操作，产出率高，生产成本低；制成的鼠用抗生育药物，适口性强、起效快、投放方便，对环境无污染、无毒害。

15. 发明名称：从黄芩茎叶提取总黄酮的方法

专利号：ZL200510008584.8

申请日：2005/2/23

专利权人：吉林省东北亚药业股份有限公司

主分类号：C07D 311/30

摘要：本发明从黄芩茎叶提取总黄酮的方法，将茎叶粉碎后经杀酶处理，用水提取，上清液经酸化、分离、吸附、解吸、浓缩、干燥等步骤制得产品。

四、龙井市 C 部发明专利

发明名称：一种生产鱼皮胶原蛋白的方法

专利号：ZL201310644127.2

申请日：2013/12/5

专利权人：延边海娇生物科技有限公司

主分类号：C12P 21/06

摘要：本发明解决了用鱼皮生产胶原蛋白，鱼皮分离成本高、杂质含量大、胶原低聚肽含量少的问题。

五、和龙市 C 部发明专利

1. 发明名称：汽油添加剂、其制备方法和使用方法

专利号：ZL201410485824.2

申请日：2014/9/22

专利权人：尹熙哲

主分类号：C10L 1/222

摘要：本发明汽油添加剂包含88% ~ 92%的基础油、6.7% ~11.4%的活性液、0.2% ~ 0.5%的脂肪酸甲酯、0.3% ~ 0.5%的聚异丁烯和0.1% ~ 0.3%的三甘醇。

2. 发明名称：柴油添加剂、其制备方法和使用方法

专利号：ZL201410485795.X

申请日：2014/9/22

专利权人：尹熙哲

主分类号：C10L 1/10

摘要：本发明柴油添加剂包含85% ~ 88%的基础油、10.4% ~ 13.9%的中性液、0.6% ~0.8%的脂肪酸甲酯、0.1% ~ 0.2%的聚异丁烯和0.4% ~ 0.6%的三醇，具有节油减排效果。

3. 发明名称：一种清兼酱、米复合香型白酒陶坛发酵工艺

专利号：ZL201410205961.6

申请日：2014/5/15

专利权人：吉林省百年和龙酒业有限公司

主分类号：C12G 3/02

摘要：本发明酿造出的白酒具有清香幽雅、酒体丰满、绵甜干爽、回味悠长的优点。

4. 发明名称：一种铝及铝合金冷挤压成型专用深拉伸内壁润滑剂

专利号：ZL201310493205.3

申请日：2013/10/21

专利权人：袁冶

主分类号：C10M 169/04

摘要：本发明具有高度的润滑性、聚合性、废渣分散性和极压性，耐高温，无毒无害，废渣可直接回收多次使用，内壁成型效果好等优点。

5. 发明名称：一种增强性功能的保健酒

专利号：ZL201210176673.3

申请日：2012/6/1

专利权人：刘新江

主分类号：C12G 3/04

摘要：本发明增强性功能的保健酒，能够提高肾功能免疫力，增加激活睾丸活性因子，调整保护前列腺机能，效果好，且无任何不良反应。

6. 发明名称：一种有机锗 Ge-132 灵芝酒及制备方法

专利号：ZL200710055612.0

申请日：2007/5/8

专利权人：朴相允；朴赞颖

主分类号：C12G 3/04

摘要：本发明提供的有机锗 Ge-132 灵芝酒，具有解毒保肝、增强人体免疫力功能，是防癌抑癌的营养保健品，饮用后会解毒保肝，强身健体。

六、汪清县 C 部发明专利

1. 发明名称：一种干排焦气体热载体油页岩干馏设备

专利号：ZL201410837887.X

申请日：2014/12/30

专利权人：汪清县龙腾能源开发有限公司

主分类号：C10B 53/06

摘要：本发明干排焦气体热载体油页岩干馏设备，具有结构合理，干馏完全，瓦斯、油气不泄漏，对环境无污染，半焦含油率低、收油率高等优点。

2. 发明名称：一种带气封装置的油页岩干馏炉干排焦方法

专利号：ZL201410837961.8

申请日：2014/12/30

专利权人：汪清县龙腾能源开发有限公司

主分类号：C10B 53/06

摘要：本发明带气封装置的油页岩干馏炉干排焦方法，通过惰性气体气封装置，解决干馏炉底干排焦时的密封问题，在排干半焦的同时保证干馏炉底瓦斯、油气不泄漏，不污染环境，不存在着火、爆炸等安全隐患。

3. 发明名称：一种干排焦气体热载体油页岩干馏工艺

专利号：ZL201410838371.7

申请日：2014/12/30

专利权人：汪清县龙腾能源开发有限公司；东北电力大学

主分类号：C10B 53/06

摘要：本发明干排焦气体热载体油页岩干馏工艺，具有油页岩干馏完全、干馏收油率高、干排焦、环保等优点。

七、安图县 C 部发明专利

1. 发明名称：燃气生成炉

专利号：ZL201410142793.0

申请日：2014/4/11

专利权人：罗强

主分类号：C10J 3/20

摘要：本发明燃气生成炉，燃烧充分，能有效防止粉尘挂壁，易清理，附着水蒸气效果好，安全性高。

2. 发明名称：一种利用有机废弃物制造有机肥料的方法

专利号：ZL201410825193.4

申请日：2014/12/27

专利权人：吉林三龙（安图县）环保科技有限公司

主分类号：C05F 17/00

摘要：本发明制造有机肥料的方法，可节约处理废弃物成本，同时制成可改良土壤的有机肥，变废为宝；有效阻断病原菌的传播，利于环保。

第二章　C部实用新型专利

一、延吉市 C 部实用新型专利

1. 实用新型名称： 一种紫茎泽兰综合利用冷却回收装置

专利号： ZL201820726581.0

申请日： 2018/5/16

专利权人： 延边大学

主分类号： C10B 53/02

摘要： 本实用新型紫茎泽兰综合利用冷却回收装置，通过碳化机，综合利用紫茎泽兰，使其将价值充分体现出来，并通过冷却箱回收可利用的物质，节能环保。

2. 实用新型名称： 多功能环保节能烧水养炭炉

专利号： ZL201720979029.8

申请日： 2017/8/8

专利权人： 朱明艳

主分类号： C10B 53/02

摘要： 本实用新型多功能环保节能烧水养炭炉，具有使用安全、节能减排的优点。

3. 实用新型名称： 一种数码产品多功能贴

专利号： ZL201720465508.8

申请日： 2017/4/28

专利权人： 黄正浩

主分类号： C09J 7/00

摘要： 本实用新型数码产品多功能贴，具有结构简单、可印刷图文、立座支撑、重复使用、环保、节省成本、功能多样、使用方便等优点。

4. 实用新型名称： 一种数码产品防滑立坐贴

专利号： ZL201520821611.2

申请日： 2015/10/22

专利权人： 黄正浩

主分类号： C09J 7/04

摘要： 本实用新型数码产品防滑立坐贴，其尼龙粘贴层为活动粘贴层，第二复合粘贴层可以中部弯曲拱起后，粘贴在第一复合粘贴层上，手指穿过拱起的尼龙层，辅助防滑。具有结构简单、操作便利、功能多样、体积小等特点。

5. 实用新型名称： 氧化分离器

专利号： ZL201420427522.5

申请日： 2014/7/31

专利权人： 王伟勇

主分类号： C02F 9/04

摘要： 本实用新型氧化分离器，可实现对废水中固态物的凝结并分离，且其内的过滤装置可实现实时的自动清理，以保证处理器的处理效率。

6. 实用新型名称： 纯净水电解氢气发生器

专利号： ZL201320609950.5

申请日： 2013/9/30

专利权人：延吉市意来净水机制造有限公司

主分类号：C25B 1/04

摘要：本实用新型纯净水电解氢气发生器，具有安装和拆卸方便、易于更换零部件、可有效防止漏水、可降低制造成本和维修成本等特点。

二、珲春市 C 部实用新型专利

实用新型名称：铜电解槽

专利号：ZL201320385990.6

申请日：2013/7/1

专利权人：珲春多金属有限公司

主分类号：C25C 1/12

摘要：本实用新型铜电解槽，用于进行电解时，电解液由循环泵进入输送管，增加了电解液流量，降低了液体流速；电解过程中 Cu^{2+} 的扩散速度快，使电解过程在较大电流密度下进行，生产效率高。

三、图们市 C 部实用新型专利

1. 实用新型名称：一种气相沉积设备

专利号：ZL201721890318.7

申请日：2017/12/28

专利权人：崔日

主分类号：C23C 16/44

摘要：本实用新型气相沉积设备，其顶杆的顶部表面设置有石墨涂层，石墨涂层的导热性良好，使顶杆与沉积体之间的温差最小化，从而减小沉积体与顶杆接触的位置的印痕。

2. 实用新型名称：移动式原子层沉积设备工艺反应腔密封结构

专利号：ZL201720937409.5

申请日：2017/7/31

专利权人：李靖

主分类号：C23C 16/455

摘要：本实用新型移动式原子层沉积设备工艺反应腔密封结构，具有其反应部与气体喷洒部密封良好，避免腐蚀性气体泄漏到反应腔体外部腐蚀或污染到其他结构性零部件的优点，解决了需要拆卸部件清理的问题。

3. 实用新型名称：木醋液生产设备

专利号：ZL201020611622.5

申请日：2010/11/18

专利权人：吉林省图们江制药有限公司

主分类号：C10C 5/00

摘要：本实用新型木醋液生产设备，具有燃烧充分、产量均匀、安全可靠、环保卫生等优点。

四、敦化市 C 部实用新型专利

1. 实用新型名称：一种封闭式净水设备

专利号：ZL201720590111.1

申请日：2017/5/24

专利权人：凌思文

主分类号：C02F 1/28

摘要：本实用新型封闭式净水设备，改变了传统开放式和半开放式的供水工艺及设备，避免了设备受到天气、环境、人为因素的影响，提高了整个供水区域的安全级别。

2. 实用新型名称：一种水净化系统

专利号：ZL201720598063.0

申请日：2017/5/24

专利权人：凌思文

主分类号：C02F 9/12

摘要：本实用新型水净化系统，使用天然和人工改性材料加磁场的综合作用，在进行消毒的同时去除水体中各种有机、无机污染物。

3. 实用新型名称：使用含火药乳化炸药连续化工艺技术的设备

专利号：ZL201520752331.0

申请日：2015/9/25

专利权人：吉林三三零五机械厂化工材料分厂

主分类号：C06B 21/00

摘要：本实用新型采用自动化设备代替人工操作，有效提高炸药生产效率，减少火药存量，实现炸药的连续化、自动化生产。

五、龙井市 C 部实用新型专利

1. 实用新型名称：一种污水处理用电解装置

专利号：ZL201520598458.1

申请日：2015/8/10

专利权人：姜东珠

主分类号：C02F 1/461

摘要：本实用新型解决了现有污水处理用电解槽只能采取水平方式、受场地限制、安装不方便的技术问题，可广泛应用于污水处理。

2. 实用新型名称：液体菌种培养器的搅拌装置

专利号：ZL201120084430.8

申请日：2011/3/28

专利权人：吴洙吉

主分类号：C12M 1/02

摘要：本实用新型液体菌种培养器的搅拌装置，设计合理，结构简单、紧凑，成本低，使用方便，供气供氧均匀，培养出来的菌种效果好。

六、安图县 C 部实用新型专利

1. 实用新型名称：一种虫草类真菌标本储藏保护装置

专利号：ZL201820543461.7

申请日：2018/4/17

专利权人：长白山科学研究院

主分类号：C12M 1/24

摘要：本实用新型虫草类真菌标本储藏保护装置，标本管底部设置减震隔离装置，可有效防止标本的破碎，还可通过透明管体观察减震隔离物的形态，以及时进行更换。

2. 实用新型名称：一种燃气生成炉

专利号：ZL201220313800.5

申请日：2012/7/2

专利权人：罗强；宋伟

主分类号：C10J 3/20

摘要：本实用新型燃气生成炉，其可燃气体燃烧时火苗可达20厘米，能生火做饭、取暖；燃料物为农作物碎秸秆或锯末，具有成本低、环境污染小的优点。

第四篇

D 部：纺织；造纸类专利

第一章　D 部发明专利

一、图们市 D 部发明专利

发明名称：一种制浆方法
专利号：ZL201010226242.4
申请日：2010/7/9
专利权人：延边石岘双鹿实业有限责任公司
主分类号：D21C 5/00
摘要：本发明制浆方法，可使樟子松类纤维短、细胞壁较厚以及晚材率较高的木材原料能够成浆，并且消除树脂含量高和木片中树皮较多对制浆的影响。

二、和龙市 D 部发明专利

发明名称：一种衣物整理剂及制备方法
专利号：ZL201310314527.7
申请日：2013/7/25
专利权人：赵玉英
主分类号：D06M 13/192

摘要：本发明衣物整理剂，可使洗后的衣物柔软、防缩、防皱、杀菌去异味，使衣物不泛黄，不褪色，可以减少漂洗的次数以节约水资源，延长衣物的使用寿命。

三、安图县 D 部发明专利

发明名称：一种亚麻布的印染产品及其印染方法
专利号：ZL201710138489.2
申请日：2017/3/9
专利权人：睢亚历
主分类号：D06P 3/64
摘要：本发明采用纯天然的植物组织对亚麻布进行染色，不用进行复杂且耗时的植物色素提取过程；也可利用植物组织本身独特的形状以及色彩进行艺术构图，使制得的印染产品的色调柔和自然、构图独特高雅。

第二章　D部实用新型专利

延吉市D部实用新型专利

实用发明名称： 卷烟滤棒用纸及卷烟滤棒

专利号： ZL201020683649.5

申请日： 2010/12/27

专利权人： 吉林烟草工业有限责任公司；

云南正邦生物技术有限公司

主分类号： D21H 19/00

摘要： 本实用新型卷烟滤棒用纸，不仅能够有效降低烟气中的有害成分，而且能够使卷烟香气多元化，改善卷烟的吸味。

第五篇

E 部：固定建筑物类专利

第一章　E 部发明专利

一、延吉市 E 部发明专利

1. 发明名称：一种钻具组合及排渗管弧形敷设法

专利号：ZL201610098656.0

申请日：2016/2/23

专利权人：付文堂

主分类号：E21B 7/04

摘要：本发明钻具组合及排渗管弧形敷设法，能够根据尾矿坝的浸润线设计排渗管的轨道，并根据预设的轨道精准地对排渗管施工。

2. 发明名称：立体停车场

专利号：ZL201510959618.5

申请日：2015/12/21

专利权人：金东赫；赵永

主分类号：E04H 6/22

摘要：本发明立体停车场，具有结构简单，运动流畅、快速，能够自动完成对车辆的存取操作的优点。

3. 发明名称：活动板对接式多层泊车位

专利号：ZL201310348747.1

申请日：2013/8/13

专利权人：金振锡

主分类号：E04H 6/06

摘要：本发明活动板对接式多层泊车位，具有结构简单、操作方便、安全可靠、成本低、节省占地面积的优点。

4. 发明名称：双层保温砌块

专利号：ZL201210243113.5

申请日：2012/7/16

专利权人：朱明艳

主分类号：E04C 1/00

摘要：本发明双层保温砌块，具有保温防潮性能好、隔音效果明显、整体性能好、造价低的优点。

5. 发明名称：主变套管检修平台

专利号：ZL201110161937.3

申请日：2011/6/16

专利权人：吉林省电力有限公司延边供电公司；国家电网公司

主分类号：E06C 1/08

摘要：本发明采用多节伸缩式结构，并采取利用横向连接杆连接多个主变套管检修平台的结构和可调式地脚结构，具有运输、携带方便，可有效防止平台倾斜、位移、旋转，增加稳定性的优点。

二、珲春市 E 部发明专利

1. 发明名称：一种可控流量自动排水移动泵站
专利号：ZL201610730863.3
申请日：2016/8/26
专利权人：珲春紫金矿业有限公司
主分类号：E03F 5/22
摘要：本发明可控流量自动排水移动泵站，具有结构简单、成本低、可在松软道路正常移动行走、使用方便安全、可无人值守自动调节排水量的特点。

2. 发明名称：一种清扫路面的机器
专利号：ZL201510172156.2
申请日：2015/4/13
专利权人：曹林海
主分类号：E01H 6/00
摘要：本发明清扫路面的机器，其支撑钢板的厚度较薄，工作时会颤动，可减轻清扫盘与路面的接触力，以保护路面。具有不但能清冰、清雪，而且能在环境温度在冰点以上的环境中清扫路面尘土的作用。

3. 发明名称：一种除冰清雪装置
专利号：ZL201410608602.5
申请日：2014/10/28
专利权人：珲春众力科技有限公司
主分类号：E01H 5/08
摘要：本发明除冰清雪装置，具有结构简单、成本低、铲刀和挡板角度可调的优点，并且利用机动车作为动力源，为乡镇、农村提供除冰清雪装置。

4. 发明名称：一种井下煤层水平钻孔分

段压裂卸压方法
专利号：ZL201310181262.8
申请日：2013/5/16
专利权人：珲春市耀天新能源开发利用有限责任公司
主分类号：E21F 7/00
摘要：本发明井下煤层水平钻孔分段压裂卸压方法，能在煤层工作面内形成大体积的裂缝，改善煤层渗透性，使煤层的天裂理得到沟通，形成裂缝松散带，从而使聚焦在煤层内的应力得到释放。

三、图们市 E 部发明专利

发明名称：一种尾矿坝的排渗方法及为实施该方法而使用的排渗管
专利号：ZL200610163203.8
申请日：2006/11/30
专利权人：付文堂
主分类号：E02D 3/10
摘要：本发明尾矿坝的排渗方法，便于施工，排渗效果好，有利于消除尾矿坝的出险、坍塌、溃坝等安全隐患。

四、安图县 E 部发明专利

发明名称：地下工程防水结构
专利号：ZL201610136273.8
申请日：2016/3/10
专利权人：何发林
主分类号：E02D 31/02
摘要：本发明地下工程防水结构，具有结构新颖、施工简便、便于后期维护、防水性能良好、使用寿命长、材料环保等特点。

第二章 E部实用新型专利

一、延吉市E部实用新型专利

1. 实用新型名称：一种立体停车装置
专利号：ZL201820290478.6
申请日：2018/2/28
专利权人：延边大学
主分类号：E04H 6/06
摘要：本实用新型立体停车装置，通过铰支柱机构实现上层车位的升降平移，以及底层车位载车板的直接平移，节省了停车空间；并且安装时不需要提前设置地基，适合临时快速搭建、安装及拆卸。

2. 实用新型名称：一种岩土工程勘察钻孔水位测量仪
专利号：ZL201721696630.2
申请日：2017/12/8
专利权人：于崇嘉
主分类号：E21B 47/047
摘要：本实用新型岩土工程勘察钻孔水位测量仪，对位移传感器反馈的数据进行记录，测量快捷准确；利用变色试纸检测观察水位，通过和位移传感器反馈数据进行计算可得水位高度，有效提高了精准度。

3. 实用新型名称：一种水利防护用防护网
专利号：ZL201721606040.6

申请日：2017/11/27
专利权人：唐明
主分类号：E02B 3/12
摘要：本实用新型水利防护用防护网，通过增加防护网本体层数，采用两层由镀锌钢丝编织成的防护网本体使其自身牢固且避免生锈；在防护网本体上下层的基础上纵横交错缠绕麻绳使其更加坚固。

4. 实用新型名称：一种道路用缓冲柱
专利号：ZL201721471676.4
申请日：2017/11/7
专利权人：崔国成
主分类号：E01F 15/00
摘要：本实用新型道路用缓冲柱，具备缓冲的功能，同时安装了报警装置，能够做到提前提示，解决了缓冲柱容易被撞的问题。

5. 实用新型名称：一种市政道路施工用电气自动化升降式警示装置
专利号：ZL201721242509.2
申请日：2017/9/26
专利权人：徐秋风；陈义晓
主分类号：E01F 9/608
摘要：本实用新型市政道路施工用电气自动化升降式警示装置，其警示板高度可以调整，使用起来方便，自动化程度高。

6. 实用新型名称：一种新型原装取土器
专利号：ZL201720914089.1

申请日：2017/7/26

专利权人：白龙男

主分类号：E02D 1/04

摘要：本实用新型原装取土器，合理设置相邻两组的定位孔之间的距离，取土时，调节定位按钮，以控制取土深度；取土后，通过旋转旋转杆，带动定位板向下移动，以取出取土筒内的采样土壤。

7. 实用新型名称：一种具有滚动胶辊的振动锤

专利号：ZL201621446042.9

申请日：2016/12/27

专利权人：洪万永

主分类号：E01C 19/52

摘要：本实用新型具有滚动胶辊的振动锤，具有结构紧凑、操作简单、使用灵活、工作效率高的优点。

8. 实用新型名称：保温板混凝土保温砖

专利号：ZL201520539920.0

申请日：2015/7/24

专利权人：朴光洙

主分类号：E04C 1/41

摘要：本实用新型保温板混凝土保温砖，具有操作简单、隔热性好、相邻砌块咬合能力稳定、保温性能好的优点。

9. 实用新型名称：泡沫混凝土保温砖

专利号：ZL201520540125.3

申请日：2015/7/24

专利权人：朴光洙

主分类号：E04C 1/41

摘要：本实用新型泡沫混凝土保温砖，具有保温层适中，不影响砌块强度，操作简单、隔热性好、相邻砌块咬合能力稳定、保温性能好的优点。

10. 实用新型名称：一种无热桥保温房屋

专利号：ZL201420820973.5

申请日：2014/12/9

专利权人：安东浩

主分类号：E04B 1/14

摘要：本实用新型无热桥保温房屋，在保温墙体与保温盖板之间、墙基与冷土层之间不存在热桥，从而使保温房屋没有热桥的生成，具备了良好的保温及节能减排效果。

11. 实用新型名称：一种电杆扶正器

专利号：ZL201420644528.8

申请日：2014/11/3

专利权人：国网吉林省电力有限公司延边供电公司

主分类号：E04G 23/02

摘要：本实用新型电杆扶正器，打破现有的电线杆校直的作业方式，能够一次完成正杆任务，操作简单，安全性能高，减少维修费用。

12. 实用新型名称：活动板对接式双层泊车位

专利号：ZL201320831634.2

申请日：2013/12/17

专利权人：金振锡

主分类号：E04H 6/06

摘要：本实用新型活动板对接式双层泊车位，具有结构简单、操作方便、占地面积小、大小型泊车场均适用的优点。

13. 实用新型名称：热水式桑拿、淋浴一体房

专利号：ZL201320781676.X

申请日：2013/12/3

专利权质押出质人：徐永；李龙男

专利权质押质权人：延吉市延河农村信

用合作社

主分类号：E04H 1/12

摘要：本实用新型热水式桑拿、淋浴一体房，具有结构简单、使用方便、安全可靠、外形美观、既可桑拿又可淋浴等特点。

14. 实用新型名称：防火钢化玻璃套装门

专利号：ZL201220242266.3

申请日：2012/5/28

专利权人：林国旭

主分类号：E06B 5/16

摘要：本实用新型防火钢化玻璃套装门，具有可防火阻燃、节能环保、防水防潮、抗冲击、耐划磨的优点。

15. 实用新型名称：一种正杆器

专利号：ZL201220200863.X

申请日：2012/5/8

专利权人：吉林省电力有限公司延边供电公司；国家电网公司

主分类号：E04G 23/02

摘要：本实用新型正杆器，打破现有的电线杆校直的作业方式，能够一次完成正杆任务，节约电力资源，不受地形限制，减小劳动强度，保证作业人员的人身安全，适应了快速抢修电力设备需要。

16. 实用新型名称：一种用于保温砌块的整体保温芯材

专利号：ZL201120161936.4

申请日：2011/5/11

专利权人：安东浩

主分类号：E04B 1/78

摘要：本实用新型将原来独立的保温材料由连接肋连接成一个整体芯材，在生产过程中，只需将整体保温芯材一次性放入到特定的成型模具中，即可完成所

有保温材料的放入，提高了生产效率，降低了废品率。

17. 实用新型名称：一种带有浮雕图案的保温砌块

专利号：ZL201020584949.8

申请日：2010/10/24

专利权人：安东浩

主分类号：E04C 1/00

摘要：本实用新型带有浮雕图案的保温砌块，其保温砌块的正面带有浮雕图案，所述的浮雕图案与砌块本体成一体结构。

18. 实用新型名称：保温砌块

专利号：ZL200920219178.X

申请日：2009/10/10

专利权人：延边明峻环保节能保温新型建材有限公司

主分类号：E04C 1/40

摘要：本实用新型保温砌块，其连接肋的高度低于砌块的上平面，形成于透孔及中间部位的空隙中，填充有保温材料，并且在上述两种结构两端的燕尾槽中，均设有保温材料。

二、珲春市 E 部实用新型专利

1. 实用新型名称：一种露天矿山洒水降尘装置

专利号：ZL201820184604.X

申请日：2018/2/2

专利权人：珲春紫金矿业有限公司

主分类号：E21F 5/04

摘要：本实用新型露天矿山洒水降尘装置，相比于汽车洒水除尘，可以更加便捷地降低粉尘浓度；利用高差自压进行洒水降尘，无须动力消耗，能够降低矿

山除尘的成本。

2. 实用新型名称：高流量立交路口

专利号：ZL201721628217.2

申请日：2017/11/29

专利权人：王松波

主分类号：E01C 1/04

摘要：本实用新型高流量立交路口，在实际应用中，直行车辆不必等候信号灯，减少了直行车辆对转向车辆的阻碍，提高了路口的通车流量，降低了交通拥堵及事故的发生。

3. 实用新型名称：一种室内装修用的软装组件

专利号：ZL201720876916.2

申请日：2017/7/19

专利权人：李洪涛

主分类号：E04F 13/00

摘要：本实用新型室内装修用的软装组件，用于弥补当软装墙板的组装到墙角位置的最后一块时在软装墙板与原始墙角形成的缝隙，既确保外观无瑕疵，又节省了墙角处理时间，提高了操作效率。

4. 实用新型名称：软装墙体模块

专利号：ZL201720876329.3

申请日：2017/7/19

专利权人：李洪涛

主分类号：E04F 13/09

摘要：本实用新型软装墙体模块，适用于室内墙体装修，具有组装简单、操作方便、可以任意拆卸的优点，为房屋改装和装修提供了方便。

5. 实用新型名称：一种装配式自保温免抹灰模块的生产设备

专利号：ZL201720640779.2

申请日：2017/6/5

专利权人：刘道林

主分类号：E04C 1/00

摘要：本实用新型装配式自保温免抹灰模块的生产设备，能够实现装配式自保温免抹灰模块的组装、加工及存放的全过程，结构简单合理，加工完成的装配式自保温免抹灰模块结构稳定且便于运输和安装。

6. 实用新型名称：一种可调整高度的道路减速带

专利号：ZL201720607722.2

申请日：2017/5/27

专利权人：珲春紫金矿业有限公司

主分类号：E01F 9/529

摘要：本实用新型可调整高度的道路减速带，具有结构简单、成本低、生产材料普遍、使用方便可靠、寿命长的优点，既能保证减速带性能，又可确保道路除雪工作顺畅。

7. 实用新型名称：旋转生态屋

专利号：ZL201620313615.4

申请日：2016/4/15

专利权人：王子忠

主分类号：E04B 1/346

摘要：本实用新型旋转生态屋，具有可以旋转并造型美观的特点。

8. 实用新型名称：一种铣冰机

专利号：ZL201520995450.9

申请日：2015/12/3

专利权人：曹林海

主分类号：E01H 5/12

摘要：本实用新型铣冰机，具有过载保护装置，当铣刀盘遇到较大阻力时，主传动轴上的过载保护装置断裂，主传动轴不再为铣刀盘提供动力，保护了铣刀盘的结构，延长了使用寿命。

9. 实用新型名称：一种清扫路面的机器

专利号：ZL201520219592.6

申请日：2015/4/13

专利权人：曹林海

主分类号：E01H 6/00

摘要：本实用新型清扫路面的机器，其支撑钢板的厚度较薄，工作时会颤动，从而减轻清扫盘与路面的接触力，以保护路面；不但能够清冰、清雪，而且还能清扫路面的尘土。

10. 实用新型名称：吸附式捕尘帘

专利号：ZL201320367873.7

申请日：2013/6/26

专利权人：陶磊

主分类号：E21F 5/00

摘要：本实用新型吸附式捕尘帘，结构简单，使用方便，除尘效果好，不受条件影响，能够在粉尘产生的初段及中段矿尘相对较集中空间捕捉浮游煤尘，从而达到空气净化目的。

三、图们市 E 部实用新型专利

1. 实用新型名称：一种组合式板材结构

专利号：ZL201620327135.3

申请日：2016/4/19

专利权人：金龙

主分类号：E04F 13/09

摘要：本实用新型组合式板材结构，装饰板拼接组合，水平无缝拼接，安装、拆卸、替换方便简捷，安装无噪声无污染；各个构件相互配合，构成不同花纹、造型，设计造型自由度高。

2. 实用新型名称：组合式围栏板

专利号：ZL201520427705.1

申请日：2015/6/20

专利权人：高伟

主分类号：E04H 17/16

摘要：本实用新型组合式围栏板，具有结构简单、使用方便、易安装、使用周期长、有美感、围栏板表面色彩效果好的优点。

3. 实用新型名称：空芯镀锌仿木烤漆围栏板

专利号：ZL201420831340.4

申请日：2014/12/25

专利权人：高伟

主分类号：E04H 17/14

摘要：本实用新型空芯镀锌仿木烤漆围栏板，具有结构简单、使用方便、易安装、抗腐蚀耐酸碱、抗老化、耐高温抗低温、不易变形、不易褪色、使用周期长、围栏板表面仿真效果好的优点。

4. 实用新型名称：一种渗排水管

专利号：ZL201320680420.X

申请日：2013/10/30

专利权人：柏发忠

主分类号：E02B 11/00

摘要：本实用新型渗排水管，渗水区设有渗水槽、渗水孔，坝内与库内的水渗入到槽孔内，流淌到管体内，经由管体的排水区排出，不会出现将水排到无水区的现象，排水效果好，且安全性高。

四、敦化市 E 部实用新型专利

1. 实用新型名称：一种公路用的隔音板

专利号：ZL201621201910.7

申请日：2016/11/8

专利权人：包希福

主分类号：E01F 8/00

摘要：本实用新型公路用的隔音板，通过消音管和消音空腔达到消音的目的，其防尘网和毛刷有效防止灰尘进入消音空腔，起到了吸音降噪的效果；通过分层式结构，内部增添隔音层，增强了隔音效果。

2. 实用新型名称：复合建筑材料

专利号：ZL201620653855.9

申请日：2016/6/28

专利权人：蔡留远

主分类号：E04C 2/296

摘要：本实用新型复合建筑材料，其内部嵌入具有阻燃、保温、隔音特性的泡沫，在提升产品性能的同时，降低了材料的重量；复合建筑材料之间采用龙凤榫卯结构拼接，装配方便快捷，拼装结构稳定。

3. 实用新型名称：一种实木踏垫

专利号：ZL201620225368.2

申请日：2016/3/23

专利权人：敦化市万融木业有限责任公司

主分类号：E04F 19/00

摘要：本实用新型实木踏垫，具有结构简单、使用方便、防潮防滑、不易损坏、使用寿命长等优点，适用于汽车实木地板、木质门踏垫、墙板、背景墙等。

4. 实用新型名称：一种加强保温型隔热断桥型材

专利号：ZL201520909504.5

申请日：2015/11/16

专利权人：刘承祥

主分类号：E06B 3/263

摘要：本实用新型加强保温型隔热断桥型材，通过在玻璃口和框扇搭接口内侧增设三元乙丙密封胶条，实现提高隔热断桥保温性能的目的。

5. 实用新型名称：一种冰雪热熔仓

专利号：ZL201520545005.2

申请日：2015/7/27

专利权人：刘生柱

主分类号：E01H 5/10

摘要：本实用新型冰雪热熔仓，可直接装备在除冰雪专用汽车上，具有结构简单、除冰雪效果好的优点，解决了现有去除冰雪的二次运输问题。

6. 实用新型名称：飞锤式道路除冰装置

专利号：ZL201520545092.1

申请日：2015/7/27

专利权人：刘生柱

主分类号：E01H 5/12

摘要：本实用新型飞锤式道路除冰装置，具有结构简单、实用的特点，易于安装在各种车辆底盘上或装载机与挖掘机或拖拉机上作为载具所构成的道路除冰车上。

7. 实用新型名称：一种加强型隔热断桥型材

专利号：ZL201520510749.0

申请日：2015/7/15

专利权人：刘承祥

主分类号：E06B 3/263

摘要：本实用新型加强型隔热断桥型材，通过在尼龙隔热条的中部制有尼龙隔热层，尼龙隔热断桥左侧或右侧制有胶条卡槽或者凸起，实现增加隔热断桥强度、提高保温性能的目的。

8. 实用新型名称：一种座便器

专利号：ZL201320262512.6

申请日：2013/5/15

专利权人：胡凤和

主分类号：E03D 9/05

摘要：本实用新型座便器，其座便器本体与抽气机分离设置，使操作人员便于安装维修抽气机。

9. 实用新型名称：门窗专用木方

专利号：ZL201220462823.2

申请日：2012/9/12

专利权人：蔡留远

主分类号：E06B 3/10

摘要：本实用新型门窗专用木方，由于木方为一复合体，其中间体采用木条横竖交叉组成，使木材的应力得以分解，故由此制造的木门或木窗经长时间使用后，不会产生变形或弯曲的现象。

10. 实用新型名称：破冰清雪车

专利号：ZL201220290537.2

申请日：2012/6/20

专利权人：刘生柱

主分类号：E01H 5/12

摘要：本实用新型破冰清雪车，具有能够快速有效清除路面冰雪，不影响道路交通的优点。

11. 实用新型名称：雕刻地板

专利号：ZL201020301383.3

申请日：2010/1/25

专利权人：敦化森泰木业有限责任公司

主分类号：E04F 15/04

摘要：本实用新型雕刻地板，使木质地板的自然美与人工雕刻装饰美有机地结合在一起，提高了立体装饰效果，具有绿色环保、美观大方、时尚典雅的优点。

五、龙井市 E 部实用新型专利

1. 实用新型名称：一种钢筋套筒

专利号：ZL201620759779.X

申请日：2016/7/19

专利权人：金花；金虎

主分类号：E04C 5/16

摘要：本实用新型钢筋套筒，通过两个盖部件分别夹住两根钢筋后，在同一直线的位置上连接两根钢筋，从而提高了钢筋连接的工作效率。

2. 实用新型名称：一种耐磨截齿

专利号：ZL201520481199.4

申请日：2015/7/7

专利权人：徐文革；玄银哲

主分类号：E21C 35/183

摘要：本实用新型耐磨截齿，在其截齿主体前端部的表面堆焊有合金颗粒层，使截齿耐冲击，提高了耐磨性，延长了使用寿命。

六、汪清县 E 部实用新型专利

1. 实用新型名称：一种新型儿童安全栏

专利号：ZL201720799326.4

申请日：2017/7/4

专利权人：李明

主分类号：E06B 9/02

摘要：本实用新型儿童安全栏，其纵向栏杆为双竖杆结构，可有效增加整个安全栏的稳定性，且便于安全栏上的围栏布单面上下移动，方便人员进出。

2. 实用新型名称：一种建筑用支架的角度调节装置

专利号：ZL201620708735.4

申请日：2016/7/6

专利权人：金京娜

主分类号：E04G 17/00

摘要：本实用新型建筑用支架的角度调节装置，通过互相匹配的顶面半凹球形与底面半凸球形，根据需要在球形表面滑动确定倾斜角度。同时，在螺母与半凸球形背面之间隔有金属垫圈，以固定角度调节装置。

3. 实用新型名称：一种建筑用支架

专利号：ZL201620708760.2

申请日：2016/7/6

专利权人：金京娜

主分类号：E04G 25/02

摘要：本实用新型建筑用支架，通过多根竖杆和横杆组成支架，均衡支撑起建筑物板坯，具有支撑力大、结构稳定、不易损坏、装卸方便、使用安全的优点。

4. 实用新型名称：一种钢管支架高度调节装置

专利号：ZL201620708739.2

申请日：2016/7/6

专利权人：金京娜

主分类号：E04G 25/06

摘要：本实用新型钢管支架高度调节装置，当连接螺母在固定套上旋紧时，连接螺母上的凸起通过箍紧套的凹槽将箍紧套挤压在固定套上，从而加强整个支架的稳定性；箍紧套内周设置多圈锯齿，增强箍紧套对内箍钢管的咬合力。

5. 实用新型名称：一种建筑用高度可调的支架

专利号：ZL201620708737.3

申请日：2016/7/6

专利权人：金京娜

主分类号：E04G 25/06

摘要：本实用新型建筑用高度可调的支架，通过高度调节装置能够精确控制子管与母管的连接长度；在支架安装好以后，还可根据需要对支架高度进行微调。

6. 实用新型名称：一种建筑支架用连接环

专利号：ZL201620708757.0

申请日：2016/7/6

专利权人：金京娜

主分类号：E04G 7/06

摘要：本实用新型建筑支架用连接环，通过锁紧方式固定在纵向钢管上，并在水平方向上支撑起横向钢管，具有结构稳定、连接牢固、拆装方便、不易损坏的优点。

7. 实用新型名称：一种林业用多功能土壤采集装置

专利号：ZL201520639664.2

申请日：2015/8/24

专利权人：周旭昌；周龙华；赵莹；周健；周晓萌

主分类号：E21B 49/06

摘要：本实用新型林业用多功能土壤采集装置，能够在夜间提供照明，并且还可以用于砍掉或者剪除树木的枝叶。

第六篇

F 部：机械工程；照明；加热；武器；爆破类专利

第一章　F 部发明专利

一、延吉市 F 部发明专利

1. 发明名称：一种自调帆式流体发电装置

专利号：ZL201610584142.6

申请日：2016/7/22

专利权人：金泰焕

主分类号：F03D 9/25

摘要：本发明自调帆式流体发电装置，对水位落差要求不高，可适用于多种自然环境，依托自然环境和现有设施来进行大量发电，具有不会破坏生态环境、建造工期短、发电量大等优点。

2. 发明名称：液化石油气汽车气瓶储气回收及充装装置

专利号：ZL201510804341.9

申请日：2015/11/20

专利权人：郑龙龟

主分类号：F17C 5/02

摘要：本发明液化石油气汽车气瓶储气回收及充装装置，具有在维修液化石油气汽车燃油系统及气钢瓶时能够收走气瓶内部残留的液化石油气，并向气瓶里充装氮气，维修后再把液化石油气充装到汽车气瓶内，确保维修液化石油气汽车燃油系统及气钢瓶安全的优点。

3. 发明名称：排水式干燥空气干燥装置

专利号：ZL201310285997.5

申请日：2013/7/9

专利权人：延边朝医医院

主分类号：F26B 9/06

摘要：本发明排水式干燥空气干燥装置，具有可连续供应干燥恒温空气、干燥速度快、节能效果显著、可随意调温度和湿度、结构简单、使用方便等特点。

4. 发明名称：虹吸式醇基液体燃料窑炉燃烧器

专利号：ZL201210555732.8

申请日：2012/12/19

专利权人：延吉恒燃节能科技开发有限公司

主分类号：F23D 11/24

摘要：本发明虹吸式醇基液体燃料窑炉燃烧器，燃料与空气雾化效果好，燃料燃烧充分，热效率高，使用安全，断火复燃方便，可直观地察看火焰燃烧的情况，以对燃烧器工作进行调整。

二、珲春市 F 部发明专利

1. 发明名称：一种大孔径可控流量虹吸装置
专利号：ZL201610693933.2
申请日：2016/8/22
专利权人：珲春紫金矿业有限公司
主分类号：F04F 10/00
摘要：本发明大孔径可控流量虹吸装置，具有免动力、大流量、操作简单、生产成本和工人劳动强度低的优点。

2. 发明名称：一种浸渍冻结室装置
专利号：ZL201510026693.6
申请日：2015/1/19
专利权人：珲春双龙环保科技有限公司
主分类号：F25D 13/02
摘要：本发明浸渍冻结室装置，使冻结液循环更容易，经济性好，节能且易维护，拆卸操作简单，能够灵活移动，实用性好。

三、图们市 F 部发明专利

发明名称：重装备多燃料柴油燃烧系统及其装置
专利号：ZL201110119496.0
申请日：2011/5/10
专利权人：崔万秀
主分类号：F02D 19/08
摘要：本发明重装备多燃料柴油燃烧系统及其装置，采用多燃料的复合燃烧方式，能够显著提高燃烧效率，在不降低重装备柴油机效率的前提下节能减排。

四、敦化市 F 部发明专利

1. 发明名称：一种锅炉用超导管
专利号：ZL201510002667.X
申请日：2015/1/6
专利权人：韩东信；陈家祥
主分类号：F28D 15/02
摘要：本发明锅炉用超导管，设计合理、传热效果好、不变形、使用寿命长。实验证明，将本发明超导管安装在热水锅炉内，1吨15℃的水若要升到80℃，只需4000卡煤25千克即可完成。

2. 发明名称：氨机制冷三循环装置
专利号：ZL201310563372.0
申请日：2013/11/14
专利权人：赵强
主分类号：F25B 9/00
摘要：本发明氨机制冷三循环装置，克服现有技术"氨"易泄漏危险难题，具有运行安全、在新建制冷项目或旧冷库改造中投资少、见效快的特点。

3. 发明名称：一种双钢带压机用十字万向轴铰接装置
专利号：ZL201210422205.X
申请日：2012/10/30
专利权人：亚联机械股份有限公司
主分类号：F16C 11/06
摘要：本发明双钢带压机用十字万向轴铰接装置，解决了因热板膨胀位移而使油缸在热压板上产生分力的问题，避免了液压缸承受来自压板的膨胀位移，延长了液压缸的使用寿命。

4. 发明名称：膏状乳化炸药药筒装药包装工艺及装药机

专利号：ZL200910067212.0

申请日：2009/7/2

专利权人：蒙宝林

主分类号：F42B 33/02

摘要：本发明工艺流程短，安全性能高，作业效率高，装药质量好；装药机具有安全水平高、产品质量高、自动化程度高、效率高、结构紧凑、能耗低、成本低等优点。

5. 发明名称：工业粉状炸药药筒装药包装工艺及振动式装药机

专利号：ZL200910067213.5

申请日：2009/7/2

专利权人：蒙宝林

主分类号：F42B 33/02

摘要：本发明工艺具有流程短、安全性能高、作业效率高、装药质量好等优点；其振动式装药机具有安全水平高、产品质量合格率高、自动化程度高、结构紧凑、节省人力的优点。

五、和龙市 F 部发明专利

发明名称：车用空调贮液罐进出液嘴

专利号：ZL201010189453.5

申请日：2010/6/2

专利权质押出质人：和龙双昊高新技术有限公司

专利权质押质权人：吉林和龙农村商业银行股份有限公司

主分类号：F25B 41/00

摘要：本发明车用空调贮液罐进出液嘴，具有加工工序少、工种单一、经一次压制二次成型、精度高、成品率高、加工成本低等优点。

六、汪清县 F 部发明专利

1. 发明名称：醇基燃料汽化燃烧炉具

专利号：ZL201510267721.3

申请日：2015/5/22

专利权人：闫云恒

主分类号：F24C 5/02

摘要：本发明醇基燃料汽化燃烧炉具，解决了现有技术中容易堵塞、受热温差大而造成炉具损坏以及启动时间长和噪声大的问题。

2. 发明名称：无逆水位差式取暖管回水装置的安装方法

专利号：ZL201310372560.5

申请日：2013/8/26

专利权人：尹弘根

主分类号：F24D 3/10

摘要：本发明无逆水位差式取暖管回水装置的安装方法，改变水分器的回水接口位置，使其降到散热地面以下，消除了形成逆水位差的缺陷。具有节能环保、使用便利、经济实惠等有益效果。

第二章 F部实用新型专利

一、延吉市F部实用新型专利

1. 实用新型名称： 气马达进气量调节装置

专利号： ZL201820768924.X

申请日： 2018/5/23

专利权人： 延边龙川包装机械有限公司

主分类号： F01C 20/24

摘要： 本实用新型气马达进气量调节装置，具有可通过转动节流控制旋钮连续改变气马达进气量，且设有关闭、半开、全开三个工作档位，适用于各种工况要求等优点。

2. 实用新型名称： 带轮高低速转换装置

专利号： ZL201820768922.0

申请日： 2018/5/23

专利权人： 延边龙川包装机械有限公司

主分类号： F16H 37/12

摘要： 本实用新型带轮高低速转换装置，在电动机输出转速不变的情况下，能平稳地转换带轮的高低速，延长电动机的使用寿命，进而提高自动电动捆扎机的整体使用性能。

3. 实用新型名称： 一种烘干室

专利号： ZL201820047947.1

申请日： 2018/1/11

专利权人： 延边阿拉里机械设备制造有限公司

主分类号： F26B 11/00

摘要： 本实用新型烘干室，能够实现圆圈回转，从而节省空间，并且与烘干室的墙壁间隔设置有隔板，使风通过隔板与墙之间的间隙向上流动，促使空气循环流动。

4. 实用新型名称： 轨道行走式矩帆风力发电机

专利号： ZL201721654386.3

申请日： 2017/12/2

专利权人： 明日新

主分类号： F03D 3/06

摘要： 本实用新型轨道行走式矩帆风力发电机，利用两部以上相同风帆在滑道上往复穿行，风帆做功时呈平面迎风状态，风帆不做功时滑行到轴的另一侧，使阻风面始终处于空帆状态，风机效率大幅提高、自身耗能少、维护保养简便。

5. 实用新型名称： 集风管式小型风力发电机

专利号： ZL201721623903.0

申请日： 2017/11/29

专利权人： 延边大学

主分类号： F03D 9/25

摘要： 本实用新型集风管式小型风力发电机，具有结构简单、使用方便、成本低、发电效率高、能够保证风力发电机常年在接近满负荷状态下工作的优点。

6. 实用新型名称： 一种计算机抗震装置

专利号：ZL201721132866.3

申请日：2017/9/6

专利权人：陈丽红

主分类号：F16F 15/08

摘要：本实用新型计算机抗震装置，设计新颖，结构简单，具有良好的抗震和减震效果，拥有良好的消音和防水作用，在恶劣的震动环境中，能够很好地对计算机形成保护。

7. 实用新型名称：一种减震减音脚垫

专利号：ZL201720882050.6

申请日：2017/7/20

专利权人：安德哲

主分类号：F16F 15/08

摘要：本实用新型减震减音脚垫，利用凸形主体来削减脚轮产生的震动波，后用凹形主体的底部来再次削减传到地面的震动波，从而降低地面震动所产生的空气共振，达到降低噪声的目的。

8. 实用新型名称：一种节能减排风干塔

专利号：ZL201720806656.1

申请日：2017/7/5

专利权人：延边阿拉里食品有限公司

主分类号：F26B 17/12

摘要：本实用新型节能减排风干塔，采用太阳能发电及太阳能集热器，利用太阳能加快谷物干燥的过程，可节能减排，风干成本低，效率高。

9. 实用新型名称：一种分集水器支路阀门

专利号：ZL201720335962.1

申请日：2017/4/1

专利权人：朱青松

主分类号：F16K 11/22

摘要：本实用新型分集水器支路阀门，把支路孔作为阀门启闭通道，所以阀门完全打开时，介质流通阀门控制启闭通道的横截面积比其他集水器阀门都大，可控介质流量幅度大。

10. 实用新型名称：供热设备及供暖系统

专利号：ZL201720281368.9

申请日：2017/3/21

专利权人：范宝亮

主分类号：F24D 13/04

摘要：本实用新型供热设备及供暖系统，具有加热效率高、空气污染小、环保性能好、安全性能高等优点。

11. 实用新型名称：一种摩擦式缓速器

专利号：ZL201720303650.2

申请日：2017/3/18

专利权人：孟志广

主分类号：F16H 57/10

摘要：本实用新型摩擦式缓速器，经行星轮系使其连接端输出减速后，其扭矩的增加值低于转速的变化值，所以其摩擦产生的热量低于正常刹车时产生的热量，从而采用最简捷的摩擦方式实现重型车的缓速作用。

12. 实用新型名称：快速松紧安全平台

专利号：ZL201720234494.9

申请日：2017/3/13

专利权人：朴永俊

主分类号：F16M 13/02

摘要：本实用新型快速松紧安全平台，使用扳手控制燕尾槽松紧，卸快装板打开扳手、打开安全锁向后拉，其中，安全锁控制快装板从连接平台上落下来。

13. 实用新型名称：生物质燃料颗粒送料机

专利号：ZL201620751827.0

申请日：2016/7/18

专利权人：金虎

主分类号：F24B 13/04

摘要：本实用新型生物质燃料颗粒送料机，具有结构简单、使用安全、操作方便、省时、省力且可控制送料量的优点。

14. 实用新型名称：智能 LED 天井灯

专利号：ZL201620546625.2

申请日：2016/6/1

专利权人：金松山

主分类号：F21V 29/74

摘要：本实用新型智能 LED 天井灯，其圆形散热器上增加了垫高柱子，而空心处流入冷空气而产生对流，使电源外壳更加减少热流的互相影响，提高了其工作可靠性。

15. 实用新型名称：透皮扩散池钢片弹簧夹

专利号：ZL201620481682.7

申请日：2016/5/25

专利权人：延边大学

主分类号：F16B 2/24

摘要：本实用新型透皮扩散池钢片弹簧夹，具有结构简单、体积小、重量轻、价格低廉、操作方便、弹簧夹力大，不仅适用于立式扩散池，还适用于卧式扩散池的优点。

16. 实用新型名称：气马达叶片推出装置

专利号：ZL201620461541.9

申请日：2016/5/20

专利权人：延边龙川包装机械有限公司

主分类号：F01C 1/344

摘要：本实用新型气马达叶片推出装置，具有在任何情况下叶片都能在扭转弹簧的扭转力作用下退出来始终紧贴定于内

表面，保证叶片式气马达正常启动和工作的优点。

17. 实用新型名称：适用于燃用低热值燃油和多种燃料油的燃烧器

专利号：ZL201520350204.8

申请日：2015/5/28

专利权人：徐香兰，朴哲宇，杨玉君

主分类号：F23D 11/12

摘要：本实用新型增加第二供风系统，满足了低发热值的燃油和多种燃料油燃烧时所需的供风条件，使得此类燃油能够燃烧完全彻底；通过调节阀门或油泵来调节喷油量，使得燃烧机喷油量的调节方式变得简捷。

18. 实用新型名称：球体云台

专利号：ZL201520202077.7

申请日：2015/3/29

专利权人：朴龙吉

主分类号：F16M 11/14

摘要：本实用新型球体云台，采用上球套下球套二合一组合技术，可以自己装卸维修。

19. 实用新型名称：卧式炉膛设置在锅筒外部的燃油锅炉

专利号：ZL201520171634.3

申请日：2015/3/26

专利权人：朴哲宇、徐香兰

主分类号：F24H 1/44

摘要：本实用新型卧式炉膛设置在锅筒外部的燃油锅炉，有利于低发热值燃油在炉膛内燃烧，由于炉膛设置在炉筒外侧，不被低温水所包围，因而能使燃烧在高温环境下进行，为热交换提供合格的高温烟气。

20. 实用新型名称：一种多用途支架

专利号：ZL201520103950.7

申请日：2015/2/12

专利权人：黄正浩；齐藤茂

主分类号：F16M 11/20

摘要：本实用新型多用途支架，可以随时随地为手机、平板或化妆镜等镜面产品提供支座或防护；可以对镜面产品进行多次反复的擦拭清洁，能随身携带，使用方便。

21. 实用新型名称：螺口型 LED 天井灯

专利号：ZL201520010409.1

申请日：2015/1/4

专利权人：金松山

主分类号：F21S 8/00

摘要：本实用新型螺口型 LED 天井灯，具有体积小、散热效率高的特点，适合于开发组装室内高大空间照明的顶棚灯、厂房灯、悬挂灯以及智能化照明灯具。

22. 实用新型名称：一种新封装方式的碳纤维发热管

专利号：ZL201420831672.2

申请日：2014/12/17

专利权人：安东浩

主分类号：F24C 7/06

摘要：本实用新型新封装方式的碳纤维发热管，包括外管、内管及碳纤维发热丝，发热丝的引线从下封头引出，在下封头的下端留有一定长度的安装用外管。

23. 实用新型名称：一种生物质颗粒常压热水锅炉

专利号：ZL201420467452.6

申请日：2014/8/15

专利权人：延吉日明生物质热能科技有限公司

主分类号：F24H 1/28

摘要：本实用新型生物质颗粒常压热水锅炉，其材质均是不锈钢材，烟气的流程是三回程，导热性能快，排烟温度不超过80℃，热损失小。

24. 实用新型名称：一种多用途立坐贴

专利号：ZL201420216675.5

申请日：2014/4/30

专利权人：黄正浩

主分类号：F16M 11/00

摘要：本实用新型多用途立坐贴，可以与智能手机、平板电脑等物品紧密结合、一贴多用，可以是多次反复使用的清洁用具，也可以随时随地为手机或平板提供立坐依托工具。

25. 实用新型名称：带阀复合式节能气缸

专利号：ZL201320389507.1

申请日：2013/7/2

专利权人：崔东勋

主分类号：F15B 11/16

摘要：本实用新型带阀复合式节能气缸，具有节气、足够返回力和排气噪声小等特点。

26. 实用新型名称：复合式带阀节能气缸

专利号：ZL201320389438.4

申请日：2013/7/2

专利权人：崔东勋

主分类号：F15B 15/14

摘要：本实用新型复合式带阀节能气缸，通过活塞式工作气缸和柱塞式气缸及其控制回路，实现在工作气缸工进和空载移动当中对工作废气进行回收和重复利用，节省大量的压缩空气，减少排气噪声。

27. 实用新型名称： 一种节能热水器

专利号： ZL201320378083.9

申请日： 2013/6/16

专利权人： 孟志广

主分类号： F24H 1/00

摘要： 本实用新型节能热水器，具有有效地节省能源、减少排放、利于环保、降低热水使用成本的优点。

28. 实用新型名称： 反烧式高效节能锅炉

专利号： ZL201320320213.3

申请日： 2013/6/5

专利权人： 姜明珠

主分类号： F23B 80/00

摘要： 本实用新型反烧式高效节能锅炉，具有燃煤可充分燃烬、水箱吸热效率高、节约能源且不污染环境的优点。

29. 实用新型名称： 圆盘风轮

专利号： ZL201320240181.6

申请日： 2013/5/7

专利权人： 崔文泽

主分类号： F03D 1/00

摘要： 本实用新型圆盘风轮，使用在风力发电机上，与现有细长大叶片风轮相比，极大提高了风能转化为机械能的效率，降低了发电成本。

30. 实用新型名称： 河底落差式动力装置

专利号： ZL201320122146.4

申请日： 2013/3/18

专利权人： 白乐春

主分类号： F03B 13/00

摘要： 本实用新型河底落差式动力装置，具有体积小、结构简单，在水流量小、水位较低的环境下也可输出动力来发电的优点。

31. 实用新型名称： 一种碳纤维电加热盘

专利号： ZL201320118277.5

申请日： 2013/3/3

专利权人： 金正男

主分类号： F24C 7/06

摘要： 本实用新型碳纤维电加热盘，其电加热器以碳纤维为电发热体，具有很高的电热转换效率；在底面及反射层的反射下，热量损失进一步减小，提高了能量利用率。应用在电热炊具上，具有环保节能的优点。

32. 实用新型名称： 一种电热灶

专利号： ZL201220381513.8

申请日： 2012/7/23

专利权人： 金正男

主分类号： F24C 7/06

摘要： 本实用新型电热灶，具有温度高、热效率高的优点，尤其是其温度集中，升温迅速，炒出的菜口感好，使用方便，且有很好的节能效果。

33. 实用新型名称： 燃气灶

专利号： ZL201220327433.4

申请日： 2012/7/9

专利权人： 李光虎；徐圣昌

主分类号： F24C 3/08

摘要： 本实用新型燃气灶，能够同时进行多项烹饪操作，可以支持多种烹制方法，具有结构规整、简单、易生产组装、使用方便的优点。

34. 实用新型名称： 带有双滚筒式投料装置的焚烧锅炉

专利号： ZL201220141599.7

申请日： 2012/4/6

专利权人： 金振山

主分类号： F23G 5/00

摘要：本实用新型带有双滚筒式投料装置的焚烧锅炉，具有结构简单，使用方便，能够确保垃圾燃烧充分，有效地消除异味和病菌，减少环境污染等特点。

35. 实用新型名称： 插入式管接头

专利号： ZL201220115736.X

申请日： 2012/3/26

专利权人： 金日

主分类号： F16L 21/08

摘要：本实用新型插入式管接头，具有无须电源、无须专用工具、无须专业技术人员、操作简单、拆卸快捷、密封可靠、使用寿命长、不腐蚀、不污垢、成本低等优点。

36. 实用新型名称： 机械式焚烧垃圾燃煤装置

专利号： ZL201220030637.1

申请日： 2012/1/31

专利权人： 金振山

主分类号： F23B 30/08

摘要：本实用新型机械式焚烧垃圾燃煤装置，可以分别燃烧燃煤、可燃垃圾，可同时燃烧燃煤和可燃垃圾，具有节能环保的优点。

37. 实用新型名称： 压缩垃圾焚烧锅炉

专利号： ZL201220030646.0

申请日： 2012/1/31

专利权人： 金振山

主分类号： F23G 5/00

摘要：本实用新型压缩垃圾焚烧锅炉，具有结构简单、安全可靠、设计合理、燃烧充分、环保节能等优点。

38. 实用新型名称： 液体燃料燃烧器

专利号： ZL201120508057.4

申请日： 2011/12/8

专利权人： 延吉恒燃节能科技开发有限公司

主分类号： F23D 11/36

摘要：本实用新型液体燃料燃烧器，解决了现有技术中醇基液体燃料燃烧器的通风孔单排设置、进风量有限且分散、燃烧不充分、火焰强度不高的问题，具有进风效果好、燃料燃烧充分、火力集中、火焰强的优点。

39. 实用新型名称： 可燃性压缩垃圾焚烧锅炉

专利号： ZL201120350134.8

申请日： 2011/9/19

专利权人： 金振山

主分类号： F23G 5/44

摘要：本实用新型可燃性压缩垃圾焚烧锅炉，具有结构简单、安全可靠、设计合理、燃烧充分、环保节能等优点。

40. 实用新型名称： 焚烧垃圾燃煤锅炉

专利号： ZL201020610070.6

申请日： 2010/11/17

专利权人： 金振山

主分类号： F23B 30/08

摘要：本实用新型焚烧垃圾燃煤锅炉，可以分别燃烧燃煤、可燃垃圾，或可同时燃烧燃煤和可燃垃圾。

41. 实用新型名称： 地暖用卡套式铜芯分集水器

专利号： ZL200920094759.5

申请日： 2009/11/16

专利权人： 崔明花

主分类号： F24D 19/10

摘要：本实用新型地暖用卡套式铜芯分集水器，具有减少掐管痕迹、耐拉拔力大、连接或拆卸不需任何工具、密封性好的优点。

42. 实用新型名称：石暖炕板
专利号：ZL200920093488.1
申请日：2009/4/22
专利权人：韩雪武
主分类号：F24D 3/00
摘要：本实用新型石暖炕板，具有结构简单、制作方便、施工简便、安全，既可作室内地热炕板使用，又可作石暖床垫使用的优点。

二、珲春市 F 部实用新型专利

1. 实用新型名称：一种碎矿机的整体式减震底座
专利号：ZL201820204271.2
申请日：2018/2/6
专利权人：珲春紫金矿业有限公司
主分类号：F16M 9/00
摘要：本实用新型碎矿机的整体式减震底座，具有制作与安装操作简单、成本低廉、稳定可靠的特点。

2. 实用新型名称：快捷连接补漏器
专利号：ZL201721049800.8
申请日：2017/8/22
专利权人：大唐珲春发电厂
主分类号：F16L 55/178
摘要：本实用新型快捷连接补漏器，其具有管路连接和泄漏处理快捷、使用寿命长、性能稳定、安全可靠的优点，适用于工业生产管路连接和泄漏处理检修。

3. 实用新型名称：发电厂密封油系统防卡涩浮球阀
专利号：ZL201720967854.6

申请日：2017/8/4
专利权人：大唐珲春发电厂
主分类号：F16K 31/22
摘要：本实用新型发电厂密封油系统防卡涩浮球阀，可避免因浮球阀卡涩而造成汽轮发电机机内氢压下降或发电机底部满油现象，提高了密封油系统运行的可靠性，保证机组安全稳定运行。

4. 实用新型名称：一种便携式燃气炉具
专利号：ZL201720536254.4
申请日：2017/5/11
专利权人：崔龙杰；邹剑平
主分类号：F24C 3/14
摘要：本实用新型便携式燃气炉具，其炉盘支架上端铰接有拓展架，下端铰接有支撑脚架，使用时张开拓展架与支撑脚架，收放时折叠拓展架与支撑脚架，具有使用方便、便于携带的特点。

5. 实用新型名称：一种大孔径可控流量虹吸装置
专利号：ZL201620908657.2
申请日：2016/8/22
专利权人：珲春紫金矿业有限公司
主分类号：F04F 10/00
摘要：本实用新型大孔径可控流量虹吸装置，具有免动力、大流量、操作简单、生产成本和工人劳动强度低的优点。

6. 实用新型名称：减压调节阀
专利号：ZL201620656015.8
申请日：2016/6/29
专利权人：大唐珲春发电厂
主分类号：F16K 31/385
摘要：本实用新型减压调节阀，具有性能稳定、操作方便、使用寿命长、能精确地调节到所需的压力和流量，效果优异的优点。

7. 实用新型名称：智能型漏氢自动换气装置

专利号：ZL201620525811.8

申请日：2016/6/2

专利权人：大唐珲春发电厂

主分类号：F24F 7/007

摘要：本实用新型智能型漏氢自动换气装置，具有连续监测氢气含量、自动启停，可实现无人操作的优点。

8. 实用新型名称：负压液体吸取器

专利号：ZL201620514396.6

申请日：2016/5/31

专利权人：大唐珲春发电厂

主分类号：F04F 5/10

摘要：本实用新型负压液体吸取器，具有吸取效果优异、全密封式无挥发泄漏、使用寿命长、性能稳定、安全可靠的优点。

9. 实用新型名称：封闭母线微正压充气装置

专利号：ZL201620509542.6

申请日：2016/5/31

专利权人：大唐珲春发电厂

主分类号：F17C 5/06

摘要：本实用新型封闭母线微正压充气装置，具有可连续投入、自动运行、保证气源不间断、压力稳定、洁净的优点。

10. 实用新型名称：一种用于水电站上的新型蒸汽发生装置

专利号：ZL201420583972.3

申请日：2014/10/10

专利权人：大唐珲春发电厂

主分类号：F22B 33/18

摘要：本实用新型用于水电站上的新型蒸汽发生装置，具有能够提高换热效率、延长使用寿命、节约能源的优点。

11. 实用新型名称：回转窑的出料转运装置

专利号：ZL201420220696.4

申请日：2014/5/4

专利权人：珲春多金属有限公司

主分类号：F27B 7/33

摘要：本实用新型回转窑的出料转运装置，具有减少二氧化硫排放、降低劳动力成本的优点。

12. 实用新型名称：单流环密封油系统

专利号：ZL201420059938.6

申请日：2014/2/10

专利权人：大唐珲春发电厂

主分类号：F16J 15/40

摘要：本实用新型单流环密封油系统，启停机及润滑油系统设备消缺时，如必须停止润滑油系统运行，可使密封油系统长时间单独运行，降低发电机气体置换所产生的经济损失。

13. 实用新型名称：侧吹熔炼炉

专利号：ZL201320379434.8

申请日：2013/6/28

专利权人：珲春多金属有限公司

主分类号：F27B 14/08

摘要：本实用新型侧吹熔炼炉，其拱脚对称置于熔炼炉熔炼区与前床区之间两炉壁顶部，拱墙横跨于拱脚之间且与拱脚固定连接，熔炼区和前床区完全贯通。熔炼区和前床区之间无隔墙，热传递效率高，无冻结区产生，生产效率高，使用方便。

14. 实用新型名称：熔池熔炼冶金炉

专利号：ZL201320379432.9

申请日：2013/6/28

专利权人：珲春多金属有限公司

主分类号：F27B 14/14

摘要：本实用新型熔池熔炼冶金炉，其熔池体受热均匀，使用寿命长；烘炉完成后，更换富氧风口喷嘴，迅速过渡到熔池熔炼冶金工序，烧嘴可以重复使用，操作简单、烘炉效果好，生产效率高，使用方便。

15. 实用新型名称：熔炼冶金炉熔炼区与放渣区的隔墙

专利号：ZL201320379469.1

申请日：2013/6/28

专利权人：珲春多金属有限公司

主分类号：F27D 1/00

摘要：本实用新型放渣区壁顶面高于熔炼区熔池熔液液面，铜水套层对应放渣区壁顶面的铜水套设有向放渣区壁顶面延伸且紧密接触放渣区壁顶面的凸起，铜水套的凸起压紧放渣区壁顶面，使放渣区壁更稳固。

16. 实用新型名称：液动三通隔膜阀

专利号：ZL201320250007.X

申请日：2013/5/10

专利权人：大唐珲春发电厂

主分类号：F16K 11/044

摘要：本实用新型液动三通隔膜阀，具有结构简单、性能稳定、密封可靠、安装拆卸方便、使用寿命长等有益效果。适用于电厂化学制水的盘式过滤器系统。

17. 实用新型名称：密封风机入口风道隔断装置

专利号：ZL201320078551.0

申请日：2013/2/20

专利权人：大唐珲春发电厂

主分类号：F04D 29/00

摘要：本实用新型密封风机入口风道隔断装置，具有结构简单、安装使用方便的优点，可以在正常运行方式下，对其中任意一台密封风机进行有效隔离，以实现维护和检修。

三、图们市 F 部实用新型专利

1. 实用新型名称：基于声控实现舞台灯与照明灯智能切换的 KTV 双用灯

专利号：ZL201620988371.X

申请日：2016/8/29

专利权人：朴峰男

主分类号：F21S 10/02

摘要：本实用新型基于声控实现舞台灯与照明灯智能切换的 KTV 双用灯，具有可在舞台灯与照明灯之间进行自由智能切换，打出的光束丰富多彩，使灯具的使用更加智能化与人性化的优点。

2. 实用新型名称：可调无级可变排气阀门

专利号：ZL201320600368.2

申请日：2013/9/27

专利权人：梁志强

主分类号：F02D 9/12

摘要：本实用新型可调无级可变排气阀门，具有结构简单、调节功能和实用性极强、可通过控制汽车排气阻力使发动机充分发挥加速性能、节省燃油的优点。

3. 实用新型名称：内阀门汽车排气管

专利号：ZL201320010445.9

申请日：2013/1/10

专利权人：梁志强

主分类号：F01N 13/00

摘要：本实用新型内阀门汽车排气管，具有可全方位调节排气阻力、可满足用户对排气音响需求等特点。

四、敦化市 F 部实用新型专利

1. 实用新型名称：一种太阳能集热供暖系统

专利号：ZL201820399351.8

申请日：2018/3/23

专利权人：李昌友

主分类号：F24D 15/00

摘要：本实用新型太阳能集热供暖系统，采用多个温度检测器，能够根据环境温度调节水温，其智能程度高，绿色环保。

2. 实用新型名称：一种自洁式无蒸汽民用灶台蒸煮锅炉

专利号：ZL201721643911.1

申请日：2017/11/24

专利权人：于清涛

主分类号：F24B 1/20

摘要：本实用新型自洁式无蒸汽民用灶台蒸煮锅炉，集取暖、烧炕、做饭于一体，在锅炉烧炕取暖做饭的同时，解决了室内有水蒸气的问题。

3. 实用新型名称：编码器传动装置

专利号：ZL201721432361.9

申请日：2017/11/1

专利权人：吉林敖东胶囊有限公司

主分类号：F16H 7/02

摘要：本实用新型编码器传动装置，通过刹车块压紧模条，停止模条的运动，模条不会受到撞击产生噪声和反弹，有利于提高编码器的传动精度。

4. 实用新型名称：胶盘高度调节装置

专利号：ZL201721432345.X

申请日：2017/11/1

专利权人：吉林敖东胶囊有限公司

主分类号：F16M 11/24

摘要：本实用新型胶盘高度调节装置，通过调整调节螺杆旋入调节螺母的长度，向上顶出滑动块，使滑动块向上顶出胶盘调节板，从而调节设置在调节胶盘调节板上的胶盘的高度。

5. 实用新型名称：胶囊生产用齿条消隙装置

专利号：ZL201721398324.0

申请日：2017/10/26

专利权人：吉林敖东胶囊有限公司

主分类号：F16H 55/28

摘要：本实用新型胶囊生产用齿条消隙装置，能够消除齿条间隙，提高传动精度。

6. 实用新型名称：新型暖通空调固定装置

专利号：ZL201721382577.9

申请日：2017/10/25

专利权人：祝贵鑫

主分类号：F24F 13/32

摘要：本实用新型暖通空调固定装置，具有结构稳固、破坏性小的优点。

7. 实用新型名称：胶囊生产用烘干系统

专利号：ZL201721325088.X

申请日：2017/10/16

专利权人：吉林敖东胶囊有限公司

主分类号：F26B 15/12

摘要：本实用新型胶囊生产用烘干系统，具有结构简单、安装紧凑、占用空间小、使用方便、烘干效果好、模条受热均匀的优点。

8. 实用新型名称：一种吸顶灯卡条

专利号：ZL201720970917.3

申请日：2017/8/5

专利权人：裴金锋

主分类号：F21V 17/16

摘要：本实用新型吸顶灯卡条，卡条上的槽位用来固定吸顶灯，卡条下端的卡位用来固定吸顶灯灯罩，防止吸顶灯和吸顶灯灯罩掉下来，具有结构简单、安装方便、节省成本的优点。

9. 实用新型名称：醇基燃料锅炉

专利号：ZL201720848848.9

申请日：2017/7/13

专利权人：董庆忠

主分类号：F22B 31/00

摘要：本实用新型醇基燃料锅炉，能够有效地吸收出口烟道中的热量，提高了能源的利用率，降低了运行成本。

10. 实用新型名称：一种自控药材烘干房

专利号：ZL201520103297.4

申请日：2015/2/12

专利权人：吉林敖东世航药业股份有限公司

主分类号：F26B 15/16

摘要：本实用新型自控药材烘干房，采用自控烘干系统，操作简单，节省人力物力；依靠标准化程序管理，保证了产品质量的稳定性。

11. 实用新型名称：一种锅炉

专利号：ZL201420499792.7

申请日：2014/9/1

专利权人：吉林省东方锅炉制造有限责任公司

主分类号：F23C 10/22

摘要：本实用新型锅炉，采用变频控制的物料输送系统，使燃料的量能够得到调节。

12. 实用新型名称：一种往复炉

专利号：ZL201420499702.4

申请日：2014/9/1

专利权人：吉林省东方锅炉制造有限责任公司

主分类号：F23H 11/00

摘要：本实用新型往复炉，通过对传统单一炉排按燃烧原理进行单元划分，使各炉排单元能够独立操作，使燃料达到最佳燃烧状态，提高了燃烧效率。

13. 实用新型名称：一种热交换锅炉

专利号：ZL201420499480.6

申请日：2014/9/1

专利权人：吉林省东方锅炉制造有限责任公司

主分类号：F24H 1/22

摘要：本实用新型提供的常压内置换热热水锅炉，将热交换装置置于锅炉锅筒内可有效提高换热效率，独立的水循环系统可以改善换热水的水质，延长换热管寿命，降低换热管对热量吸收的影响，增进换热效率。

14. 实用新型名称：节能燃煤锅炉炉门

专利号：ZL201220613843.5

申请日：2012/11/20

专利权人：韩东信

主分类号：F23M 7/00

摘要：本实用新型节能燃煤锅炉炉门，具有能够提高炉膛内燃烧效率、环保节能等特点。

15. **实用新型名称**：新型摆线齿轮润滑油泵自动换向装置

专利号：ZL201220534815.4

申请日：2012/10/19

专利权人：延边利源通用机械有限责任公司

主分类号：F04C 15/00

摘要：本实用新型提供的新型摆线齿轮润滑油泵自动换向装置，结构简单，使用方便。不需要拆卸油泵、不用换油路板，泵的进排油路及油口不变，达到自动调整油泵旋向的目的，且使卸油压口固定成为现实。

五、龙井市 F 部实用新型专利

1. **实用新型名称**：一种摩擦离合器

专利号：ZL201721930833.3

申请日：2017/12/29

专利权人：张延顺

主分类号：F16D 13/58

摘要：本实用新型摩擦离合器，对主动盘和从动盘的接触摩擦面的形状进行的改变，是创新的设计改造。

2. **实用新型名称**：一种具有冷凝功能的水喷射真空泵

专利号：ZL201721129738.3

申请日：2017/9/5

专利权人：延边朝鲜族自治州农业科学院（延边特产研究所）

主分类号：F04F 5/04

摘要：本实用新型具有冷凝功能的水喷射真空泵，其冷凝管设置在循环罐内腔的出水口处，优选将即将进入到离心泵内的水进行冷却，避免冷凝不及时，避免为冷凝整个循环罐内的水而需要大量布置冷凝管。

3. **实用新型名称**：热泵机组及使用该热泵机组的直进式源生污水供暖系统

专利号：ZL201620944328.3

申请日：2016/8/25

专利权人：陈松青

主分类号：F25B 30/02

摘要：本实用新型热泵机组及使用该热泵机组的直进式源生污水供暖系统，解决了现有技术中直进式源生污水供暖系统的脏堵问题。

4. **实用新型名称**：新型节能供暖系统

专利号：ZL201220519324.2

申请日：2012/10/11

专利权人：金云峰

主分类号：F24D 13/04

摘要：本实用新型新型节能供暖系统，通过在电热线与电源之间设置双金属片，实现了对地暖管内液体温度的自动调节控制，具有节约电能的优点。

六、和龙市 F 部实用新型专利

1. **实用新型名称**：一种车用空调气液分离器

专利号：ZL201820678586.0

申请日：2018/5/8

专利权人：和龙双昊高新技术有限公司

主分类号：F25B 43/00

摘要：本实用新型车用空调气液分离器，具有将来自蒸发器内的气体进行气液分离，避免液态制冷剂进入压缩机、破坏润滑或者损坏涡旋盘的优点。

2. **实用新型名称**：一种便于拆卸的堵帽

专利号：ZL201820679292.X

申请日：2018/5/8

专利权人：和龙双昊高新技术有限公司

主分类号：F25B 43/00

摘要：本实用新型便于拆卸的堵帽，具有可避免使用常规工具对堵帽进行拆卸时会对堵帽以及储液干燥器的筒体均造成损伤、破坏储液干燥器的密封性的优点。

3. 实用新型名称：带吸液管的过冷式车用空调储液干燥器

专利号：ZL201720337926.9

申请日：2017/3/31

专利权人：和龙双昊高新技术有限公司

主分类号：F25B 43/00

摘要：本实用新型带吸液管的过冷式车用空调储液干燥器，其筒体为一体式结构，其密封性和承压性优良；制冷剂与干燥剂的充分接触，增强了对制冷剂的干燥作用；增加专用的密封件，增强了密封效果。

4. 实用新型名称：车用空调过冷式储液干燥器堵帽

专利号：ZL201720346507.1

申请日：2017/3/31

专利权人：和龙双昊高新技术有限公司

主分类号：F25B 43/00

摘要：本实用新型车用空调过冷式储液干燥器堵帽，可避免旋入过程中过滤器因旋转力而变形，且可避免密封圈和堵帽合模线之间存在间隙，从而保证过滤器的过滤效果和密封圈的压紧效果。

5. 实用新型名称：具有宣传牌翻转功能的冷柜

专利号：ZL201520888881.5

申请日：2015/11/3

专利权人：胡炜林

主分类号：F25D 23/00

摘要：本实用新型具有宣传牌翻转功能的冷柜，解决了在低矮通道中移动冷柜需要拆卸顶部宣传牌的问题。

6. 实用新型名称：免焊接过冷式贮液罐筒体

专利号：ZL201220659553.4

申请日：2012/12/4

专利权人：和龙双昊高新技术有限公司

主分类号：F25B 43/00

摘要：本实用新型免焊接过冷式贮液罐筒体，由筒体基本结构改进而成，具有一次挤压成形、加工工序少、成品率高、贮液不泄漏、节约工时、降低成本的优点。

七、汪清县 F 部实用新型专利

1. 实用新型名称：一种 LED 全角度球泡灯

专利号：ZL201820843445.X

申请日：2018/6/1

专利权人：王成国

主分类号：F21K 9/232

摘要：本实用新型 LED 全角度球泡灯，其灯板表面与背面通过灯壳对空气红外辐射出热量，利用灯头作为散热部件，提高材料资源利用率，降低了用料和成本，同时还可以有效利用传统白炽灯废弃的自动设备。

2. 实用新型名称：一种房屋采暖装置及系统

专利号：ZL201820521124.8

申请日：2018/4/12

专利权人：于洋

主分类号：F24D 15/02

摘要：本实用新型房屋采暖装置及系统，实现了太阳能和房屋保温设施的有机结合，可不用或者少用外部能源即可满足冬季房屋采暖要求，具有低能耗、低运行费用、低成本的优点。

3. 实用新型名称：一种 LED 塑包铝灯管

专利号：ZL201820388245.X

申请日：2018/3/21

专利权人：王成国

主分类号：F21K 9/23

摘要：本实用新型 LED 塑包铝灯管，具有不易碎，可充分实现对流与红外辐射散热，使灯泡发光均匀、安装方便、成品率高、成本低的优点。

4. 实用新型名称：一种具有环保功能的锅炉

专利号：ZL201820023438.5

申请日：2018/1/8

专利权人：金星焕

主分类号：F23B 40/00

摘要：本实用新型具有环保功能的锅炉，具有粉碎后的煤炭燃烧效率更高，可以对气体中未燃尽的颗粒进行燃烧，避免资源浪费，可以蓄热，保持内锅温度等优点。

5. 实用新型名称：一种 LED 全角度球泡灯

专利号：ZL201721125632.6

申请日：2017/9/4

专利权人：王成国

主分类号：F21K 9/232

摘要：本实用新型 LED 全角度球泡灯，红外辐射散热基板代替原来的铝基板，将红外辐射散热基板做成中空的形状，实现对流与红外辐射散热。

6. 实用新型名称：一种 LED 全角度球泡灯

专利号：ZL201720896644.2

申请日：2017/7/24

专利权人：王成国

主分类号：F21K 9/232

摘要：本实用新型 LED 全角度球泡灯，红外辐射散热基板代替原来的铝基板，将红外辐射散热基板做成中空的形状，实现对流与红外辐射散热。

7. 实用新型名称：一种大角度大功率 LED 塑包铝球灯泡

专利号：ZL201720824554.2

申请日：2017/7/10

专利权人：王成国

主分类号：F21K 9/232

摘要：本实用新型大角度大功率 LED 塑包铝球灯泡，其螺台和角架合成完整角架，三面周围发光，实现大角度，充分利用发光面内部散热面积，同体积灯功率上升 1.5 倍，对流和辐射散热效果好。

8. 实用新型名称：一种大功率塑包铝柱型灯泡

专利号：ZL201720574468.0

申请日：2017/5/22

专利权人：王成国

主分类号：F21K 9/232

摘要：本实用新型大功率塑包铝柱型灯泡，采用镂空塑包铝的壳体，实现塑包铝结构散热，散热铝片的表面充分对空气散热，灯板的铝基板灯珠背面面积全部对空气散热，扩大了散热面，实现小体积大功率的散热效果。

9. 实用新型名称：一种高速公路用太阳能路灯系统

专利号：ZL201620822966.8

申请日：2016/8/1

专利权人：周健；赵莹；周旭昌；周龙华

主分类号：F21S 9/03

摘要：本实用新型高速公路用太阳能路灯系统，将太阳能电池板和高速公路相结合，用作道路隔离设施对汽车起到保护作用的同时，可充分利用高速公路的有效光照面积，将太阳能转化为电能供道路照明使用。

10. 实用新型名称：一种家庭局部地暖装置

专利号：ZL201620246851.9

申请日：2016/3/29

专利权人：伊广曦；伊财胜

主分类号：F24D 15/02

摘要：本实用新型家庭局部地暖装置，结构简单、使用方便，解决了现有家庭供暖方式中存在的需要单独采购制热设备和使用成本高的问题。

11. 实用新型名称：醇基燃料汽化燃烧炉具

专利号：ZL201520338622.5

申请日：2015/5/22

专利权人：闫云恒

主分类号：F24C 5/02

摘要：本实用新型醇基燃料汽化燃烧炉具，解决了现有技术中容易堵塞、受热温差大造成炉具损坏以及启动时间长和噪声大的问题。

12. 实用新型名称：圆筒式烟囱引风保温除霜盖板

专利号：ZL201520045908.4

申请日：2015/1/23

专利权人：孙清团

主分类号：F23J 13/08

摘要：本实用新型圆筒式烟囱引风保温除霜盖板，具有结构简单，操作方便，火炕烟囱引风、保温、除霜效果好，既可以提高火炕及室内温度，又可以延长烟囱内设有的引风机寿命的优点。

13. 实用新型名称：密封式插板阀

专利号：ZL201420854300.1

申请日：2014/12/30

专利权人：汪清县龙腾能源开发有限公司

主分类号：F16K 3/02

摘要：本实用新型密封式插板阀，在干馏炉加料或排干半焦时不漏空气、不泄漏瓦斯和油气，结构合理，密封可靠性高，使用安全，寿命长。

14. 实用新型名称：旋转式烟筒盖

专利号：ZL201220288480.2

申请日：2012/6/19

专利权人：王福连

主分类号：F23J 13/08

摘要：本实用新型旋转式烟筒盖，通过行程开关自动控制圆板式盖来实现对烟筒的开/关，保存火炕内的热量，进而有效减少火炕热量损失，提高热利用率。

15. 实用新型名称：扣帽式烟筒盖

专利号：ZL201220288484.0

申请日：2012/6/19

专利权人：王福连

主分类号：F23J 13/08

摘要：本实用新型扣帽式烟筒盖，通过行程开关自动控制盖帽来达到对烟筒的关闭或开放，以保存火炕内的热量，进而有效减少火炕热量损少，提高热利用率。

八、安图县 F 部实用新型专利

实用新型名称： 一种辐射式采暖地板
专利号： ZL201721110698.8
申请日： 2017/9/1

专利权人： 金建
主分类号： F24D 3/14
摘要： 本实用新型辐射式采暖地板，节省了人工成本及安装时间，不需要铺瓷砖、地板、地板胶等操作，节约了水泥沙子的使用，更加环保；进行模块化设计、标准化生产预制，使材料品质稳定可靠，施工现场干净整洁。

第七篇

G 部：物理类专利

第一章 G 部发明专利

一、延吉市 G 部发明专利

1. 发明名称：碳纳米纤维/碳纤维固相微萃取涂层的制备方法及其装置

专利号：ZL201610681314.1

申请日：2016/8/17

专利权人：延边大学

主分类号：G01N 30/06

摘要：本发明碳纳米纤维/碳纤维固相微萃取材料及其制备方法，通过将碳纳米纤维修饰在碳纤维上，形成空间立体三维结构，有效地增加活性位点，提高富集率，解决植物激素浓度低难以实现实时检测的难题。

2. 发明名称：一种电子烟烟液中多元醇醚及其酯类化合物的检测方法

专利号：ZL201610547061.9

申请日：2016/7/12

专利权人：吉林烟草工业有限责任公司

主分类号：G01N 30/02

摘要：本发明通过采用气相色谱－质谱联用进行检测，具有较高的准确度、较好的确证性和灵敏度；通过加入内标化合物进行定量，以不含目标分析物的电子烟烟液的提取液作为空白基质以排除基质和干扰离子的影响，从而检出限低、准确度高、重复性好。

3. 发明名称：一种酚类香料的检测方法

专利号：ZL201610569403.7

申请日：2016/7/19

专利权人：吉林烟草工业有限责任公司

主分类号：G01N 30/02

摘要：本发明酚类香料的检测方法，采用超高效液相色谱－串联质谱法进行检测，通过梯度洗脱可将待测样品液中不同的酚类香料分离，并从二级质谱层面上也进行定性和定量分析，提高分析方法的选择性和准确性。

4. 发明名称：全自动体外透皮立式扩散试验装置

专利号：ZL201610350816.6

申请日：2016/5/25

专利权人：延边大学

主分类号：G01N 13/04

摘要：本发明全自动体外透皮立式扩散试验装置，具有能够自动定时取样、补充介质、排气、收集样品、清洗管路，完成全自动体外透皮立式扩散试验的优点。

5. 发明名称：全自动样品热解吸与液相微富集装置

专利号：ZL201610350860.7

申请日：2016/5/25

专利权人：延边大学

主分类号：G01N 30/06

摘要：本发明全自动样品热解吸与液相微富集装置，具有结构简单、使用方便、费用低，集萃取、净化、浓缩于一体，且试剂用量少、富集时间短、富集率较高的优点。

6. 发明名称：气相色谱仪手动进样辅助器

专利号：ZL201510226096.8

申请日：2015/5/7

专利权人：延边大学

主分类号：G01N 30/18

摘要：本发明气相色谱仪手动进样辅助器，具有结构简单、易操作、成本低、重现性好，进样效果接近于自动进样器等优点。

7. 发明名称：一种食用香精香料中萜烯醇酯类化合物的检测方法

专利号：ZL201510242687.4

申请日：2015/5/13

专利权人：吉林烟草工业有限责任公司

主分类号：G01N 30/88

摘要：本发明食用香精香料中萜烯醇酯类化合物的检测方法，对目标化合物及内标色谱峰都分离度较好，且均具有较好的线性相关性，并且回收率高，重复性好。

8. 发明名称：去除树叶中脂类物质的分离方法

专利号：ZL201510118318.4

申请日：2015/3/18

专利权人：延边大学

主分类号：G01N 30/14

摘要：本发明去除树叶中脂类物质的分离方法，去除了树叶中大部分脂类物质，避免了有机污染物质检测过程中脂类物质的干扰，使检测具有较高的准确度和灵敏度。

9. 发明名称：利用电磁场的柱内流动式固定相的生物大分子分离方法

专利号：ZL201410725648.5

申请日：2014/12/4

专利权人：延边大学

主分类号：G01N 30/10

摘要：本发明利用电磁场的柱内流动式固定相的生物大分子分离方法，具有能够简单、准确地快速分离与自身性质不同生物样品的优点。

10. 发明名称：一种测定烟草制品中香豆素和黄樟素含量的方法

专利号：ZL201410245020.5

申请日：2014/6/4

专利权人：吉林烟草工业有限责任公司

主分类号：G01N 30/02

摘要：本发明测定烟草制品中香豆素和黄樟素含量的方法，能够快速、准确地实现对烟草制品中香豆素和黄樟素含量的检测，通过微萃取技术降低了基质效应，提高了香豆素和黄樟素的分离度，且方法操作简便。

11. 发明名称：一种烟草成分气相色谱分析样品的制备方法及烟草成分的气相色谱分析方法

专利号：ZL201410244995.6

申请日：2014/6/4

专利权人：吉林烟草工业有限责任公司

主分类号：G01N 30/06

摘要：本发明烟草成分气相色谱分析样品的制备方法，得到的分析样品中几乎不含有尼古丁，避免了掩盖部分化合物色谱峰、造成色谱峰容量有限、分辨率不足等问题；且避免了部分挥发性成分的损失，实现了烟叶中多种致香成分的快速同时准确萃取，提高了烟叶致香成分的检测灵敏度和分离度。

12. 发明名称：一种检测主流烟气总粒相物中烟草特有 N - 亚硝胺的方法

专利号：ZL201410001578.9

申请日：2014/1/2

专利权人：吉林烟草工业有限责任公司

主分类号：G01N 30/02

摘要：本发明检测主流烟气总粒相物中烟草特有 N - 亚硝胺的方法，对主流烟气总粒相物中烟草特有 N - 亚硝胺的检测具有较高的灵敏度和准确度。

13. 发明名称：一种制丝工艺报警方法、装置及系统

专利号：ZL201310536288.X

申请日：2013/11/4

专利权人：吉林烟草工业有限责任公司

主分类号：G08B 21/00

摘要：本发明制丝工艺报警方法、装置及系统，通过实时获取制丝工艺过程中的工序的参数值，当工序参数值超过预设报警阈值时，输出报警信号以触发相关的报警设备，提高了工作效率，且实现监控的实时性。

14. 发明名称：一种同时检测水杨酸、马兜铃酸 A、甜蜜素和 β - 萘酚的方法

专利号：ZL201310189673.1

申请日：2013/5/21

专利权人：吉林烟草工业有限责任公司

主分类号：G01N 30/02

摘要：本发明能够同时实现对水杨酸、马兜铃酸 A、甜蜜素和 β - 萘酚的检测，可消除类似化合物的干扰，确保所检测成分准确、可靠，检测灵敏度高、重复性好，具有较高的准确性和精密度。

15. 发明名称：一种烟用香精香料质量的检测方法

专利号：ZL201310047819.9

申请日：2013/2/6

专利权人：吉林烟草工业有限责任公司

主分类号：G01N 21/35

摘要：本发明烟用香精香料品质的检测方法，根据得到的待测样品的品质参数值和预定的烟用香精香料品质鉴别的阈值，从而能够快速、准确地实现对烟用香精香料品质的测定。

16. 发明名称：注射用核糖核酸 II 一种质量控制方法

专利号：ZL201210295478.2

申请日：2012/8/17

专利权人：吉林敖东药业集团延吉股份有限公司

主分类号：G01N 30/02

摘要：本发明注射用核糖核酸 II 的方法，利用高效液相色谱技术，建立了专属性强的质控方法，对于提高药物的科技含量，增加安全性、有效性，降低成本，扩大生产规模，提高市场占有率具有重要意义。

17. 发明名称：与气相色谱联用的连续气体液相微萃取装置

专利号：ZL201210106817.8

申请日：2012/4/13

专利权人：延边大学

主分类号：G01N 30/02

摘要：本发明与气相色谱联用的连续气体液相微萃取装置，缩短了样品前处理时间，并消除了手工操作产生的误差，具有使用方便、定量准确、实验结果重现性好和实现自动化等优点。

18. 发明名称：气流式动态液相微萃取方法

专利号：ZL201010170882.8

申请日：2010/4/23

专利权人：延边科创超声波设备技术开发有限公司

主分类号：G01N 1/28

摘要：本发明气流式动态液相微萃取方法，实现了挥发性半挥发性有机成分与非挥发性成分的同时快速分离和完全富集，并且利用该方法萃取之后可直接进行仪器分析。

二、珲春市 G 部发明专利

1. 发明名称：空气增压净化调整器

专利号：ZL201610050330.0

申请日：2016/1/26

专利权人：大唐珲春发电厂

主分类号：G01N 21/15

摘要：本发明空气增压净化调整器，激光源调整方便、使用寿命长、性能稳定、安全可靠，适用于工业烟尘监测。

2. 发明名称：液体摄取器

专利号：ZL201510248237.6

申请日：2015/5/16

专利权人：大唐珲春发电厂

主分类号：G01N 1/14

摘要：本发明液体摄取器，适用于各种酸碱、油类、水等液体类试验样品的摄取，具有性能稳定、样品摄取效果好、操作方便、使用寿命长、安全可靠等有益效果。

三、敦化市 G 部发明专利

1. 发明名称：一种治疗小儿厌食症的中药制剂的检测方法

专利号：ZL201410734572.2

申请日：2014/12/4

专利权人：吉林敖东延边药业股份有限公司

主分类号：G01N 30/90

摘要：本发明治疗小儿厌食症的中药制剂的检测方法，具有简便、易行、重复性好的特点，有利于对该中药制剂的质量控制，有助于提高药物临床使用安全性和稳定性。

2. 发明名称：血栓心脉宁胶囊的检测方法

专利号：ZL201110357472.9

申请日：2011/11/13

专利权人：吉林华康药业股份有限公司

主分类号：G01N 30/02

摘要：本发明血栓心脉宁胶囊的检测方法，通过简单步骤的提取，在同一个薄层系统展开，达到鉴别三种成分的目的，具有专属性强、快速、经济、操作简便等特点；通过建立对人工麝香的鉴别，并配合原有的槐花的鉴别及含量测定，能更全面地检测臣药的成分和其配伍。

3. 发明名称：一种血栓心脉宁胶囊的检测方法

专利号：ZL201110357514.9

申请日：2011/11/13

专利权人：吉林华康药业股份有限公司

主分类号：G01N 30/90

摘要：本发明血栓心脉宁胶囊的检测方法，具有专属性强、快速、经济、操作简便等特点；通过建立对人工麝香的鉴别，并建立多指标含量测定，具体增加对川芎的含量测定，配合原有的含量测定，能更全面地检测君药的成分，了解其含量和稳定性。

4. 发明名称： 血栓心脉宁片的检测方法

专利号：ZL201110357413.1

申请日：2011/11/13

专利权人：吉林华康药业股份有限公司

主分类号：G01N 30/90

摘要：本发明血栓心脉宁片的检测方法，具有专属性强、快速、经济、操作简便等特点；增加人工牛黄、人工麝香的鉴别，并建立多指标含量测定，具体增加通过对川芎、人参茎叶皂苷的含量测定，配合原有的含量测定，能更全面地检测药物的成分，了解其含量和稳定性。

5. 发明名称： 血栓心脉宁片有效成分的检测方法

专利号：ZL201110357412.7

申请日：2011/11/13

专利权人：吉林华康药业股份有限公司

主分类号：G01N 30/90

摘要：本发明血栓心脉宁片有效成分的检测方法，属于中药的检测领域。通过建立对人工麝香的鉴别，并配合原有的

槐花的鉴别及含量测定，规范了血栓心脉宁片的检测方法，能更全面地检测臣药的成分及其配伍，了解其含量和稳定性，也有助于说明药物的药用物质基础。

6. 发明名称： 安神补脑液中维生素 B_1 的质量控制方法

专利号：ZL200610016840.2

申请日：2006/5/10

专利权人：吉林敖东延边药业股份有限公司

主分类号：G01N 30/02

摘要：本发明安神补脑液中维生素 B_1 的质量控制方法，有效地去除了药物中的杂质，具有操作简便、稳定、精密度高、重现性好、易掌握的特点。

四、和龙市 G 部发明专利

发明名称： 多种贮液器筒气密测试装置

专利号：ZL200910068079.0

申请日：2009/3/9

专利质押出质人：和龙双昊高新技术有限公司

专利质押质权人：吉林和龙农村商业银行股份有限公司

主分类号：G01M 3/10

摘要：本发明多种贮液器筒气密测试装置，可适应多种型号的贮液器筒的气密测试，只要更换适应不同型号贮液器筒的支撑底座，即可对不同型号贮液器筒进行气密测试。

第二章　G 部实用新型专利

一、延吉市 G 部实用新型专利

1. 实用新型名称：一种环境检测取样装置

专利号：ZL201820454033.7

申请日：2018/4/2

专利权人：董微巍

主分类号：G01N 1/08

摘要：本实用新型环境检测取样装置，具有对土壤取样时其座板稳定，土壤取样效率高，土壤取样检测便利，实用性强等优点。

2. 实用新型名称：一种充电式国际通用双屏双背光感光液晶显示临时停车牌

专利号：ZL201721530711.5

申请日：2017/11/16

专利权人：郑顺日

主分类号：G09F 9/35

摘要：本实用新型充电式国际通用双屏双背光感光液晶显示临时停车牌，具有在显示数字的同时显示文字，耗电量小，能够自动启闭灯源，无须频繁更换电池，节约资源，无环境污染，停车牌主体在车内固定牢固的优点。

3. 实用新型名称：两栖动物离体心脏灌流装置

专利号：ZL201820357075.9

申请日：2018/3/16

专利权人：延边大学

主分类号：G01N 33/487

摘要：本实用新型两栖动物离体心脏灌流装置，适于单人操作，便于更换灌流液，适于同步动态检测心输出量、心肌收缩张力和心电等多种心功能指标的动态变化。

4. 实用新型名称：一种赶酸装置

专利号：ZL201820088710.8

申请日：2018/1/18

专利权人：吉林烟草工业有限责任公司

主分类号：G01N 1/44

摘要：本实用新型赶酸装置，可使消解后挥发出的酸雾及时排出到大气而无法与周围空气接触，避免酸雾扩散到实验室的环境中，从而减少酸雾对周围实验仪器的侵蚀和对实验人员的损伤。

5. 实用新型名称：一种计算机信息安全防护装置

专利号：ZL201820142222.0

申请日：2018/1/29

专利权人：延边大学

主分类号：G06F 21/32

摘要：本实用新型计算机信息安全防护装置，具有自动验证身份的功能，可以验证输入 USB 设备以及操作者的指纹，同时具有防盗报警系统，在被盗以后，可以远程操作定位和回传销毁文件。

6. 实用新型名称：小型汽车编队信息指

示灯

专利号：ZL201721630928.3

申请日：2017/11/28

专利权人：邵亚光

主分类号：G05B 19/042

摘要：本实用新型小型汽车编队信息指示灯，可表明车辆的性质，是"他方"车辆，还是"己方"车辆，提高出游舒适性，降低出行风险，体积小，重量轻，便于携带安装。

7. 实用新型名称：一种自然语言智能交互机

专利号：ZL201721481712.5

申请日：2017/11/8

专利权人：延边大学

主分类号：G10L 15/22

摘要：本实用新型自然语言智能交互机，具有布局简单，设计合理，能够精准快速地识别用户语义，同时系统作出相应的反应，提升用户体验，交互形式合理且迅速的优点。

8. 实用新型名称：基于无线测量模块的接地电阻数据采集及分析系统

专利号：ZL201720829922.2

申请日：2017/7/10

专利权人：国网吉林省电力有限公司延边供电公司；长春工程学院

主分类号：G01R 27/20

摘要：本实用新型基于无线测量模块的接地电阻数据采集及分析系统，采用分离型测量，多个测量点测量可减少钳表法测量误差；实现实时监测接地电阻，并进行趋势分析预警，提高工作效率。

9. 实用新型名称：新型通信工程光纤交换箱

专利号：ZL201721679125.7

申请日：2017/12/6

专利权人：刘剑

主分类号：G02B 6/44

摘要：本实用新型通信工程光纤交换箱，具有连接紧密的优点，解决了现有光纤交换箱体积较大、靠墙体摆放时不利于散热、不靠墙体摆放时易被碰倒并伤人的问题。

10. 实用新型名称：一种样品粉末筛选装置

专利号：ZL201721556529.7

申请日：2017/11/20

专利权人：吉林烟草工业有限责任公司

主分类号：G01N 1/28

摘要：本实用新型样品粉末筛选装置，在封闭的箱体内完成样品粉末的筛选，合格尺寸的样品粉末经由筛网落入存料盒，完成筛选，能防止粉尘飘散，大幅度减少空气中粉尘含量，降低实验危害，保护实验人员安全健康。

11. 实用新型名称：一种失超型超导故障限流器故障检测装置

专利号：ZL201721601374.4

申请日：2017/11/27

专利权人：延边大学

主分类号：G01R 31/00

摘要：本实用新型失超型超导故障限流器故障检测装置，替代传统人工定期检测的方式，具有降低劳动强度、安全、防水、防火、耐腐蚀、使用寿命长的优点。采用自供电的方式，绿色环保，使用方便。

12. 实用新型名称：基于生物酶传感器的燃料识别装置

专利号：ZL201721755930.3
申请日：2017/12/15
专利权人：韩政刚
主分类号：G01N 27/327
摘要：本实用新型基于生物酶传感器的燃料识别装置，具有响应快、精度高、安全、环保等优点。

13. 实用新型名称：一种印票机
专利号：ZL201720911386.0
申请日：2017/7/25
专利权人：皮德奎
主分类号：G07B 1/00
摘要：本实用新型印票机，包括摄像头、屏幕、处理器、印票设备、出票口和票存储箱，提高了票的收藏价值。

14. 实用新型名称：利用自适应负载功率的电容降压式电源的定时插座
专利号：ZL201721202574.2
申请日：2017/9/19
专利权人：延边大学
主分类号：G05B 19/04
摘要：本实用新型利用自适应负载功率的电容降压式电源的定时插座，具有自适应负载功率的能力，按负载需要的电流输出电流，减少电源的待机功耗。同时，具有补偿输入电流波形的能力，可减少谐波干扰。

15. 实用新型名称：一种应用于实体产品信息的 AR 系统
专利号：ZL201720894402.X
申请日：2017/7/23
专利权人：供求世界科技有限公司
主分类号：G05B 19/04
摘要：本实用新型应用于实体产品信息的 AR 系统，运用 3D 技术展示实体产品信息，不仅展示效果优异，而且其实施成本较低。

16. 实用新型名称：一种基于 AR 技术的 dm 刊物使用识别系统
专利号：ZL201720794071.2
申请日：2017/7/3
专利权人：供求世界科技有限公司
主分类号：G06F 3/041
摘要：本实用新型基于 AR 技术的 dm 刊物使用识别系统，通过改进基于 AR 技术在印刷品广告、产品说明书、教材等上的使用，用于智能设备和穿戴设备上，让大众观看的日常刊物文字图片等信息更加立体化和形象化。

17. 实用新型名称：一种基于 AR 技术的商标使用识别系统
专利号：ZL201720794073.1
申请日：2017/7/3
专利权人：供求世界科技有限公司
主分类号：G06K 9/00
摘要：本实用新型基于 AR 技术的商标使用识别系统，利用扫描功能对产品的商标进行扫描，以显示产品的宣传片等资料；通过网络通信模块自动链接到相关网站和图片相册等，可使大众更详细地了解产品。

18. 实用新型名称：一种用于道路交叉路口的 AR 系统
专利号：ZL201720894406.8
申请日：2017/7/23
专利权人：供求世界科技有限公司
主分类号：G08G 1/09
摘要：本实用新型用于道路交叉路口的 AR 系统，运用 3D 技术展示道路等目标物体，不仅展示效果好，而且实施成本较低。

19. 实用新型名称：一种便携式剑桥滤片避光处理装置

专利号：ZL201721024234.5

申请日：2017/8/15

专利权人：吉林烟草工业有限责任公司

主分类号：G01N 33/00

摘要：本实用新型便携式剑桥滤片避光处理装置，具有结构简单、易操作、制作成本低、使用寿命长、方便转移、安全系数高等优点。

20. 实用新型名称：一种取样匙

专利号：ZL201720879890.7

申请日：2017/7/19

专利权人：吉林烟草工业有限责任公司

主分类号：G01N 1/08

摘要：本实用新型取样匙，可以根据需要调整取样头盛放样品体积的大小，取不同量固体样品，具有使用方便、取量较精确、结构简单、易于制作的优点。

21. 实用新型名称：一种三层离心式硬币清分机

专利号：ZL201720244014.7

申请日：2017/10/26

专利权人：钟日钊

主分类号：G07D 3/02

摘要：本实用新型三层离心式硬币清分机，具有清分速度快、准确率高、计数准确、收集性能优、噪声低、成本低、便于拆卸和运输的优点。

22. 实用新型名称：一种量烟器

专利号：ZL201621087439.3

申请日：2016/9/28

专利权人：吉林烟草工业有限责任公司

主分类号：G01B 5/02

摘要：本实用新型量烟器，可以通过设置在其量烟盘和计量片上的刻线对卷烟的长度和接装纸的长度进行测量，从而快捷可靠地实现对卷烟质量的评价。具有测量方式简单快捷、结构简单、成本低的优点。

23. 实用新型名称：气相色谱样品热解吸及自动进样装置

专利号：ZL201620482580.7

申请日：2016/5/25

专利权人：延边大学

主分类号：G01N 30/12

摘要：本实用新型气相色谱样品热解吸及自动进样装置，操作简便、萃取率高、重现性好、样品用量少，且热解吸与进样速度快，分离效率高，适用于微量固体、液体样品的高沸点成分的分析。

24. 实用新型名称：简易型流通池溶出度试验装置

专利号：ZL201620481470.9

申请日：2016/5/25

专利权人：延边大学

主分类号：G01N 33/15

摘要：本实用新型简易型流通池溶出度试验装置，既可开放式作业，又可封闭式作业，控制加热温度、溶媒流速，适用于药物释放支架、植入剂、微球、微片、脂质体等各种药物缓控释制剂的释放度测定。

25. 实用新型名称：全自动流通池溶出度试验装置

专利号：ZL201620481967.0

申请日：2016/5/25

专利权人：延边大学

主分类号：G01N 33/15

摘要：本实用新型全自动流通池溶出度试验装置，具有可自动控制加热温度、溶媒流速，自动选择溶媒库，自动取样，既可开放式作业，又可封闭式作业的优点。

26. 实用新型名称：多功能透皮扩散试验装置

专利号：ZL201620481544.9

申请日：2016/5/25

专利权人：延边大学

主分类号：G01N 13/00

摘要：本实用新型多功能透皮扩散试验装置，具有结构简单、体积小、有效扩散面积大、操作方便，且立式扩散池和卧式扩散池可共用的优点。

27. 实用新型名称：一种转盘型吸烟机捕集装置及吸烟机

专利号：ZL201620210979.X

申请日：2016/3/18

专利权人：吉林烟草工业有限责任公司

主分类号：G01N 1/24

摘要：本实用新型转盘型吸烟机捕集装置及吸烟机，避免了现有技术中的转盘尺寸与捕集器尺寸不匹配的问题，扩大了转盘型吸烟机捕集装置的适用范围；降低了捕集器成本，延长了捕集器寿命，易清理。

28. 实用新型名称：一种蓄光递归反射夜光贴

专利号：ZL201620007710.1

申请日：2016/1/5

专利权人：黄正浩；齋藤茂

主分类号：G09F 13/16

摘要：本实用新型蓄光递归反射夜光贴，

具有在黑暗环境下也能发挥诱导、提示、防灾警示、指示等功能，结构简单，体积小，携带方便的优点。

29. 实用新型名称：一种乘用车车门用的广告牌

专利号：ZL201520893840.5

申请日：2015/11/11

专利权人：方成勋

主分类号：G09F 21/04

摘要：本实用新型乘用车车门用的广告牌，通过将基板框设置成为由三条边框围成的"U"形框结构，其中一条边框的内侧开有凹槽，广告基板插入至凹槽内即可实现固定安装，十分方便。

30. 实用新型名称：音乐盒

专利号：ZL201520810993.9

申请日：2015/10/19

专利权人：赵香花

主分类号：G10F 1/06

摘要：本实用新型音乐盒，其旋转盘随着音乐同步旋转；其挂件位置醒目，容易为视野捕获。具有娱乐性强，易安装、拆卸，方便携带和存放的优点。

31. 实用新型名称：直流电源系统绝缘故障定位监测装置

专利号：ZL201520672422.3

申请日：2015/9/1

专利权人：国网吉林省电力有限公司延边供电公司

主分类号：G01R 31/40

摘要：本实用新型直流电源系统绝缘故障定位监测装置，实现了通过声音和光信号就可以了解直流接地是否报警；实现测量时不受导线长度的影响；解决现有直流电源系统检测设备使用安全系数低、误报现象多的问题。

32. 实用新型名称：透皮扩散池钢丝弹簧夹

专利号：ZL201520478301.5

申请日：2015/7/6

专利权人：延边大学

主分类号：G01N 13/04

摘要：本实用新型透皮扩散池钢丝弹簧夹，具有结构简单、体积小、重量轻、价格低廉、操作方便的优点，有利于实现透皮扩散试验仪小型化和增加扩散池套数。

33. 实用新型名称：一种乘用车车门用的广告牌

专利号：ZL201420780289.9

申请日：2014/12/12

专利权人：方成勋

主分类号：G09F 21/04

摘要：本实用新型乘用车车门用的广告牌，包括固定座单元、夹紧单元和广告基板，其结构独特、加工方便、成本低廉，拆卸和安装方便。

34. 实用新型名称：透皮扩散池电磁搅拌器

专利号：ZL201420628146.6

申请日：2014/10/28

专利权人：延边大学

主分类号：G01N 13/04

摘要：本实用新型透皮扩散池电磁搅拌器，具有结构简单、体积小、无噪声、低功耗、低成本、耐用、搅拌效果好的优点，适用于任何加热方式的透皮立式扩散池和卧式扩散池等。

35. 实用新型名称：一种电感电流转换电路

专利号：ZL201420357700.1

申请日：2014/6/30

专利权人：国网吉林省电力有限公司延边供电公司

主分类号：G01R 1/30

摘要：本实用新型电感电流转换电路，其结构简单，有利于降低电路成本并提高电路的稳定性，具有很强的实用性。

36. 实用新型名称：一种电容电压转换电路

专利号：ZL201420360297.8

申请日：2014/6/30

专利权人：国网吉林省电力有限公司延边供电公司

主分类号：G01R 1/30

摘要：本实用新型电容电压转换电路，将两个运算放大器分别连接于待测电路中电容元件的两端，并通过第三个运算放大器输出电压，以直接将检测结果显示在示波器中。具有电路结构简单、实用性强的优点。

37. 实用新型名称：多功能低重心云台

专利号：ZL201420304799.9

申请日：2014/6/10

专利权人：朴龙吉

主分类号：G03B 17/56

摘要：本实用新型多功能低重心云台，实现了球形接头在俯仰单方向无阻尼精确的运动。

38. 实用新型名称：一种多通道微萃取及洗脱装置

专利号：ZL201420419293.2

申请日：2014/7/28

专利权人：吉林烟草工业有限责任公司

主分类号：G01N 30/08

摘要：本实用新型多通道微萃取及洗脱装置，可以通过多个穿刺注射针同时进行萃取，然后对多个穿刺注射针内的目标物进行分析，从而减少了目标物的萃取次数，提高了样品的检测效率。

39. 实用新型名称：一种靴状内置式绝缘靴试验电极

专利号：ZL201420188231.5

申请日：2014/4/18

专利权人：国网吉林省电力有限公司延边供电公司

主分类号：G01R 31/16

摘要：本实用新型靴状内置式绝缘靴试验电极，结构简单，测试准确安全，携带、操作方便，检测时不需要在绝缘靴内部注水，省去了检测试验后的晾晒环节，试验后绝缘靴即可马上使用。

40. 实用新型名称：一种压盖装置

专利号：ZL201320219706.8

申请日：2013/4/26

专利权人：吉林烟草工业有限责任公司

主分类号：G01N 1/22

摘要：本实用新型压盖装置，帮助操作人员夹紧剑桥滤片，以提高卷烟烟气测量的准确性。

41. 实用新型名称：一种吸烟机排风系统

专利号：ZL201320205223.2

申请日：2013/4/22

专利权人：吉林烟草工业有限责任公司

主分类号：G01N 1/28

摘要：本实用新型吸烟机排风系统，避免了外部环境风速对吸烟机风速的影响，提高了吸烟机风速的稳定性，从而提高了卷烟烟气测量的重复性以及卷烟烟气

中焦油、一氧化碳和烟碱测量的准确性。

42. 实用新型名称：一种测试仪

专利号：ZL201220273387.4

申请日：2012/6/11

专利权人：吉林省电力有限公司延边供电公司；国家电网公司

主分类号：G01R 31/00

摘要：本实用新型测试仪，将PT伏安特性及变压器单相空载、单相负载、交流耐压的试验功能集成在一体，提高了试验效率。

43. 实用新型名称：室内照明开关防污垫广告牌

专利号：ZL201220476115.4

申请日：2012/9/19

专利权人：安春植

主分类号：G09F 7/12

摘要：本实用新型室内照明开关防污垫广告牌，具有安装方便、成本低、使用价值高、不会让人产生视觉疲劳的优点。

44. 实用新型名称：掌托护腕贴

专利号：ZL200920283153.6

申请日：2009/12/29

专利权人：黄正浩

主分类号：G06F 1/16

摘要：本实用新型掌托护腕贴，可多次吸附粘贴在电脑上，对电脑以及人体手掌掌部接触部位具有防磨损的保护作用，同时表面层作为一种媒体，将图文印制其上，以达到图文并茂、交相辉映的乘数效应。

二、珲春市 G 部实用新型专利

1. 实用新型名称：一种时钟弹簧检测设

备的转动定位机构

专利号：ZL201820431481.5

申请日：2018/3/28

专利权人：南日

主分类号：G01H 17/00

摘要：本实用新型时钟弹簧检测设备的转动定位机构，具有能够确保时钟弹簧定位稳定准确、便于进行噪声检测的优点。

2. 实用新型名称：一种时钟弹簧的噪声检测设备

专利号：ZL201820431484.9

申请日：2018/3/28

专利权人：南日

主分类号：G01H 17/00

摘要：本实用新型时钟弹簧的噪声检测设备，通过电机驱动转轴带动时钟弹簧转动，采用话筒收集转动过程中所产生的声音信号，反馈至电脑，实现噪声检测目的。

3. 实用新型名称：汽轮机危机遮断器复位信号装置

专利号：ZL201620657816.6

申请日：2016/6/29

专利权人：大唐珲春发电厂

主分类号：G01M 13/00

摘要：本实用新型汽轮机危机遮断器复位信号装置，结构简单、便于观察、安装及拆卸方便、测量信号性能稳定可靠。

4. 实用新型名称：液压式煤样密度比重测量实验用箱

专利号：ZL201620071138.5

申请日：2016/1/26

专利权人：大唐珲春发电厂

主分类号：G01N 1/28

摘要：本实用新型液压式煤样密度比重测量实验用箱，适用于对不同煤质在一定重量情况下，密度比重在相同的压力下测量出标准的数值。结构简单、操作便捷、性能稳定、安全可靠，适用面广泛的检测装置。

5. 实用新型名称：新型点烟器接头插座

专利号：ZL201521048792.6

申请日：2015/12/16

专利权人：崔国宪

主分类号：H01R 13/40

摘要：本实用新型点烟器接头插座，在对点烟器接头插座的正常充电功能无影响的前提下，通过减小点烟器插座本体的厚度，减小点烟器接头插座的体积，从而实现了便于携带的目的。

6. 实用新型名称：封闭式容器内散碎固体容量检测装置

专利号：ZL201520315197.8

申请日：2015/5/16

专利权人：大唐珲春发电厂

主分类号：G01F 23/00

摘要：本实用新型封闭式容器内散碎固体容量检测装置，结构简单、操作便捷、性能稳定、安全可靠，适用于对目视盲区封闭容器内散碎固体容量的检测，特别适用于中小密封容器内固体料位测量。

三、图们市 G 部实用新型专利

1. 实用新型名称：一种集成控制通信系统

专利号：ZL201820211548.4

申请日：2018/2/6

专利权人：李洪云

主分类号：G05B 19/042

摘要：本实用新型集成控制通信系统，通过使用分布式控制设计、使用门级驱动设计，提高系统稳定性，降低干扰，并通过设计硬件管理器的逻辑器件的设计，使处理速度得到了极大提升。

2. 实用新型名称：一种缓解大都市交通堵塞的公交辅助系统

专利号：ZL201720522505.3

申请日：2017/5/11

专利权人：崔振国

主分类号：G08G 1/00

摘要：本实用新型缓解大都市交通堵塞的公交辅助系统，当公交车要到站时，帮助公交车司机准确判断是否需要进站停靠，不仅为乘客节省了时间，减少了不必要的公交车磨损和燃油的浪费，也缓解了车站的驻车堵塞。

3. 实用新型名称：一种轮椅训练骑行台

专利号：ZL201720169319.6

申请日：2017/2/24

专利权人：金武战

主分类号：G09B 19/00

摘要：本实用新型轮椅训练骑行台，结构设计合理，体积小，可自由伸缩，方便随时携带，价格低廉，适合康复运动轮椅训练。

四、敦化市 G 部实用新型专利

1. 实用新型名称：一种环境监测报警提示装置

专利号：ZL201721389905.8

申请日：2017/10/24

专利权人：吴桂红

主分类号：G08B 21/12

摘要：本实用新型环境监测报警提示装置，通过设置湿度传感器、温度传感器和光度传感器对环境进行监测，监测到的信息反馈到显示装置中，由无线输送装置将信息传输到终端电脑，对环境进行实时监测，当监测的信息值大于预设值时报警提示。

2. 实用新型名称：胶囊质量快速检验台

专利号：ZL201721356899.6

申请日：2017/10/20

专利权人：吉林敖东胶囊有限公司

主分类号：G01N 21/01

摘要：本实用新型胶囊质量快速检验台，通过传送带实现胶囊的运输，在运输胶囊的过程中对胶囊进行检验，以便节省时间。

3. 实用新型名称：胶囊质检台

专利号：ZL201721356801.7

申请日：2017/10/20

专利权人：吉林敖东胶囊有限公司

主分类号：G01N 21/01

摘要：本实用新型胶囊质检台使用时，无须人工将胶囊倒在检验平台上，还能防止胶囊堆积在检验平台上。

4. 实用新型名称：胶囊坏沾自动报警系统

专利号：ZL201721325203.3

申请日：2017/10/16

专利权人：吉林敖东胶囊有限公司

主分类号：G08B 21/00

摘要：本实用新型胶囊坏沾自动报警系统，结构简单、安装紧凑，检测灵敏度高，在对胶囊进行烘干的同时即可完成检测，避免坏沾胶囊进入其他生产环节，提高了生产效率。

5. 实用新型名称：一种大气环境监测系统

专利号：ZL201721270462.0

申请日：2017/9/29

专利权人：周玉琴

主分类号：G01N 33/00

摘要：本实用新型大气环境监测系统，可方便使用者实时了解大气的质量、温度和湿度变化，让使用者在出行时能够提前做好相应的准备。

6. 实用新型名称：一种实验室用总磷快速检测装置

专利号：ZL201721047782. X

申请日：2017/8/21

专利权人：张艳华

主分类号：G01N 25/00

摘要：本实用新型实验室用总磷快速检测装置，结构简单，操作方便，可以快速对检测物进行总磷检测，快速将需要检测的物质加热，提高反应的效率，使检测速度得到极大的提高。

7. 实用新型名称：一种六价铬硬度在线自动检测装置

专利号：ZL201721048269.2

申请日：2017/8/21

专利权人：董萍

主分类号：G01N 3/40

摘要：本实用新型六价铬硬度在线自动检测装置，通过设置阻挡板的开关，在挂钩上悬挂酸碱试纸，用于检测环境的酸碱情况，确保硬度测试的数值准确性。

8. 实用新型名称：遥控电动高空电缆运输设备

专利号：ZL201420061916. 3

申请日：2014/2/8

专利权人：杨怀远

主分类号：G02B 6/48

摘要：本实用新型遥控电动高空电缆运输设备，无线连接更为便利，适用于特殊地形；电动机稳定性好，质量更为轻巧；多传感器辅助，运行稳定性更好。

五、和龙市 G 部实用新型专利

1. 实用新型名称：一种节能开关面板

专利号：ZL201720750902.6

申请日：2017/6/23

专利权人：延边古斯特建材有限公司

主分类号：G05B 19/04

摘要：本实用新型节能开关面板，在人们关闭大灯后会，使 LED 灯会自动点亮，为人们夜间行动提供方便；在人们睡觉或离开后，LED 灯或大灯会自动关闭，节约能源。

2. 实用新型名称：儿童防触电教学装置

专利号：ZL201420282542.8

申请日：2014/5/30

专利权人：胡炜林

主分类号：G09B 23/18

摘要：本实用新型儿童防触电教学装置，其不同端的导片两个一组以相互不接触的方式共同安装在插孔内表面和插座的外面，当儿童同时接触不同端的两个导片时会被电击，电击的疼痛会使儿童在今后的生活中慎重地对待与电有关的事情，以此达到教学目的。

六、汪清县 G 部实用新型专利

1. 实用新型名称：一种镜腿可弹开的眼镜

专利号：ZL201820506755.2

申请日：2018/4/11

专利权人：崔仁权

主分类号：G02C 5/16

摘要：本实用新型镜腿可弹开的眼镜，采用两个长短眼镜腿通过弹簧按钮，可以用金属弹片弹开长短镜腿，不会压迫人的耳朵，当游戏者佩戴了游戏耳机时，眼镜会错开与耳机的位置，同时短腿也起到支撑镜框的作用。结构人性化，佩戴眼镜省力，健康舒适。

2. 实用新型名称：一种带有巡查功能的林业装置

专利号：ZL201520626771.1

申请日：2015/8/20

专利权人：周旭昌；周龙华；赵莹；周健；周晓萌

主分类号：G07C 1/20

摘要：本实用新型带有巡查功能的林业装置，结构简单、使用方便、性能稳定，在林业巡查和作业时，能够实现对巡查人员的实时定位、跟踪，同时还可以实现远程监控，提高了效率，增加了林业现场的安全性。

七、安图县 G 部实用新型专利

实用新型名称：中学物理多功能力学小车

专利号：ZL201520044012.4

申请日：2015/1/22

专利权人：李克清

主分类号：G09B 23/10

摘要：本实用新型中学物理多功能力学小车，具有无须外力牵引，容易观察摩擦力方向，操作简便，实验误差小的优点。

第八篇

H 部：电学类专利

第一章　H 部发明专利

延吉市 H 部发明专利

1. 发明名称：一种Ⅲ－Ⅴ族半导体的太阳能电池结构及其制作方法
专利号：ZL201610954774.7
申请日：2016/10/27
专利权人：延边大学
主分类号：H01L 31/054
摘要：本发明Ⅲ－Ⅴ族半导体的太阳能电池结构及其制作方法，采用弧形的吸光层、透明导光层以及透明基板作为结构，不仅延长了其使用寿命，降低了总成本，而且增加吸光面积，有效地吸收光能，提高了太阳能电池对光的转换效率。

2. 发明名称：一种智能模块式无功补偿装置及组网方法
专利号：ZL201510593408.9
申请日：2015/9/17
专利权人：延边国大节能技术设备有限公司
主分类号：H02J 3/18
摘要：本发明智能模块式无功补偿装置及组网方法，接线简单、模块式组合拼装，单台装置运行或几台装置并列运行

都可以实现智能自主组网控制运行。

3. 发明名称：消除电磁场的自控温电热带
专利号：ZL201310414079.8
申请日：2013/9/12
专利权人：韩雪武
主分类号：H05B 3/56
摘要：本发明消除电磁场的自控温电热带，具有结构简单、安装及维护简单、安全可靠、温度均匀、用途广、寿命长、可自动调节输出功率等优点。

4. 发明名称：太阳能无线充电装置
专利号：ZL201310210422.7
申请日：2013/5/31
专利权人：王洪军
主分类号：H02J 7/00
摘要：本发明太阳能无线充电装置，具有体积小、操作简单，无须任何连接线，把所需充电的数码电子产品直接放置在充电器上即可解决充电问题的优点。

5. 发明名称：旋转式接地线夹
专利号：ZL200910066848.3
申请日：2009/4/10
专利权人：吉林省电力有限公司延边供

电公司

主分类号：H02G 7/08

摘要：本发明旋转式接地线夹，具有接地线与导线连接牢固可靠，绝缘强度高，可防止作业人员感电、触电事故的发生，结构简单、外形美观、操作简 单、携带方便的优点。

第二章 H部实用新型专利

一、延吉市H部实用新型专利

1. 实用新型名称：一种交直流两用低功耗浪涌电流吸收器

专利号：ZL201820694597.8

申请日：2018/5/10

专利权人：延边大学

主分类号：H02H 9/02

摘要：本实用新型交直流两用低功耗浪涌电流吸收器，具有构思巧妙、人性化设计的特性，有效地降低了功率损耗，且扩大了输出电压工作范围，满足交直流10~100V宽电压范围工作的各种工业用电子产品的要求。

2. 实用新型名称：宽电压直流输入端用软导通电子开关

专利号：ZL201820695196.4

申请日：2018/5/10

专利权人：延边大学

主分类号：H02M 7/217

摘要：本实用新型宽电压直流输入端用软导通电子开关，包括电压检测电路、无极性输入电路和电压泄放电路、软导通开关电路，具有构思巧妙、设计人性化的特性，有效地降低了功率损耗，扩大了输出电压工作范围。

3. 实用新型名称：可卷曲一体式远红外电热地毯

专利号：ZL201721406270.8

申请日：2017/10/30

专利权人：李龙男

主分类号：H05B 3/36

摘要：本实用新型可卷曲一体式远红外电热地毯，具有消除使用时所产生的电磁场，克服电磁场对人体产生的副作用，使用安全、运输方便等优点。

4. 实用新型名称：一种在线看报手机APP系统

专利号：ZL201720894400.0

申请日：2017/7/23

专利权人：供求世界科技有限公司

主分类号：H04M 1/725

摘要：本实用新型在线看报手机APP系统，通过构建新的在线系统实现手机看报，实现实时在线看报，既能提高阅读效率，又具有较高的性价比，节能环保。

5. 实用新型名称：一种用于网络直播的AR系统

专利号：ZL201720894389.8

申请日：2017/7/23

专利权人：供求世界科技有限公司

主分类号：H04N 13/204

摘要：本实用新型用于网络直播的AR系统，由摄像机实现相关摄像，同时采集二维场景图片信息，并与图像处理系统连接，经图像处理系统进行相关处理；设计好三维虚拟场景空间中的图片、视频及三维模型信息，设置好虚拟灯光、材质、纹理、场景模型的位置属性；智能显示控制装置将采集到的现场视频作为前景，将生成的三维虚拟场景图像作为背景合成在一起，使其网络直播与三维虚拟场景相融合。

6. 实用新型名称：利用双向光电耦合器的多输入多输出控制器
专利号：ZL201720846040.7
申请日：2017/7/13
专利权人：延边大学
主分类号：H02M 1/10
摘要：本实用新型利用双向光电耦合器的多输入多输出控制器，工作时可以无极性方式输入电压。因此，可工作在交流和直流电压场合，无须区分交、直流工作电压，具有无须额外输入工作电源电路结构简单、制造成本低等特点。

7. 实用新型名称：一种在线看报手机APP系统
专利号：ZL201720794582.4
申请日：2017/7/3
专利权人：供求世界科技有限公司
主分类号：H04L 29/08
摘要：本实用新型在线看报手机APP系统，解决了阅读者阅读页数多、期刊多的纸件材料时，需要花费大量时间进行查找的问题，实现在线看报的高效率，提高了阅读者的体验度；并具有性价比高、容易维护、使用简单等优点。

8. 实用新型名称：一种移动电源
专利号：ZL201720582572.4
申请日：2017/5/22
专利权人：郑其羽
主分类号：H02J 7/00
摘要：本实用新型移动电源，其数据线与移动电源设置为一体，数据线长度可控，并能一键收线，结构紧凑，使用方便。

9. 实用新型名称：远距离多节点间分布式量子中继器
专利号：ZL201621273643.4
申请日：2016/11/25
专利权人：延边大学
主分类号：H04B 10/70
摘要：本实用新型远距离多节点间分布式量子中继器，通过光学信号调整单元调整处理光学信号，使其稳定传输，降低信号损失；同时设置无线供电模块，用于区域内便携仪器的供电，方便工作、维护；设置GPS定位模块和无线通信模块，便于远程定位，以及与远程服务器之间的数据传输。

10. 实用新型名称：微型手腕手指遥控器
专利号：ZL201620323842.5
申请日：2016/4/7
专利权人：田晟光
主分类号：H04B 1/3827
摘要：本实用新型微型手腕手指遥控器，解决了遥控器常会掉地上、随意丢弃找不到、电源设备的固定开关和脚踏开关方便度和灵敏度差的问题，具有不会掉落、可随身携带、操作方便、灵敏度高的优点。

11. 实用新型名称：一种智能模块式无功补偿装置
专利号：ZL201520718925.X
申请日：2015/9/17
专利权人：延边国大节能技术设备有限公司
主分类号：H02J 3/18

摘要：本实用新型智能模块式无功补偿装置，接线简单，模块式组合拼装，单台装置运行或几台装置并列运行都可以实现智能自主组网控制运行。

12. 实用新型名称：低电磁干扰、低待机功耗的声光控制 LED 照明灯

专利号：ZL201520579808. X

申请日：2015/8/5

专利权人：延边大学

主分类号：H05B 37/02

摘要：本实用新型低电磁干扰、低待机功耗的声光控制 LED 照明灯，采用双电容降压，无高频、高压脉冲，电磁干扰和辐射小，且长时间声控灯不亮时待机功耗小于 0.05W，实现了超低待机功耗。

13. 实用新型名称：超声波发生器自散热装置

专利号：ZL201520090258.5

申请日：2015/2/10

专利权人：王洪军；李东浩

主分类号：H05K 7/20

摘要：本实用新型超声波发生器自散热装置，结构简单，能够自身散热，无须通风口，不需要电风扇辅助散热，不受温度、水分、灰尘、昆虫等外部条件影响，能够有效保护超声波发生器壳体内部各种电子元器件。

14. 实用新型名称：一种用于变电站的 ZigBee 无线辅助定位系统

专利号：ZL201520041637.5

申请日：2015/1/21

专利权人：国网吉林省电力有限公司延边供电公司；上海申瑞电网控制系统有限公司

主分类号：H04W 4/02

摘要：本实用新型定位系统，能够同时对变电站中作业人员的地理位置和人员身份进行定位，且整个方案结构简单、易于实现、成本低。

15. 实用新型名称：直流系统开关远程操作防误系统

专利号：ZL201420758589.7

申请日：2014/12/5

专利权人：国网吉林省电力有限公司延边供电公司

主分类号：H02J 13/00

摘要：本实用新型直流系统开关远程操作防误系统，填补了变电站直流电源远程监测、蓄电池远程维护、远程开关操作防误措施的理论研究及实际应用的空白；减少了因直流开关误操作引起的各种停电、断电事故。

16. 实用新型名称：一种安全配网变电系统

专利号：ZL201420707906.2

申请日：2014/11/22

专利权人：国网吉林省电力有限公司延边供电公司

主分类号：H02J 13/00

摘要：本实用新型安全配网变电系统，在保证系统对电网正常监测的基础上，通过电源的设置和优化，保证了系统的正常工作；其系统结构简单、功能完善、可靠性高，具有很强的实用性。

17. 实用新型名称：一种电力输变电系统

专利号：ZL201420707968.3

申请日：2014/11/22

专利权人：国网吉林省电力有限公司延边供电公司

主分类号：H02J 17/00

摘要：本实用新型电力输变电系统，在高压母线正常供电时，利用电流互感器向蓄电池储能，同时向在线监测设备供电；当高压母线空载或者停电，电流互感器提供的功率不足以保证在线监测设备的正常工作时，蓄电池向在线监测设备供电，以形成备用电源。

18. 实用新型名称：一种变电系统隔离装置

专利号：ZL201420707928.9

申请日：2014/11/22

专利权人：国网吉林省电力有限公司延边供电公司

主分类号：H02J 9/04

摘要：本实用新型变电系统隔离装置，利用 MOS 开关管实现整个装置的失压延时保护功能，提高了煤矿变配电系统的可靠性，解决了煤矿因短时失压或低电压闪变引起的大面积停电的问题。

19. 实用新型名称：一种分励脱扣器的改进型控制装置

专利号：ZL201420375838.4

申请日：2014/7/8

专利权人：国网吉林省电力有限公司延边供电公司

主分类号：H01H 71/00

摘要：本实用新型分励脱扣器的改进型控制装置，通过全桥整流电路可使用交直流电源供电，加入比较电路并最终通过脉冲控制电磁铁，能够有效防止电磁铁被烧毁；其结构简单、通电时间长，具有很强的实用性。

20. 实用新型名称：一种电控柜冷却装置

专利号：ZL201420247369.8

申请日：2014/5/14

专利权人：吉林烟草工业有限责任公司

主分类号：H05K 7/20

摘要：本实用新型电控柜冷却装置，通过压缩空气对电控柜进行降温，通过温度控制器实时监测电控柜的温度，根据电控柜内的温度变化控制电磁阀的开度，控制由空气压缩机进入空气制冷器的空气的量，进而调整冷却空气的量，保证电控柜的温度，实现电控柜的冷却。

21. 实用新型名称：消谐动态无功补偿装置

专利号：ZL201420137534.4

申请日：2014/3/24

专利权人：延边国大节能技术设备有限公司

主分类号：H02J 3/18

摘要：本实用新型消谐动态无功补偿装置，实现了对电力系统中复杂多样的用电负荷所需的无功功率的完全补偿，补偿结构方式最为合理，工作安全可靠，补偿快速准确，补偿性能优越，补偿效果显著。

22. 实用新型名称：瞬时无功补偿发生器

专利号：ZL201420109803.6

申请日：2014/3/11

专利权人：延边国大节能技术设备有限公司

主分类号：H02J 3/18

摘要：本实用新型瞬时无功补偿发生器，可使补偿的无功功率连续可调，克服了现有技术中TSC存在分级调节、连续可控性差、不能实现连续平滑补偿的不足，并显著降低了装置成本，提升了补偿性能。

23. 实用新型名称：二合一雷电电磁脉冲能量吸收器

专利号：ZL201320881862.0

申请日：2013/12/26

专利权人：李宝华

主分类号：H02H 9/04

摘要：本实用新型二合一雷电电磁脉冲能量吸收器，采用切割后的两部分环形铁芯对接而成，可以将电源线或信号线直接放入切割后的两部分环形铁芯中，避免了使用不方便的问题。

24. 实用新型名称：一种具备防火分区的钢制装配式电缆沟

专利号：ZL201320447794.7

申请日：2013/7/26

专利权人：国网吉林省电力有限公司延边供电公司；国家电网公司

主分类号：H02G 9/02

摘要：本实用新型具备防火分区的钢制装配式电缆沟，具有坚固耐久、可批量生产、现场装配快捷、电缆分区布置、既可防火又可取代等电位接地铜带的优点。

25. 实用新型名称：消除电加热垫连接线电磁波的电连接线

专利号：ZL201320023826.0

申请日：2013/1/17

专利权人：韩雪武

主分类号：H01B 7/00

摘要：本实用新型消除电加热垫连接线电磁波的电连接线，具有消除电加热垫连接线在使用中所产生的电磁波的优点。

26. 实用新型名称：导线端子划线器

专利号：ZL201220200864.4

申请日：2012/5/8

专利权人：吉林省电力有限公司延边供电公司

主分类号：H01R 43/16

摘要：本实用新型导线端子划线器，具有提高线夹打孔速率、缩短工期、减少人力物力、提升标准化作业水平、提高检修质量的优点。

27. 实用新型名称：杆塔挂导线专用连板

专利号：ZL201220200825.4

申请日：2012/5/8

专利权人：吉林省电力有限公司延边供电公司

主分类号：H02R 43/16

摘要：本实用新型杆塔挂导线专用连板，由呈弹头状锥形的横板和位于所述横板一端的立板构成，具有结构简单、操作方便、性能可靠、可节省人力和时间等特点。

28. 实用新型名称：断路器机构阀体检修架

专利号：ZL201020540039.X

申请日：2010/9/25

专利权人：吉林省电力有限公司延边供电公司

主分类号：H02B 3/00

摘要：本实用新型断路器机构阀体检修架，升降平稳，提高了工作效率，降低了劳动强度，保证了检修质量以及人身、设备的安全；操作简单、易于维护、占地面积小，便于运输携带。

29. 实用新型名称：电磁波消除装置

专利号：ZL201020136827.2

申请日：2010/3/22

专利权人：朴杰

主分类号：H05K 9/00

摘要：本实用新型电磁波消除装置，通过在电磁波消除单元与电源的连接线路上串联设置接地检测单元，使电磁波消除单元的连接自动切换，以使电磁波消除单元与接地端连接，能够更准确地检测电磁波消除单元是否接地。

30. 实用新型名称：一种切断电缆装置

专利号：ZL200920093441.5

申请日：2009/4/10

专利权人：吉林省电力有限公司延边供电公司

主分类号：H02G 1/00

摘要：本实用新型切断电缆装置，能够同时实现接地、绝缘、快速方便地切断电缆，具有接地可靠、使用安全、液压操作省时省力、携带方便的特点，可远距离操作，便于在各种复杂现场使用。

31. 实用新型名称：旋转式接地线夹

专利号：ZL200920093442. X

申请日：2009/4/10

专利权人：吉林省电力有限公司延边供电公司

主分类号：H02G 1/02

摘要：本实用新型旋转式接地线夹，具有接地线与导线连接牢固、绝缘强度高、结构简单、外形美观、操作简单、携带方便等特点。

二、珲春市 H 部实用新型专利

1. 实用新型名称：车载 USB 充电器及汽车

专利号：ZL201820807075. 4

申请日：2018/5/28

专利权人：崔国宪

主分类号：H02J 7/00

摘要：本实用新型车载 USB 充电器及汽车，在同时具有 USB 接口以及点烟器接口的情况下，体积相对比较小，便于携带以及使用。

2. 实用新型名称：新型点烟器接头插座

专利号：ZL201521048792.6

申请日：2015/12/16

专利权人：崔国宪

主分类号：H01R 13/40

摘要：本实用新型新型点烟器接头插座，改善了现有的点烟器接头插座体积较大、比较厚重的问题。

三、图们市 H 部实用新型专利

实用新型名称：一种手机多层指环支架

专利号：ZL201720260887.7

申请日：2017/3/16

专利权人：关延锋

主分类号：H04M 1/04

摘要：本实用新型手机多层指环支架，具有功能多样、支撑形式多样的优点，适用于手机、平板电脑等设备。

四、龙井市 H 部实用新型专利

1. 实用新型名称：一种碳素固体电热装置

专利号：ZL201520128535.7

申请日：2015/3/6

专利权人：金花

主分类号：H05B 3/28

摘要：本实用新型碳素固体电热装置，把电线和发热管用固定端子和传导连接口简单地连接，固定型端子和传导连接口使用密封罩密封，预防水分渗透，提高防水性能。

2. 实用新型名称：2：17 型 Sm–Co 永磁材料磁环

专利号：ZL201420063394.0

申请日：2014/2/11

专利权人：张松哲

主分类号：H01F 1/053

摘要：本实用新型 2：17 型 Sm–Co 永磁材料磁环，包括两个内侧与外侧磁极相异的半圆形 2：17 型 Sm–Co 永磁材料结构，以及将两个圆形 2：17 型 Sm–Co 永磁材料结构粘接形成所述磁环的胶粘剂。

3. 实用新型名称：一种平行排列无电磁波辐射碳纤维发热线

专利号：ZL201320169728.8

申请日：2013/4/8

专利权人：金花；金虎

主分类号：H05B 3/56

摘要：本实用新型平行排列无电磁波辐射碳纤维发热线，可消除电磁波辐射，节能，热转换率高，而且在发热的同时能释放出大量的远红外线，减少对人体的危害。

4. 实用新型名称：发电装置

专利号：ZL201120195802.4

申请日：2011/6/13

专利权人：李文峰

主分类号：H02N 1/06

摘要：本实用新型发电装置，主要由壳体、设置于壳体内的发电部件和封接于壳体外的接线柱构成，具有结构简单、电能消耗少、成本低等优点。

5. 实用新型名称：一种发电装置

专利号：ZL201120195804.3

申请日：2011/6/13

专利权人：李文峰

主分类号：H02N 1/00

摘要：本实用新型发电装置，具有结构简单、成本低等优点。

五、和龙市 H 部实用新型专利

1. 实用新型名称：模块式耳机

专利号：ZL201520142541.8

申请日：2015/3/16

专利权人：胡炜林

主分类号：H04R 1/10

摘要：本实用新型模块式耳机，具有可根据需要调整耳机的结构，便于在不影响耳机整体使用效果的前提下更换损坏部件的优点。

2. 实用新型名称：一种耳机线

专利号：ZL201420326587.0

申请日：2014/6/18

专利权人：朴承夏

主分类号：H01B 7/17

摘要：本实用新型耳机线，其铜线导体表面镀银，音效的灵敏度得到提升；绝缘层为透明材料，可以展现镀银导体的外观效果；最外层的绝缘层耐油、耐汗、耐脏、耐磨、不易变色，使得耳机经久耐用。

六、安图县 H 部实用新型专利

实用新型名称：一种太阳能板自动清洗机

专利号：ZL201820456203.5

申请日：2018/4/2

专利权人：张立

主分类号：H02S 40/10

摘要：本实用新型太阳能板自动清洗机，其滚刷在牵引机构的牵引下往复运动对太阳能板进行清洁。

第九篇

外观设计专利

第一章 延吉市外观设计专利

1. 名称：轴承转环
专利号：ZL201830128946.5
申请日：2018/4/3
专利权人：延吉先特罗渔具有限公司
简要说明：1. 本外观设计产品的用途：渔具的鱼线连接部件。2. 设计要点：中间部位和两端部位。

2. 名称：象帽路灯（2）
专利号：ZL201830391451.1
申请日：2018/7/19
专利权人：吉林省合润文化科技有限公司
简要说明：1. 本外观设计产品的用途：路边照明。2. 设计要点：产品的整体外形和图案。

3. 名称：包装盒（天池神韵牌模压红参）
专利号：ZL201830365949.0
申请日：2018/7/9
专利权人：延边檀君药业有限公司
简要说明：1. 本外观设计产品的用途：包装产品的盒子。2. 设计要点：产品的图案及色彩与图案的结合。

4. 名称：家具安装多功能打孔器定位器
专利号：ZL201830367054.0
申请日：2018/7/9
专利权人：吕波
简要说明：1. 本外观设计产品的用途：家具安装打孔器的定位。2. 设计要点：产品的整体外形。

5. 名称：清洁护理仪

专利号：ZL201830232642.3

申请日：2018/5/18

专利权人：朱雪峰

简要说明：1. 本外观设计产品的用途：清洁美容。2. 设计要点：产品的形状。

6. 名称：包装袋（纸巾）

专利号：ZL201830262916.3

申请日：2018/5/30

专利权人：延边扶婴宫孕婴服务有限公司

简要说明：1. 本外观设计产品的用途：包装纸巾。2. 设计要点：产品的形状及图案。

7. 名称：包装袋（湿巾）

专利号：ZL201830263199.6

申请日：2018/5/30

专利权人：延边扶婴宫孕婴服务有限公司

简要说明：1. 本外观设计产品的用途：包装湿巾。2. 设计要点：产品的形状及图案。

8. 名称：包装袋（纸尿裤）

专利号：ZL201830263530.4

申请日：2018/5/30

专利权人：延边扶婴宫孕婴服务有限公司

简要说明：1. 本外观设计产品的用途：包装纸尿裤。2. 设计要点：产品的形状及图案。

9. 名称：包装袋

专利号：ZL201830263542.7

申请日：2018/5/30

专利权人：延边扶婴宫孕婴服务有限公司

简要说明：1. 本外观设计产品的用途：拉拉裤的外包装。2. 设计要点：产品的形状及图案。

10. 名称：V脸仪

专利号：ZL201830232645.7

申请日：2018/5/18

专利权人：朱雪峰

简要说明：1. 本外观设计产品的用途：脸部美容。2. 设计要点：产品的形状。

11. 名称：收纳箱

专利号：ZL201830268700.8

申请日：2018/5/31

专利权人：金成

简要说明：1. 本外观设计产品的用途：收纳物品。2. 设计要点：产品的形状、图案及其结合。

12. 名称：练字帖（实心格）

专利号：ZL201830198002.5

申请日：2018/5/4

专利权人：宋舒耕

简要说明：1. 本外观设计产品的用途：汉字练习。2. 设计要点：产品的图案。

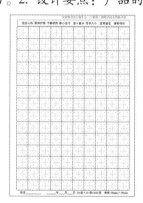

13. 名称：红参粉包装盒（恩珍源牌）

专利号：ZL201830114629.8

申请日：2018/3/26

专利权人：吉林韩正人参有限公司

简要说明：1. 本外观设计产品的用途：包装红参粉（恩珍源牌）。2. 设计要点：色彩与形状、图案的结合。请求保护色彩。本设计产品属于成套设计，包括外包装盒和玻璃瓶。

14. 名称：坐垫

专利号：ZL201830163264.8

申请日：2018/4/19

专利权人：郑光银

简要说明：1. 本外观设计产品的用途：坐垫。2. 设计要点：产品的整体形状。

15. 名称：保健仪（养生石）

专利号：ZL201830164089.4

申请日：2018/4/19

专利权人：郑光银

简要说明：1. 本外观设计产品的用途：人体保健和养生。2. 设计要点：产品的整体形状。

16. 名称：包装盒

专利号：ZL201830198214.3

申请日：2018/5/4

专利权人：吉林珍本堂生物科技集团有限公司

简要说明：1. 本外观设计产品的用途：包装。2. 设计要点：产品整体的形状。

17. 名称： 手提袋

专利号：ZL201830197758.8

申请日：2018/5/4

专利权人：吉林珍本堂生物科技集团有限公司

简要说明：1. 本外观设计产品的用途：方便手提。2. 设计要点：产品整体的形状。

18. 名称： 包装袋

专利号：ZL201830198599.3

申请日：2018/5/4

专利权人：吉林珍本堂生物科技集团有限公司

简要说明：1. 本外观设计产品的用途：包装。2. 设计要点：产品整体的形状。

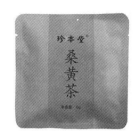

19. 名称： 塑料桶（立式）

专利号：ZL201730175956.X

申请日：2017/5/13

专利权人：延边通达实业有限责任公司

简要说明：1. 本外观设计产品的用途：盛放存储液体物质。2. 设计要点：产品形状。

20. 名称： 灯具（编钟）

专利号：ZL201830072148.5

申请日：2018/2/24

专利权人：吉林省众恒光电有限公司

简要说明：1. 本外观设计产品的用途：照明。2. 设计要点：产品的整体外形和图案。

21. 名称： 笔记本

专利号：ZL201830031511.9

申请日：2018/1/23

专利权人：金成

简要说明：1. 本外观设计产品的用途：书写、记录。2. 设计要点：产品的形状、图案及其结合。

22. 名称：吉祥物（呆抠）

专利号：ZL201730541370.0

申请日：2017/11/6

专利权人：延边顶尖文化传播有限公司

简要说明：1. 本外观设计产品的用途：企业吉祥物，形象展示。2. 设计要点：产品的整体造型。

23. 名称：景观灯

专利号：ZL201730328276.7

申请日：2017/7/24

专利权人：吉林省众恒光电有限公司

简要说明：1. 本外观设计产品的用途：照明。2. 设计要点：产品的整体外形和图案。

24. 名称：包装盒（菌籽营养全餐）

专利号：ZL201830194137.4

申请日：2018/5/3

专利权人：吉林菌籽健康产业有限公司

简要说明：1. 本外观设计产品的用途：包装袋装食品。2. 设计要点：产品的图案及色彩。请求保护的外观设计包含色彩。

25. 名称：包装套件（红参饮品）

专利号：ZL201730668320.9

申请日：2017/12/25

专利权人：吉林韩正人参有限公司

简要说明：1. 本外观设计产品的用途：包装（红参饮品）。2. 设计要点：色彩与形状、图案的结合。请求保护的外观设计包含色彩。

26. 名称：包装盒（椴蜜红参饮品）

专利号：ZL201830054670.0

申请日：2018/2/5

专利权人：吉林韩正人参有限公司

简要说明：1. 本外观设计产品的用途：包装。2. 设计要点：色彩与形状、图案的结合。

27. 名称：灯具（森林之眸）

专利号：ZL201730682176.4

申请日：2017/12/29

专利权人：吉林省合润文化科技有限公司

简要说明：1. 本外观设计产品的用途：照明。2. 设计要点：该产品的整体外形和图案。

28. 名称：灯具（美人松）

专利号：ZL201730683054.7

申请日：2017/12/29

专利权人：吉林省合润文化科技有限公司

简要说明：1. 本外观设计产品的用途：照明。2. 设计要点：产品的整体外形和图案。

29. 名称：包装盒

专利号：ZL201730584427.5

申请日：2017/11/24

专利权人：玄花

简要说明：1. 本外观设计产品的用途：包装进口食品。2. 设计要点：产品的形状、图案及色彩的结合。

30. 名称：包装盒

专利号：ZL201730584509.X

申请日：2017/11/24

专利权人：玄花

简要说明：1. 本外观设计产品的用途：包装进口食品。2. 设计要点：产品的形状、图案及色彩的结合。

简要说明：

31. 名称：宠物登记册（护照）

专利号：ZL201730445694.4

申请日：2017/9/20

专利权人：全永胜

简要说明：1. 本外观设计产品的用途：

宠物登记。2. 设计要点：产品整体的形状和图案。

32. 名称：塑料桶（立式）

专利号：ZL201730175951.7

申请日：2017/5/13

专利权人：延边通达实业有限责任公司

简要说明：1. 本外观设计产品的用途：盛放存储液体物质。2. 设计要点：形状。

33. 名称：路灯

专利号：ZL201730500028.6

申请日：2017/10/19

专利权人：樊磊

简要说明：1. 本外观设计产品的用途：户外照明。2. 设计要点：路灯的形状。

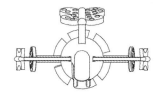

34. 名称：包装袋（韩食府）

专利号：ZL201830029068.1

申请日：2018/1/22

专利权人：翁桂新

简要说明：1. 本外观设计产品的用途：产品包装。2. 设计要点：整体外观。

35. 名称：手机的动态图形用户界面

专利号：ZL201730419506.0

申请日：2017/9/6

专利权人：吉林东华原医疗设备有限责任公司

简要说明：1. 本外观设计产品的用途：运行程序和移动通信。2. 设计要点：手机的屏幕中显示的动态图形用户界面的图案和色彩。

36. 名称：菊粉红参黄精膏饮品包装盒（恩珍源牌）

专利号：ZL201730514563.7

申请日：2017/10/26

专利权人：吉林韩正人参有限公司

简要说明：1. 本外观设计产品的用途：包装菊粉红参黄精膏饮品（恩珍源牌）。2. 设计要点：色彩与形状、图案的结合。

37. 名称：塑料桶（立式）

专利号：ZL201730175957.4

申请日：2017/5/13

专利权人：延边通达实业有限责任公司

简要说明：1. 本外观设计产品的用途：盛放存储液体物质。2. 设计要点：形状。

38. 名称：菊粉红参阿胶膏饮品包装盒（恩珍源牌）

专利号：ZL201730515086.6

申请日：2017/10/26

专利权人：吉林韩正人参有限公司

简要说明：1. 本外观设计产品的用途：包装菊粉红参阿胶膏饮品（恩珍源牌）。2. 设计要点：色彩与形状、图案的结合。请求保护的外观设计包含色彩。

39. 名称：包装盒（长白山记忆1999）

专利号：ZL201730559508.X

申请日：2017/11/14

专利权人：吉林烟草工业有限责任公司

简要说明：1. 本外观设计产品的用途：

包装产品。2. 设计要点：产品的图案。

40. 名称：包装盒（长白山心归）

专利号：ZL201730560062.2

申请日：2017/11/14

专利权人：吉林烟草工业有限责任公司

简要说明：1. 本外观设计产品的用途：包装产品。2. 设计要点：产品的图案。

41. 名称：包装盒（本色）

专利号：ZL201730560471.2

申请日：2017/11/14

专利权人：吉林烟草工业有限责任公司

简要说明：1. 本外观设计产品的用途：包装产品。2. 设计要点：产品的图案。

42. 名称：皮带割皮机

专利号：ZL201730323855.2

申请日：2017/7/21

专利权人：白云鹤

简要说明：1. 本外观设计产品的用途：去除工业皮带上的包装皮层。2. 设计要点：产品的形状。

43. 名称：饮料包装盒（恩珍源维参活力营养素）

专利号：ZL201730284501.1

申请日：2017/7/1

专利权人：吉林韩正人参有限公司

简要说明：1. 本外观设计产品的用途：包装恩珍源维参活力营养素饮料。2. 设计要点：色彩与形状、图案的结合。本外观设计产品属于成套产品，外包装盒和内部产品。

44. 名称：立体钟

专利号：ZL201730325227.8

申请日：2017/7/21

专利权人：金军虎

简要说明：1. 本外观设计产品的用途：时钟。2. 设计要点：产品的形状。

45. 名称：双驱动自行车

专利号：ZL201730292779.3

申请日：2017/7/6

专利权人：朱哲虎

简要说明：1. 本外观设计产品的用途：交通工具。2. 设计要点：产品结构。

46. 名称：熟面机模头

专利号：ZL201730292918.2

申请日：2017/7/6

专利权人：延边阿拉里机械设备制造有限公司

简要说明：1. 本外观设计产品的用途：面食加工机器或熟面机的配件。2. 设计要点：产品形状。

47. 名称：门锁

专利号：ZL201730346908.2

申请日：2017/8/1

专利权人：金承勋

简要说明：1. 本外观设计产品的用途：锁门。2. 设计要点：整体外形。

48. 名称：路灯（01）

专利号：ZL201730280582.8

申请日：2017/6/30

专利权人：吉林省众恒光电有限公司

简要说明：1. 本外观设计产品的用途：夜间照明的工具。2. 设计要点：产品的整体外形。

49. 名称：灯具（洛书）

专利号：ZL201730328553.4

申请日：2017/7/24

专利权人：吉林省众恒光电有限公司

简要说明：1. 本外观设计产品的用途：室内照明。2. 设计要点：产品的整体外形和图案。

50. 名称：灯具（斧头）

专利号：ZL201730328572.7

申请日：2017/7/24

专利权人：吉林省众恒光电有限公司

简要说明：1. 本外观设计产品的用途：室内照明。2. 设计要点：产品的整体外形和图案。

51. 名称：吹扫式样品内插管液相微萃取装置

专利号：ZL201730303061.X

申请日：2017/7/11

专利权人：延吉艾迪扼科技有限公司

简要说明：1. 本外观设计产品的用途：医药、农业、食品、化工、质量控制等领域的固体、液体样品（无水分）的气相色谱样品前处理。2. 设计要点：形状。

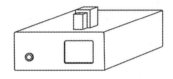

52. 名称：红参浸膏包装盒套件（恩珍源牌）

专利号：ZL201730300068.6

申请日：2017/7/10

专利权人：吉林韩正人参有限公司

简要说明：1. 本外观设计产品的用途：包装红参浸膏（恩珍源牌）。2. 设计要点：色彩与形状、图案的结合。本外观设计产品属于成套产品，包括外包装盒和内部产品。

53. 名称： 临帖架

专利号： ZL201730303173.5

申请日： 2017/7/11

专利权人： 赵香花

简要说明： 1. 本外观设计产品的用途：书写、绘画、阅读等多功能临帖架。2. 设计要点：产品的形状、图案及其结合。

54. 名称： 膨化机头

专利号： ZL201730291790.8

申请日： 2017/7/5

专利权人： 延边阿拉里机械设备制造有限公司

简要说明： 1. 本外观设计产品的用途：食品加工设备或膨化机的配件。2. 设计要点：产品形状。

55. 名称： 包装盒（冷面）

专利号： ZL201730267847.0

申请日： 2017/6/26

专利权人： 朴春梅

简要说明： 1. 本外观设计产品的用途：食品包装。2. 设计要点：整体外观形状及图案色彩设计。

56. 名称： 包装盒（糯玉米）

专利号： ZL201730267849.X

申请日： 2017/6/26

专利权人： 朴春梅

简要说明： 1. 本外观设计产品的用途：食品包装。2. 设计要点：整体形状及图案色彩。

57. 名称： 火疗挡火装置

专利号： ZL201730096610.0

申请日： 2017/3/28

专利权人： 王亮

简要说明： 1. 本外观设计产品的用途：中医保健火疗用的挡火装置。2. 设计要点：产品的形状、图案、色彩及其结合。

58. 名称： 移动电源

专利号： ZL201730192895.8

申请日： 2017/5/22

专利权人： 郑其羽

简要说明： 1. 本外观设计产品的用途：电子产品充电的移动电源设备。2. 设计要点：产品的形状。

59. 名称：人参包装盒

专利号：ZL201730197167.6

申请日：2017/5/24

专利权人：谷国栋

简要说明：1. 本外观设计产品的用途：人参产品的包装。2. 设计要点：产品的形状、图案。

60. 名称：鹿茸包装盒

专利号：ZL201730197123.3

申请日：2017/5/24

专利权人：谷国栋

简要说明：1. 本外观设计产品的用途：鹿茸产品的包装。2. 设计要点：产品的形状、图案。

61. 名称：人参包装盒

专利号：ZL201730197166.1

申请日：2017/5/24

专利权人：谷国栋

简要说明：1. 本外观设计产品的用途：人参产品的外包装。2. 设计要点：产品的形状、图案。

62. 名称：红参包装盒

专利号：ZL201730197194.3

申请日：2017/5/24

专利权人：谷国栋

简要说明：1. 本外观设计产品的用途：红参的外包装。2. 设计要点：产品的形状、图案。

63. 名称：胸罩

专利号：ZL201730112254.7

申请日：2017/4/7

专利权人：韩京文

简要说明：1. 本外观设计产品的用途：女士内衣。2. 设计要点：形状与图案的结合。

64. 名称：书写纸

专利号：ZL201730026881.9

申请日：2017/1/23

专利权人：孟祥静

简要说明：1. 本外观设计产品的用途：书写。2. 设计要点：产品的图案设计。

65. 名称：毛笔

专利号：ZL201730080880.2

申请日：2017/3/20

专利权人：孟祥静

简要说明：1. 本外观设计产品的用途：书写。2. 设计要点：产品的形状、图案、色彩及其结合。

66. 名称：包装盒

专利号：ZL201730056239.5

申请日：2017/3/1

专利权人：谷国栋

简要说明：1. 本外观设计产品的用途：盛装人参。2. 设计要点：包装盒整体。

67. 名称：钥匙扣

专利号：ZL201730062726.2

申请日：2017/3/7

专利权人：刘祥芋

简要说明：1. 本外观设计产品的用途：作为钥匙扣使用。2. 设计要点：整体外形。

68. 名称：福袋

专利号：ZL201630227566.8

申请日：2016/6/8

专利权人：金兰

简要说明：1. 本外观设计产品的用途：用作包装袋。2. 设计要点：产品的形状；

69. 名称：瓶子

专利号：ZL201730056238.0

申请日：2017/3/1

专利权人：谷国栋

简要说明：1. 本外观设计产品的用途：盛装鹿茸。2. 设计要点：瓶子整体。

70. 名称：包装盒

专利号：ZL201730056240.8

申请日：2017/3/1

专利权人：谷国栋

简要说明：1. 本外观设计产品的用途：

盛装人参或西洋参。2. 设计要点：包装盒整体。

71. 名称：包装盒

专利号：ZL201730056042.1

申请日：2017/3/1

专利权人：谷国栋

简要说明：1. 本外观设计产品的用途：用于包装。2. 设计要点：包装盒整体。

72. 名称：多功能阅读架

专利号：ZL201730023695.X

申请日：2017/1/20

专利权人：赵香花

简要说明：1. 本外观设计产品的用途：作为书刊和平板电脑阅读支架使用。2. 设计要点：产品的形状、图案及其结合。

73. 名称：塑料桶

专利号：ZL201630622664.1

申请日：2016/12/16

专利权人：延边通达实业有限责任公司

简要说明：1. 本外观设计产品的用途：盛装液体。2. 设计要点：产品的形状、图案及其结合。

74. 名称：塑料桶

专利号：ZL201630622668.X

申请日：2016/12/16

专利权人：延边通达实业有限责任公司

简要说明：1. 本外观设计产品的用途：盛装液体。2. 设计要点：产品的形状、图案及其结合。

75. 名称：塑料桶

专利号：ZL201630622669.4

申请日：2016/12/16

专利权人：延边通达实业有限责任公司

简要说明：1. 本外观设计产品的用途：盛装液体。2. 设计要点：产品的形状、图案及其结合。

76. 名称：糕点包装盒

专利号： ZL201630578732.9

申请日： 2016/11/28

专利权人： 金明淑

简要说明： 1. 本外观设计产品的用途：存放糕点。2. 设计要点：产品的形状、图案及其结合。

77. 名称：动脉硬化检测仪

专利号： ZL201630543849.3

申请日： 2016/11/9

专利权人： 吉林东华原医疗设备有限责任公司

简要说明： 1. 本外观设计产品的用途：动脉硬化的检测诊断。2. 设计要点：产品的形状和图案。

78. 名称：灯具（朝鲜族传统纸工艺灯）

专利号： ZL201630596000.2

申请日： 2016/12/6

专利权人： 金铁元

简要说明： 1. 本外观设计产品的用途：室内照明。2. 设计要点：产品的形状。

79. 名称：灯具（朝鲜族传统纸工艺灯）

专利号： ZL201630596355.1

申请日： 2016/12/6

专利权人： 金铁元

简要说明： 1. 本外观设计产品的用途：室内照明。2. 设计要点：产品的形状。

80. 名称：带图形用户界面的人体成分分析仪

专利号： ZL201630498262.5

申请日： 2016/10/11

专利权人： 吉林东华原医疗设备有限责任公司

简要说明： 1. 本外观设计产品的用途：分析人体成分。2. 设计要点：产品的显示屏中显示的图形用户界面。

81. 名称：血压仪

专利号：ZL201630507439.3

申请日：2016/10/18

专利权人：吉林东华原医疗设备有限责任公司

简要说明：1. 本外观设计产品的用途：测量血压等。2. 设计要点：产品的形状和图案。

82. 名称：钥匙扣

专利号：ZL201630300451.7

申请日：2016/7/4

专利权人：刘祥芋

简要说明：1. 本外观设计产品的用途：挂钥匙。2. 设计要点：产品的形状。

83. 名称：包装盒

专利号：ZL201630302427.7

申请日：2016/7/5

专利权人：金龙哲

简要说明：1. 本外观设计产品的用途：包装保健品。2. 设计要点：图案及色彩。

84. 名称：画架

专利号：ZL201630460673.5

申请日：2016/8/31

专利权人：赵香花

简要说明：1. 本外观设计产品的用途：用作画画时的支架。2. 设计要点：产品的形状、图案及其结合。

85. 名称：足浴器

专利号：ZL201630407999.1

申请日：2016/8/22

专利权人：严智虎

简要说明：1. 本外观设计产品的用途：洗脚、足部按摩保健。2. 设计要点：形状。

86. 名称：充电式卷发梳子

专利号：ZL201630426789.7

申请日：2016/8/26

专利权人：李松馥

简要说明：1. 本外观设计产品的用途：卷发。2. 设计要点：产品的形状。

87. 名称： 多功能微萃取仪

专利号： ZL201630321752.8

申请日： 2016/7/14

专利权人： 王洪军

简要说明：1. 本外观设计产品的用途：集萃取、净化、浓缩、预分离于一体的气相色谱样品前处理仪器，适用于医药、农业、食品、化工、质量控制等领域的固体、液体样品（无水分）的气相色谱样品制备。2. 设计要点：产品的形状。

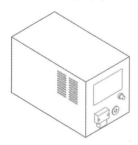

88. 名称： 红参饮品包装盒（恩珍源牌）

专利号： ZL201630223830.0

申请日： 2016/6/6

专利权人： 吉林韩正人参有限公司

简要说明：1. 本外观设计产品的用途：包装红参饮品。2. 设计要点：色彩与形状、图案的结合。

89. 名称： 阅读架（2）

专利号： ZL201630077495.8

申请日： 2016/3/17

专利权人： 赵香花；郑云泰

简要说明：1. 本外观设计产品的用途：用作阅读时搁置书本的架子。2. 设计要点：产品的形状、图案及其结合。

90. 名称： 阅读架

专利号： ZL201630014779.2

申请日： 2016/1/15

专利权人： 赵香花；郑云泰

简要说明：1. 本外观设计产品的用途：阅读时搁置书本的架子。2. 设计要点：产品的形状、图案及其结合。

91. 名称： 食品包装盒

专利号： ZL201530538297.2

申请日： 2015/12/17

专利权人： 延边伟业食品有限公司

简要说明：1. 本外观设计产品的用途：包装食品。2. 设计要点：产品的形状。

92. 名称：红参润养活肤面膜包装盒（恩珍源牌）

专利号：ZL201630058560.2

申请日：2016/3/3

专利权人：吉林韩正人参有限公司

简要说明：1. 本外观设计产品的用途：包装红参润养活肤面膜。2. 设计要点：色彩与形状、图案的结合。

93. 名称：红参石榴饮料包装（恩珍源牌）

专利号：ZL201530300403.3

申请日：2015/8/12

专利权人：吉林韩正人参有限公司

简要说明：1. 本外观设计产品的用途：包装恩珍源牌红参石榴饮料。2. 设计要点：色彩与形状、图案的结合。

94. 名称：LED 天井灯灯体（高效散热）

专利号：ZL201530433914.2

申请日：2015/10/27

专利权人：金松山

简要说明：1. 本外观设计产品的用途：LED 天井灯装置。2. 设计要点：产品的整体形状，及其发光面的通风口、灯罩和密封圈的结合。

95. 名称：红参蜜膏包装套盒（恩珍源牌）

专利号：ZL201530272871.4

申请日：2015/7/27

专利权人：吉林韩正人参有限公司

简要说明：1. 本外观设计产品的用途：包装红参蜜膏。2. 设计要点：色彩与形状、图案的结合。

96. 名称：红参片包装套盒（恩珍源牌）

专利号：ZL201530274760.7

申请日：2015/7/27

专利权人：吉林韩正人参有限公司

简要说明：1. 本外观设计产品的用途：包装红参片（恩珍源牌）。2. 设计要点：色彩与形状、图案的结合。

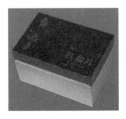

97. 名称：红参润喉糖包装盒

专利号：ZL201530451471. X

申请日：2015/11/13

专利权人：吉林韩正人参有限公司

简要说明：1. 本外观设计产品的用途：包装红参润喉糖。2. 设计要点：色彩与形状、图案的结合。

98. 名称：手机太阳能无线充电装置

专利号：ZL201530320267. 4

申请日：2015/8/25

专利权人：王洪军

简要说明：1. 本外观设计产品的用途：手机、照相机等小型电器的无线充电器。2. 设计要点：形状。

99. 名称：恩珍源牌红参玛卡饮料包装盒

专利号：ZL201530300405. 2

申请日：2015/8/12

专利权人：吉林韩正人参有限公司

简要说明：1. 本外观设计产品的用途：包装恩珍源牌红参玛卡饮料。2. 设计要点：色彩与形状、图案的结合。

100. 名称：塑料桶

专利号：ZL201530211766. X

申请日：2015/6/24

专利权人：延边通达实业有限责任公司

简要说明：1. 本外观设计产品的用途：盛装物品。2. 设计要点：产品的形状、图案以及结合。

101. 名称：温热电位治疗仪控制器

专利号：ZL201530157453. 0

申请日：2015/5/22

专利权人：延吉可喜安医疗器械有限公司

简要说明：1. 本外观设计产品的用途：控制温热电位治疗仪的开、关、睡眠状态。2. 设计要点：产品的形状。

102. 名称：大米包装箱（1）

专利号：ZL201530056378. 9

申请日：2015/3/10

专利权人：延边乾丰实业有限公司

简要说明：1. 本外观设计产品的用途：包装大米。2. 设计要点：产品的图案、图案与色彩的结合。

103. 名称：大米包装箱（2）

专利号：ZL201530056396.7

申请日：2015/3/10

专利权人：延边乾丰实业有限公司

简要说明：1. 本外观设计产品的用途：包装大米。2. 设计要点：产品的图案、图案与色彩的结合。

104. 名称：电子烟

专利号：ZL201430536006.1

申请日：2014/12/18

专利权人：延吉长白山科技服务有限公司

简要说明：1. 本外观设计产品的用途：电子烟。2. 设计要点：产品的形状。

105. 名称：鞋带（懒人）

专利号：ZL201430530091.0

申请日：2014/12/16

专利权人：林华

简要说明：1. 本外观设计产品的用途：系鞋子。2. 设计要点：产品的形状。

106. 名称：无需拆卸的自动防滑链

专利号：ZL201430351787.7

申请日：2014/9/22

专利权人：宋恩华

简要说明：1. 本外观设计产品的用途：用于轮胎的防滑。2. 设计要点：产品的形状。

107. 名称：净水机

专利号：ZL201430306866.6

申请日：2014/8/26

专利权人：延吉市意来净水机制造有限公司

简要说明：1. 本外观设计产品的用途：用于饮用水处理。2. 设计要点：产品包括净水壶、带有出水装置的净水桶、水龙头。

108. 名称：包装盒（二）

专利号：ZL201430167709.1

申请日：2014/6/5

专利权人：吉林韩正人参有限公司

简要说明：1. 本外观设计产品的用途：包装模压红参。2. 设计要点：形状、图案及色彩。

109. 名称：包装盒（长白山－金香魁）

专利号：ZL201430240001.4

申请日：2014/7/16

专利权人：吉林烟草工业有限责任公司

简要说明：1. 本外观设计产品的用途：包装产品。2. 设计要点：形状及图案。

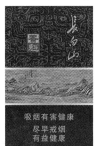

110. 名称：便携式口腔 X 射线机

专利号：ZL201430153635.6

申请日：2014/5/28

专利权人：洪哲

简要说明：1. 本外观设计产品的用途：用于牙科 X 射线影像。2. 设计要点：形状。请求保护的外观设计包含色彩。

111. 名称：控制器

专利号：ZL201430008799.X

申请日：2014/1/13

专利权人：延吉可喜安医疗器械有限公司

简要说明：1. 本外观设计产品的用途：用于对坐垫式温热垫进行控制和调节。2. 设计要点：产品的形状。

112. 名称：包装盒（一）

专利号：ZL201430120691.X

申请日：2014/5/7

专利权人：吉林韩正人参有限公司

简要说明：1. 本外观设计产品的用途：包装模压红参。2. 设计要点：形状和图案。请求保护的外观设计包含色彩。

113. 名称：坐垫式温热垫

专利号：ZL201430008639.5

申请日：2014/1/13

专利权人：延吉可喜安医疗器械有限公司

简要说明：1. 本外观设计产品的用途：用于人体保健治疗。2. 设计要点：产品的形状。

114. 名称：包装盒（红参茶）

专利号：ZL201430067642.4

申请日：2014/3/28

专利权人：吉林韩正人参有限公司

简要说明：1. 本外观设计产品的用途：包装红参茶。2. 设计要点：色彩与形状、图案的结合。请求保护的外观设计包含色彩。

115. 名称：包装盒（枣花蜜红参片）

专利号：ZL201430067644.3

申请日：2014/3/28

专利权人：吉林韩正人参有限公司

简要说明：1. 本外观设计产品的用途：包装枣花蜜红参片。2. 设计要点：色彩与形状、图案的结合。请求保护的外观设计包含色彩。

116. 名称：包装盒（长白山–小香魁）

专利号：ZL201430008900.1

申请日：2014/1/13

专利权人：吉林烟草工业有限责任公司

简要说明：1. 本外观设计产品的用途：包装产品。2. 设计要点：产品的图案。

117. 名称：饮料瓶

专利号：ZL201330508611.3

申请日：2013/10/28

专利权人：王学志

简要说明：1. 该外观设计专利的用途：盛装饮料。3. 设计要点：产品的外观形状、图案及其结合。

118. 名称：包装盒（檀君牌红参）

专利号：ZL201230334621.5

申请日：2012/7/24

专利权人：延边开城医药有限公司

简要说明：1. 本外观设计产品的用途：包装物品。2. 设计要点：产品的图案及色彩与图案的结合。请求保护的外观设计包含有色彩。

119. 名称：酒瓶
专利号：ZL201230405494.3
申请日：2012/8/27
专利权人：延边边城酒业有限公司
简要说明：1. 本外观设计产品的用途：装酒。2. 设计要点：酒瓶的形状、图案、图案与色彩的结合。请求保护的外观设计产品包含有色彩。

120. 名称：包装盒（7）
专利号：ZL201230437940.9
申请日：2012/9/13
专利权人：延边春雷生物药业有限公司
简要说明：1. 本外观设计产品的用途：包装农药。2. 设计要点：产品图案、色彩及其结合。请求保护的外观设计包含色彩。

121. 名称：包装盒（2）
专利号：ZL201230437246.7
申请日：2012/9/13
专利权人：延边春雷生物药业有限公司
简要说明：1. 本外观设计产品的用途：包装农药。2. 设计要点：产品的图案、色彩及其结合。请求保护的外观设计包含色彩。

122. 名称：包装盒（1）
专利号：ZL201230437272.X
申请日：2012/9/13
专利权人：延边春雷生物药业有限公司
简要说明：1. 本外观设计产品的用途：包装农药。2. 设计要点：产品的图案、色彩及其结合。请求保护的外观设计包含色彩。

123. 名称：包装盒（6）
专利号：ZL201230437274.9
申请日：2012/9/13
专利权人：延边春雷生物药业有限公司
简要说明：1. 本外观设计产品的用途：包装农药。2. 设计要点：产品的图案、色彩及其结合。请求保护的外观设计包含色彩。

124. 名称：包装盒（3）
专利号：ZL201230437406.8
申请日：2012/9/13
专利权人：延边春雷生物药业有限公司
简要说明：1. 本外观设计产品的用途：包装农药。2. 设计要点：产品的图案、色彩及其结合。请求保护的外观设计包含色彩。

125. 名称：包装盒（5）
专利号：ZL201230438036.X

申请日：2012/9/13

专利权人：延边春雷生物药业有限公司

简要说明：1. 本外观设计产品的用途：包装农药。2. 设计要点：产品的图案、色彩及其结合。请求保护的外观设计包含色彩。

126. 名称：包装盒（4）

专利号：ZL201230438037.4

申请日：2012/9/13

专利权人：延边春雷生物药业有限公司

简要说明：1. 本外观设计产品的用途：包装农药。2. 设计要点：产品的图案、色彩及其结合。请求保护的外观设计包含色彩。

127. 名称：包装盒（红参茶）

专利号：ZL201230334614.5

申请日：2012/7/24

专利权人：延边开城医药有限公司

简要说明：1. 本外观设计产品的用途：包装物品。2. 设计要点：包装盒的图案及色彩与图案的结合。请求保护的外观设计包含有色彩。

128. 名称：包装盒（红参液）

专利号：ZL201230334619.8

申请日：2012/7/24

专利权人：延边开城医药有限公司

简要说明：1. 本外观设计产品的用途：包装物品。2. 设计要点：包装盒的图案及色彩与图案的结合。请求保护的外观设计包含有色彩。

129. 名称：字帖

专利号：ZL201230020963.X

申请日：2012/2/2

专利权人：赫永普

简要说明：1. 本外观设计产品的用途：练习书法。2. 设计要点：产品的形状、图案及其结合。

130. 名称：包装盒（高丽人参）

专利号：ZL201130438953.3

申请日：2011/11/25

专利权人：延边开城医药有限公司

简要说明：1. 本外观设计产品的用途：包装物品。2. 设计要点：包装盒的图案及色彩与图案的结合。请求保护的外观设计包含有色彩。

131. 名称：包装盒（高丽人参）

专利号：ZL201130438954.8

申请日：2011/11/25

专利权人：延边开城医药有限公司

简要说明：1. 本外观设计产品的用途：包装物品。2. 设计要点：包装盒的图案及色彩与图案的结合。请求保护的外观设计包含有色彩。

132. 名称：水杯（碱乐康）

专利号：ZL201130216042.6

申请日：2011/7/8

专利权人：朴杰

简要说明：1. 本外观设计产品的用途：盛装饮用水后，将饮用水转换为弱碱性，对人体起保健作用。2. 设计要点：产品的形状、图案及其结合。

133. 名称：温热电位治疗器的控制器

专利号：ZL201130118799.1

申请日：2011/5/13

专利权人：延吉可喜安医疗器械有限公司

简要说明：1. 本外观设计产品的用途：控制温热电位治疗器的治疗垫。2. 设计要点：产品的形状、图案及其结合。

134. 名称：温热电位治疗器的治疗垫

专利号：ZL201130118821.2

申请日：2011/5/13

专利权人：延吉可喜安医疗器械有限公司

简要说明：1. 本外观设计产品的用途：加热后释放远红外线，对人体进行理疗。2. 设计要点：产品的形状、图案及其结合。

135. 名称：壁挂式过滤器

专利号：ZL201130066639.7

申请日：2011/4/2

专利权人：延吉喜来健实业有限公司

简要说明：1. 本外观设计产品用途：过滤水。2. 设计要点：形状。

136. 名称：盒（拔罐器五）

专利号：ZL201130006134.1

申请日：2011/1/14

专利权人：方孝日

简要说明：1. 本外观设计产品的用途：

包装拔罐器。2. 设计要点：包装盒的图案及其图案与色彩的结合。本外观设计请求保护色彩。

137. 名称：拔罐器（一）
专利号：ZL201130006135.6
申请日：2011/1/14
专利权人：方孝日
简要说明：1. 本外观设计产品的用途：拔罐。2. 设计要点：拔罐器的形状。

138. 名称：拔罐器（二）
专利号：ZL201130006171.2
申请日：2011/1/14
专利权人：方孝日
简要说明：1. 本外观设计产品的用途：拔罐。2. 设计要点：拔罐器的形状。

139. 名称：药石组合模块（五）
专利号：ZL201030661234.3
申请日：2010/12/7
专利权人：延吉可喜安医疗器械有限公司

简要说明：1. 本外观设计产品的用途：用于床垫产品的表面镶嵌。2. 设计要点：产品的形状、图案及其结合。

140. 名称：插塞
专利号：ZL201030169928.5
申请日：2010/5/14
专利权人：延吉喜来健实业有限公司
简要说明：1. 本外观设计产品用途：用于滤芯。2. 设计要点：插塞的形状。

141. 名称：塞子
专利号：ZL201030169929.X
申请日：2010/5/14
专利权人：延吉喜来健实业有限公司
简要说明：1. 本外观设计产品用途：用于滤芯。2. 设计要点：塞子的形状。

142. 名称：滤芯
专利号：ZL201030169930.2
申请日：2010/5/14
专利权人：延吉喜来健实业有限公司
简要说明：1. 本外观设计产品用途：用于净水器、饮水机或水处理设备。2. 设计要点：滤芯的形状。

143. 名称：堵盖（PP 绵）

专利号：ZL201030234617.2

申请日：2010/7/6

专利权人：延吉喜来健实业有限公司

简要说明：1. 本外观设计产品用途：用于净水器、饮水机或其他水处理设备滤芯。2. 设计要点：堵盖的形状。

144. 名称：滤芯（单向出水）

专利号：ZL201030234630.8

申请日：2010/7/6

专利权人：延吉喜来健实业有限公司

简要说明：1. 本外观设计产品用途：用于净水器、饮水机或其他水处理设备。2. 设计要点：滤芯的形状。

145. 名称：堵盖（活性炭）

专利号：ZL201030234634.6

申请日：2010/7/6

专利权人：延吉喜来健实业有限公司

简要说明：1. 本外观设计产品用途：用于净水器、饮水机或其他水处理设备滤芯。2. 设计要点：堵盖的形状。

146. 名称：水壶（二）

专利号：ZL201030124333.8

申请日：2010/3/23

专利权人：朴杰

简要说明：1. 本外观设计产品的用途：盛装饮用水后，将饮用水转换为弱碱性。

2. 设计要点：产品的形状。

147. 名称：杯子

专利号：ZL200930244325.4

申请日：2009/9/15

专利权人：朴杰

简要说明：本外观设计产品为组件产品。组件 1 为杯体，组件 2 为置于杯体内的碱性水还原装置。

148. 名称：床垫（负离子）

专利号：ZL200930203698.7

申请日：2009/8/14

专利权人：延吉喜来健实业有限公司

简要说明：略。

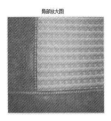

149. 名称：水壶

专利号：ZL200930188375.5

申请日：2009/6/2

专利权人：朴杰

简要说明：略。

150. 名称：净化水壶

专利号：ZL200930188374.0

申请日：2009/6/2

专利权人：朴杰

简要说明：略。

151. 名称：盒（拔罐器四）

专利号：ZL200930120439.8

申请日：2009/3/9

专利权人：方孝日

简要说明：略。

152. 名称：包装盒（拔罐器一）

专利号：ZL200930120442.X

申请日：2009/3/9

专利权人：方孝日

简要说明：略。

153. 名称：盒（拔罐器三）

专利号：ZL200930120440.0

申请日：2009/3/9

专利权人：方孝日

简要说明：略。

154. 名称：盒（拔罐器二）

专利号：ZL200930120441.5

申请日：2009/3/9

专利权人：方孝日

简要说明：略。

155. 名称：治疗仪（二）

专利号：ZL200930120443.4

申请日：2009/3/9

专利权人：方孝日

简要说明：略。

第二章 珲春市外观设计专利

1. 名称：收纳袋（汽车后座收纳袋）

专利号：ZL201730616802.X

申请日：2017/12/6

专利权人：崔国宪

简要说明：1. 本外观设计产品的用途：安装在汽车座椅后背，用于收纳物品。2. 设计要点：产品的形状。

2. 名称：烧烤食物的辅助放置架

专利号：ZL201830084541.6

申请日：2018/3/7

专利权人：具珍鑫

简要说明：1. 本外观设计产品的用途：放置烤盘上烤熟的食物，烧烤食物期间其置于烤盘的边缘或中部。2. 设计要点：产品的形状。

3. 名称：食品包装箱

专利号：ZL201830199126.5

申请日：2018/5/5

专利权人：臧顺利

简要说明：1. 本外观设计产品的用途：盛放、包装食品。2. 设计要点：产品的图案。

4. 名称：餐桌

专利号：ZL201730473775.5

申请日：2017/9/30

专利权人：金香兰

简要说明：1. 本外观设计产品的用途：作为4~6人就餐的桌子。2. 设计要点：产品的形状。

5. 名称：边桌

专利号：ZL201730473781.0

申请日：2017/9/30

专利权人：金香兰

简要说明：1. 本外观设计产品的用途：放置物品。2. 设计要点：产品的形状。

6. 名称： 抽屉柜

专利号： ZL201730473752.4

申请日： 2017/9/30

专利权人： 金香兰

简要说明： 1. 本外观设计产品的用途：放置物品。2. 设计要点：产品的形状。

7. 名称： 方向盘助力球

专利号： ZL201730616662.6

申请日： 2017/12/6

专利权人： 崔国宪

简要说明： 1. 本外观设计产品的用途：协助汽车方向盘转向。2. 设计要点：产品的形状、图案及其结合。

8. 名称： 边柜

专利号： ZL201730473106.8

申请日： 2017/9/30

专利权人： 金香兰

简要说明： 1. 本外观设计产品的用途：放置物品。2. 设计要点：形状。

9. 名称： 电视柜

专利号： ZL201730481301.5

申请日： 2017/9/30

专利权人： 金香兰

简要说明： 1. 本外观设计产品的用途：作为装饰、摆放电视。2. 设计要点：形状。

10. 名称： 梳妆收纳柜

专利号： ZL201730481295.3

申请日： 2017/9/30

专利权人： 金香兰

简要说明： 1. 本外观设计产品的用途：收纳物品、整理仪容。2. 设计要点：形状。

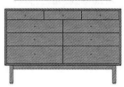

11. 名称： 床

专利号： ZL201730473094.9

申请日： 2017/9/30

专利权人： 金香兰

简要说明： 1. 本外观设计产品的用途：供人休息。2. 设计要点：形状。

12. **名称**：书桌

专利号：ZL201730481292. X

申请日：2017/9/30

专利权人：金香兰

简要说明：1. 本外观设计产品的用途：学习、工作。2. 设计要点：形状。

13. **名称**：电视柜

专利号：ZL201730481302. X

申请日：2017/9/30

专利权人：金香兰

简要说明：1. 本外观设计产品的用途：作为室内装饰、摆放电视。2. 设计要点：产品的形状。

14. **名称**：橱柜

专利号：ZL201730481320. 8

申请日：2017/9/30

专利权人：金香兰

简要说明：1. 本外观设计产品的用途：放置物品。2. 设计要点：形状。

15. **名称**：刀板

专利号：ZL201730562970. 5

申请日：2017/11/15

专利权人：金龙太

简要说明：1. 本外观设计产品的用途：裁纸、裁名片等。2. 设计要点：产品的形状。

16. **名称**：刀板

专利号：ZL201730563332. 5

申请日：2017/11/15

专利权人：金龙太

简要说明：1. 本外观设计产品的用途：裁纸、裁名片等。2. 设计要点：产品的形状。

17. **名称**：燃气炉

专利号：ZL201730178966. 9

申请日：2017/5/11

专利权人：崔龙杰；邹剑平

简要说明：1. 本外观设计产品的用途：对物品加热。2. 设计要点：产品的整体形状。

18. **名称**：灸子

专利号：ZL201730566792. 3

申请日：2017/11/16

专利权人：具珍鑫

简要说明：1. 本外观设计产品的用途：烧烤。2. 设计要点：整体形状。

19. 名称：折叠垫

专利号：ZL201730370923.0

申请日：2017/8/14

专利权人：高锋

简要说明：1. 本外观设计产品的用途：供人坐躺卧时使用，也可以用作瑜伽垫、床垫使用，折叠收纳方便。2. 设计要点：形状。

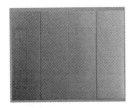

20. 名称：跆拳道用护甲

专利号：ZL201730124206.X

申请日：2017/4/14

专利权人：徐永道

简要说明：1. 本外观设计产品的用途：跆拳道训练或进行比赛时，以护甲为使用者胸部、腹部提供防护。2. 设计要点：产品的整体形状。

21. 名称：儿童背包（一）

专利号：ZL201730100026.8

申请日：2017/3/30

专利权人：李永日

简要说明：1. 本外观设计产品用途：主要用于幼童上学背的背包。2. 设计要点：产品形状。

22. 名称：儿童背包（二）

专利号：ZL201730100027.2

申请日：2017/3/30

专利权人：李永日

简要说明：1. 本外观设计产品用途：主要用于幼童上学背的背包。2. 设计要点：产品形状。

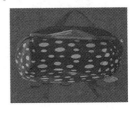

23. 名称：儿童自行车（小企鹅）

专利号：ZL201730032982.7

申请日：2017/2/6

专利权人：许香善

简要说明：1. 本外观设计产品的用途：儿童骑乘。2. 设计要点：产品形状、图案及其结合。

24. 名称：手机支架

专利号：ZL201630600945.7

申请日：2016/12/8

专利权人：崔国宪

简要说明：1. 本外观设计产品的用途：固定、放置手机。2. 设计要点：产品的形状。

25. 名称：方向盘套（助力球）

专利号：ZL201630568185.6

申请日：2016/11/23

专利权人：崔国宪

简要说明：1. 本外观设计产品的用途：主要用于汽车方向盘套，防滑。2. 设计要点：产品的形状。

26. 名称：超声波身高测量仪

专利号：ZL201630501418.0

申请日：2016/10/13

专利权人：金光雄

简要说明：1. 外观设计产品的用途：测量身高。3. 外观设计的设计要点：产品的整体形状设计。

27. 名称：圆柱形艾灸罐

专利号：ZL201630166386.3

申请日：2016/5/7

专利权人：金哲男

简要说明：1. 本外观设计产品的用途：中医艾灸治疗。2. 设计要点：产品的形状。

28. 名称：六针式艾条插针器

专利号：ZL201630166391.4

申请日：2016/5/7

专利权人：金哲男

简要说明：1. 本外观设计产品的用途：中医艾灸治疗。2. 设计要点：产品形状。

29. 名称：弧形艾灸罐

专利号：ZL201630166396.7

申请日：2016/5/7

专利权人：金哲男

简要说明：1. 本外观设计产品的用途：中医艾灸治疗。2. 设计要点：产品的形状。

30. 名称：八针式艾条插针器

专利号：ZL201630166399.0

申请日：2016/5/7

专利权人：金哲男

简要说明：1. 本外观设计产品的用途：中医艾灸治疗。2. 设计要点：产品的形状。

31. 名称：游戏机（小企鹅迷你捉娃娃）

专利号：ZL201630239131.5

申请日：2016/5/24

专利权人：许香善

简要说明：1. 外观设计产品的用途：儿童玩耍。2. 设计要点：形状。

32. 名称：帐篷地钉

专利号：ZL201630299216.2

申请日：2016/6/21

专利权人：崔龙杰

简要说明：1. 本外观设计产品的用途：固定帐篷等。2. 设计要点：产品的整体形状。

33. 名称：儿童推车（小企鹅）

专利号：ZL201630227437.9

申请日：2016/5/19

专利权人：许香善

简要说明：1. 本外观设计产品的用途：一种儿童推车。2. 设计要点：形状。

34. 名称：剪刀（复古表）

专利号：ZL201630194191.X

申请日：2016/5/15

专利权人：金革镇

简要说明：1. 本外观设计产品的用途：理发。2. 设计要点：产品形状。

35. 名称：玩具方向盘（小企鹅）

专利号：ZL201630227393.X

申请日：2016/5/12

专利权人：许香善

简要说明：1. 本外观设计产品的用途：儿童玩耍。2. 设计要点：形状。

36. 名称：收纳箱（EVA）

专利号：ZL201530438532.9

申请日：2015/11/5

专利权人：崔国宪

简要说明：1. 本外观设计产品的用途：放置和储存物品。2. 设计要点：产品的形状、图案以及结合。

37. 名称：木屋（木质别墅住宅）

专利号：ZL201530284478.7

申请日：2015/7/31

专利权人：珲春环亚经贸有限公司

简要说明：1. 本外观设计产品的用途：居住。2. 设计要点：形状。

38. 名称：纵梁卡件

专利号：ZL201530262241.9

申请日：2015/7/20

专利权人：刘国兴；杨成文

简要说明：1. 本外观设计产品的用途：固定大棚钢架。2. 设计要点：产品的形状、图案及其结合。

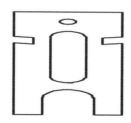

39. 名称：十字卡件

专利号：ZL201530262430.6

申请日：2015/7/20

专利权人：刘国兴；杨成文

简要说明：1. 本外观设计产品的用途：固定大棚钢架。2. 设计要点：产品的形状、图案及其结合。

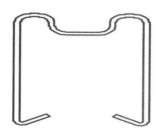

40. 名称：木屋（日式餐厅）

专利号：ZL201530284194.8

申请日：2015/7/31

专利权人：珲春环亚经贸有限公司

简要说明：1. 本外观设计产品的用途：餐厅设计。2. 设计要点：形状。

41. 名称：包装盒（披萨盒）

专利号：ZL201530263216.2

申请日：2015/7/21

专利权人：金龙太

简要说明：1. 本外观设计产品的用途：披萨的外包装。2. 设计要点：产品的形状、图案及其结合。

42. 名称：木屋（警银岗亭）

专利号：ZL201530284237.2

申请日：2015/7/31

专利权人：珲春环亚经贸有限公司

简要说明：1. 本外观设计产品的用途：办公。2. 设计要点：形状。

43. 名称：包装箱

专利号：ZL201530023334.6

申请日：2015/1/27

专利权人：珲春市海源工贸有限公司

简要说明：1. 本外观设计产品的用途：包装箱。2. 设计要点：包装箱外形以及图案的结合。外观设计保护范围包含色彩。

44. 名称：包装袋

专利号：ZL201530023335.0

申请日：2015/1/27

专利权人：珲春市海源工贸有限公司

简要说明：1. 本外观设计产品的用途：包装物品。2. 设计要点：包装袋外形以及图案的结合。本外观设计保护范围包含色彩。

45. 名称：模具（名片）

专利号：ZL201430548314.6

申请日：2014/12/24

专利权人：金龙太

简要说明：1. 本外观设计产品的用途：用于制作名片。2. 设计要点：产品形状。

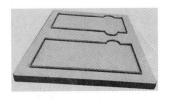

46. 名称：包装袋

专利号：ZL201330594527.8

申请日：2013/12/3

专利权人：金继臣

简要说明：1. 本外观设计产品的用途：包装暖宝宝。2. 设计要点：形状及图案的结合。

47. 名称：光热栏板

专利号：ZL201330421613.9

申请日：2013/9/4

专利权人：何杨

简要说明：1. 本外观设计产品的用途：属于建筑构件，可以取代阳台栏板或窗下部位的墙体，具有建筑物围护结构功能。2. 设计要点：产品形状。

48. 名称：光热栏板
专利号：ZL201330421614.3
申请日：2013/9/4
专利权人：何杨

简要说明：1. 本外观设计产品的用途：属于建筑构件，可以取代阳台栏板或窗下部位的墙体，具有建筑物围护结构功能。2. 设计要点：产品形状。

第三章　图们市外观设计专利

1. 名称：包裹式轮椅靠背

专利号：ZL201830104018.5

申请日：2018/3/20

专利权人：金武战

简要说明：1. 本外观设计产品的用途：轮椅后靠背。2. 设计要点：产品的形状。

2. 名称：轮椅训练骑行台

专利号：ZL201830104017.0

申请日：2018/3/20

专利权人：金武战

简要说明：1. 本外观设计产品的用途：轮椅族做运动康复训练。2. 设计要点：产品的形状。

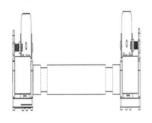

3. 名称：麻将（世人）

专利号：ZL201730165586.1

申请日：2017/5/9

专利权人：朴成汉

简要说明：1. 本外观设计产品的用途：娱乐、体育用品。2. 设计要点：图案。

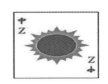

4. 名称：多功能水晶球灯

专利号：ZL201630395773.4

申请日：2016/8/17

专利权人：朴峰男

简要说明：1. 本外观设计产品的用途：室内照明或做舞台灯光使用，带有声控功能。2. 设计要点：产品的形状。

5. 名称：沙发（玉石）

专利号：ZL201630318698.1

申请日：2016/7/13

专利权人：李学敏

简要说明：1. 本外观设计产品的用途：沙发。2. 设计要点：产品形状与图案的结合。

6. 名称：玉石床

专利号：ZL201630318549.5

申请日：2016/7/13

专利权人：李学敏

简要说明：1. 本外观设计产品的用途：用作床。2. 设计要点：产品形状、图案的结合。

7. 名称：智能空气净化器
专利号：ZL201530365756.1
申请日：2015/9/21
专利权人：文哲锋
简要说明：1. 本外观设计产品的用途：用于净化空气。2. 设计要点：产品形状、色彩。请求保护的外观设计包含色彩。

8. 名称：智能净化加湿器
专利号：ZL201530365841.8
申请日：2015/9/21
专利权人：文哲锋
简要说明：1. 本外观设计产品的用途：用于空气加湿。2. 设计要点：形状、色彩。请求保护的外观设计包含色彩。

9. 名称：围栏板
专利号：ZL201530215970.9
申请日：2015/6/26

专利权人：高伟
简要说明：1. 本外观设计产品的用途：用于组成围栏。2. 设计要点：产品的形状。

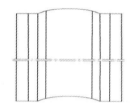

10. 名称：电压温度电子测量仪
专利号：ZL201430446539.0
申请日：2014/11/13
专利权人：申东国
简要说明：1. 本外观设计产品的用途：测量汽车电池电压及车内环境温度。2. 设计要点：产品图案。

11. 名称：包装盒（循环通络筋骨止痛）
专利号：ZL201430351524.6
申请日：2014/9/22
专利权人：延边山宝科技发展有限公司
简要说明：1. 本外观设计产品的用途：包装循环通络筋骨止痛酊剂。2. 设计要点：色彩与形状、图案的结合。请求保护的外观设计包含色彩。

12. 名称：饮料瓶

专利号：ZL201230459932.4

申请日：2012/9/25

专利权人：图们市龙泉农工贸有限公司

简要说明：1. 本外观设计产品的用途：包装饮料。2. 设计要点：设计要点：形状和图案。请求保护的外观设计包含色彩。

13. 名称：瓶（饮料）

专利号：ZL201230520291.9

申请日：2012/10/30

专利权人：图们市龙泉农工贸有限公司

简要说明：1. 本外观设计产品的用途：装饮料。2. 设计要点：瓶的形状、图案、图案与色彩的结合。请求保护的外观设计产品包含有色彩。

第四章　敦化市外观设计专利

1. 名称：木质车用地板

专利号：ZL201830457376.4

申请日：2018/8/17

专利权人：刘庆国

简要说明：1. 本外观设计产品的用途：用于铺设在车体内。2. 设计要点：外观及形状。

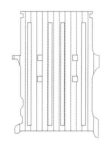

2. 名称：香（六角全家福香）

专利号：ZL201830262319.0

申请日：2018/5/30

专利权人：高永恒

简要说明：1. 本外观设计产品的用途：拜祭。2. 设计要点：产品的形状及图案。请求保护的外观设计色彩。

3. 名称：手提袋（3）

专利号：ZL201830358819.4

申请日：2018/7/5

专利权人：陈文杰

简要说明：1. 本外观设计产品的用途：盛装物品。2. 设计要点：产品的形状、图案及其结合。

4. 名称：手提袋（4）

专利号：ZL201830358820.7

申请日：2018/7/5

专利权人：陈文杰

简要说明：1. 本外观设计产品的用途：盛装物品。2. 设计要点：示产品的形状、图案及其结合。

5. 名称：手提袋（2）

专利号：ZL201830359212.8

申请日：2018/7/5

专利权人：陈文杰

简要说明：1. 本外观设计产品的用途：盛装物品。2. 设计要点：产品的形状、图案及其结合。

6. 名称：香（六角有钱花香）

专利号：ZL201830262320.3

申请日：2018/5/30

专利权人：高永恒

简要说明：1. 本外观设计产品的用途：拜祭。2. 设计要点：产品的形状及图案。请求保护的外观设计色彩。

7. 名称：香（六角莲莲生财香）

专利号：ZL201830262326.0

申请日：2018/5/30

专利权人：高永恒

简要说明：1. 本外观设计产品的用途：拜祭。2. 设计要点：产图的形状及图案。请求保护的外观设计色彩。

8. 名称：香（鼎鼎有福）

专利号：ZL201830331751.0

申请日：2018/6/26

专利权人：高永恒

简要说明：1. 本外观设计产品的用途：拜祭。2. 设计要点：产品的形状及图案。请求保护的外观设计色彩。

9. 名称：运动地板膨胀螺栓

专利号：ZL201830263116.3

申请日：2018/5/30

专利权人：吉林省嘉裕体育设施有限公司

简要说明：1. 本外观设计产品的用途：地板固定。2. 设计要点：整体外形。

10. 名称：包装盒（延龄长春胶囊）

专利号：ZL201830168418.2

申请日：2018/4/22

专利权人：吉林敖东集团力源制药股份有限公司

简要说明：1. 本外观设计产品的用途：用于药品包装。2. 设计要点：产品的图案。

11. 名称： 运动弹性胶垫

专利号： ZL201830276864.5

申请日： 2018/6/5

专利权人： 吉林省嘉裕体育设施有限公司

简要说明： 1. 本外观设计产品的用途：用于体育运动设施。2. 设计要点：产品形状。

12. 名称： 木质车用地板

专利号： ZL201830066953.7

申请日： 2018/2/11

专利权人： 刘庆国

简要说明： 1. 本外观设计产品的用途：用于铺设在车体内部。2. 设计要点：外观及形状。

13. 名称： 木质车用地板

专利号： ZL201830067160.7

申请日： 2018/2/11

专利权人： 刘庆国

简要说明： 1. 本外观设计产品的用途：用于铺设在车体内部。2. 设计要点：外观及形状。

14. 名称： 车用木质脚垫

专利号： ZL201730674776.6

申请日： 2017/12/27

专利权人： 刘庆国

简要说明： 1. 本外观设计产品的用途：用于铺设在车体内部。2. 设计要点：外观及形状。

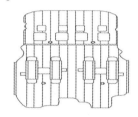

15. 名称： 车用风口香薰夹（八浆款）

专利号： ZL201730600904.2

申请日： 2017/11/30

专利权人： 安成男

简要说明： 1. 本外观设计产品的用途：用于汽车香薰。2. 设计要点：产品的形状、图案及其结合。

16. 名称： 车用风口香薰夹（飞机款）

专利号： ZL201730601611.6

申请日： 2017/11/30

专利权人： 安成男

简要说明： 1. 本外观设计产品的用途：用于汽车出风口香薰夹。2. 设计要点：产品的形状。

17. 名　称：车用风口香薰夹（多桨款）

专利号：ZL201730600915.0

申请日：2017/11/30

专利权人：安成男

简要说明：1．本外观设计产品的用途：用于汽车出风口香薰夹。2．设计要点：产品的形状。

18. 名称：大米包装袋

专利号：ZL201730604480.7

申请日：2017/12/1

专利权人：张黎宝

简要说明：1．本外观设计产品的用途：包装大米。2．设计要点：形状与图案的结合。

19. 名称：包装盒（汽车出风口香薰夹）

专利号：ZL201730600905.7

申请日：2017/11/30

专利权人：安成男

简要说明：1．本外观设计产品的用途：用于盛装汽车出风口香薰夹。2．设计要

点：产品的整体形状。

20. 名称：车用木质脚垫

专利号：ZL201730328163.7

申请日：2017/7/24

专利权人：刘庆国

简要说明：1．本外观设计产品的用途：用于铺设在车体内部。2．设计要点：外观及形状。

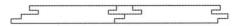

21. 名称：车用木质脚垫

专利号：ZL201730286664.3

申请日：2017/7/3

专利权人：刘庆国

简要说明：1．本外观设计产品的用途：用于铺设在车体内部。2．设计要点：外观及形状。

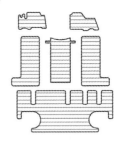

22. 名称：车用木质脚垫

专利号：ZL201730286878.0

申请日：2017/7/3

专利权人：刘庆国

简要说明：1．本外观设计产品的用途：用于铺设在车体内部。2．设计要点：外观及形状。

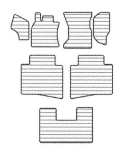

23. 名称：车用木质脚垫

专利号：ZL201730286880.8

申请日：2017/7/3

专利权人：刘庆国

简要说明：1. 本外观设计产品的用途：用于铺设在车体内部。2. 设计要点：外观及形状。

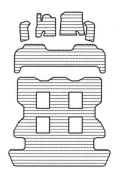

24. 名称：车用木质脚垫

专利号：ZL201730286881.2

申请日：2017/7/3

专利权人：刘庆国

简要说明：1. 本外观设计产品的用途：用于铺设在车体内部。2. 设计要点：外观及形状。

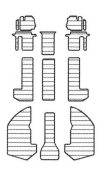

25. 名称：车用木质脚垫

专利号：ZL201730287188.7

申请日：2017/7/3

专利权人：刘庆国

简要说明：1. 本外观设计产品的用途：用于铺设在车体内部。2. 设计要点：外观及形状。

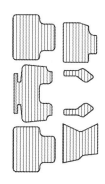

26. 名称：车用木质脚垫

专利号：ZL201730287189.1

申请日：2017/7/3

专利权人：刘庆国

简要说明：1. 本外观设计产品的用途：用于铺设在车体内部。2. 设计要点：外观及形状。

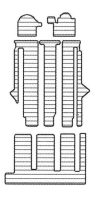

27. 名称：车用木质脚垫

专利号：ZL201730287190.4

申请日：2017/7/3

专利权人：刘庆国

简要说明：1. 本外观设计产品的用途：

用于铺设在车体内部。2. 设计要点：外观及形状。

28. 名称： 车用木质脚垫

专利号： ZL201730287191.9

申请日： 2017/7/3

专利权人： 刘庆国

简要说明： 1. 本外观设计产品的用途：用于铺设在车体内部。2. 设计要点：外观及形状。

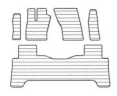

29. 名称： 车用木质脚垫

专利号： ZL201730286879.5

申请日： 2017/7/3

专利权人： 刘庆国

简要说明： 1. 本外观设计产品的用途：用于铺设在车体内部。2. 设计要点：外观及形状。

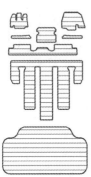

30. 名称： 灯饰配件（卡条）

专利号： ZL201730354578.1

申请日： 2017/8/5

专利权人： 裴金锋

简要说明： 1. 本外观设计产品的用途：用于灯饰的配件。2. 设计要点：产品的外形。

31. 名称： 水净化处理罐体

专利号： ZL201730531584.X

申请日： 2017/5/24

专利权人： 凌思文

简要说明： 1. 本外观设计产品的用途：用于水的净化处理。2. 设计要点：形状。

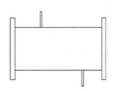

32. 名称： 水净化处理罐体

专利号： ZL201730198826.8

申请日： 2017/5/24

专利权人： 凌思文

简要说明： 1. 本外观设计产品的用途：用于水的净化处理。2. 设计要点：形状。

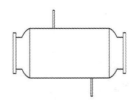

33. 名称：地板支撑装置

专利号：ZL201730053553.8

申请日：2017/2/28

专利权人：吉林奥箭木业集团有限责任公司

简要说明：1. 本外观设计产品的用途：用于地板的支撑。2. 设计要点：整体外形设计。

34. 名称：包装袋

专利号：ZL201630023956.3

申请日：2016/1/22

专利权人：裘丽铭

简要说明：1. 本外观设计产品的用途：用于产品的包装。2. 设计要点：产品的形状、图案及其结合。

35. 名称：包装套件

专利号：ZL201630023955.9

申请日：2016/1/22

专利权人：裘丽铭

简要说明：1. 本外观设计产品的用途：

用于产品包装。2. 设计要点：产品的形状、图案以及结合。

36. 名称：带支腿的小拉车

专利号：ZL201530505950.5

申请日：2015/12/7

专利权人：韩强

简要说明：1. 本外观设计产品的用途：推拉物品。2. 设计要点：形状。

37. 名称：包装袋（吉乡谷）

专利号：ZL201530438410.X

申请日：2015/11/5

专利权人：裘丽铭

简要说明：1. 本外观设计产品的用途：用于产品的包装。2. 设计要点：产品的形状、图案以及结合。

38. 名称：包装盒（调经祛斑片）

专利号：ZL201530432852.3

申请日：2015/11/3

专利权人：吉林敖东集团力源制药股份有限公司

简要说明：1. 本外观设计产品的用途：

用于药品的包装。2. 设计要点：产品图案。

39. 名称：饮料瓶（轻瘦饮）

专利号：ZL201530385372.6

申请日：2015/9/30

专利权人：侯波

简要说明：1. 本外观设计产品的用途：盛装饮料。2. 设计要点：产品的形状、图案和颜色的组合。本外观设计产品要求保护色彩。

40. 名称：包装盒（养血饮口服液）

专利号：ZL201530347630.1

申请日：2015/9/10

专利权人：吉林敖东集团力源制药股份有限公司

简要说明：1. 本外观设计产品的用途：用于药品的包装。2. 设计要点：产品图案。

41. 名称：包装盒（羚贝止咳糖浆）

专利号：ZL201530067163.7

申请日：2015/3/19

专利权人：吉林敖东集团力源制药股份有限公司

简要说明：1. 本外观设计产品的用途：用于药品包装。2. 设计要点：产品图案。

42. 名称：盒子

专利号：ZL201530096129.2

申请日：2015/4/14

专利权人：张伟

简要说明：1. 本外观设计的用途：用于药品的包装。2. 设计要点：产品的形状、图案及其结合。

43. 名称：包装袋（松子）

专利号：ZL201530048906.6

申请日：2015/2/25

专利权人：裘丽铭

简要说明：1. 本外观设计的用途：用于产品外包装。2. 设计要点：产品的形状、图案及其结合。

44. 名称：包装盒

专利号：ZL201530048350.0

申请日：2015/2/25

专利权人：袭丽铭

简要说明：1. 本外观设计的用途：用于产品外包装。2. 设计要点：产品的形状、图案及其结合。

45. 名称：包装袋（核桃）

专利号：ZL201530048907.0

申请日：2015/2/25

专利权人：袭丽铭

简要说明：1. 本外观设计的用途：用于产品外包装。2. 设计要点：产品的形状、图案及其结合。

46. 名称：包装袋（榛子）

专利号：ZL201530048908.5

申请日：2015/2/25

专利权人：袭丽铭

简要说明：1. 本外观设计的用途：用于产品外包装。2. 设计要点：产品的形状、图案及其结合。

47. 名称：盒子

专利号：ZL201530015514.X

申请日：2015/1/20

专利权人：吉林三九金康复药业有限公司

简要说明：1. 本外观设计的用途：药品的包装。2. 设计要点：产品的形状、图案及其结合。

48. 名称：安全铁钩

专利号：ZL201330366870.7

申请日：2013/7/23

专利权人：杨怀远

简要说明：1. 本外观设计产品的用途：用于安全带的挂钩。2. 设计要点：外部形状。

49. 名称：包装盒（消栓通络胶囊）

专利号：ZL201330223943.7

申请日：2013/5/31

专利权人：吉林省东北亚药业股份有限公司

简要说明：1. 本外观设计产品的用途：用于药品包装。2. 设计要点：整体外观。

50. 名称：玻璃瓶

专利号：ZL201230567364.X

申请日：2012/11/21

专利权人：吉林敖东大高酵素有限公司

简要说明：1. 本观设计产品的用途：主要用于盛装饮料及其他液体食品。2. 设计要点：产品的图案、颜色、形状及其结合，瓶体为玻璃。

51. 名称：包装盒（黄芩茎叶解毒胶囊）

专利号：ZL201230585635.4

申请日：2012/11/29

专利权人：吉林省东北亚药业股份有限公司

简要说明：1. 本外观设计产品的用途：用于药品包装。2. 设计要点：整体外观。

52. 名称：包装盒（宫瘤宁胶囊24 粒）

专利号：ZL201230585702.2

申请日：2012/11/29

专利权人：吉林省东北亚药业股份有限公司

简要说明：1. 本外观设计产品的用途：用于药品包装。2. 设计要点：整体外观。

53. 名称：包装盒（坤复康48 片）

专利号：ZL201230585843.4

申请日：2012/11/29

专利权人：吉林省东北亚药业股份有限公司

简要说明：1. 本外观设计产品的用途：用于药品包装。2. 设计要点：整体外观。

54. 名称：包装盒（清胃止痛微丸）

专利号：ZL201230180695.8

申请日：2012/5/18

专利权人：吉林华康药业股份有限公司

简要说明：1. 本外观设计产品的用途：用于药品包装。2. 设计要点：图案。

55. 名称：包装盒（1）

专利号：ZL201030696604.7

申请日：2010/12/24

专利权人：吉林敖东集团力源制药股份
有限公司

简要说明：1. 本外观设计产品的用途：
用于药品的包装。2. 设计要点：图案。

56. 名称：包装盒

专利号：ZL201030696603.2

申请日：2010/12/24

专利权人：吉林敖东集团力源制药股份
有限公司

简要说明：1. 本外观设计产品的用途：
用于药品包装。2. 设计要点：图案。

第五章 龙井市外观设计专利

1. 名称：鞋子

专利号：ZL201830331307.9

申请日：2018/6/26

专利权人：全英实

简要说明：1. 本外观设计产品的用途：用于日常休闲穿着。2. 设计要点：形状。

2. 名称：鞋子

专利号：ZL201830331331.2

申请日：2018/6/26

专利权人：全英实

简要说明：1. 本外观设计产品的用途：用于日常休闲穿着。2. 设计要点：形状。

3. 名称：鞋子

专利号：ZL201830331333.1

申请日：2018/6/26

专利权人：全英实

简要说明：1. 本外观设计产品的用途：用于日常休闲穿着。2. 设计要点：形状。

4. 名称：鞋子

专利号：ZL201830331371.7

申请日：2018/6/26

专利权人：全英实

简要说明：1. 本外观设计产品的用途：用于日常休闲穿着。2. 设计要点：形状。

5. 名称：鞋子

专利号：ZL201830331392.9

申请日：2018/6/26

专利权人：全英实

简要说明：1. 本外观设计产品的用途：用于日常休闲穿着。2. 设计要点：形状。

6. 名称：鞋子（九）

专利号：ZL201830064146.1

申请日：2018/2/9

专利权人：全英实

简要说明：1. 本外观设计产品的用途：用于日常休闲穿着。2. 设计要点：形状、图案。

7. 名称： 箱体美容仪（热拉提塑）

专利号： ZL201830404530. 1

申请日： 2018/7/25

专利权人： 王宪平

简要说明：1. 本外观设计产品的用途：用于自带箱体的美容仪。2. 设计要点：产品的整体外形。

8. 名称： 鞋子（八）

专利号： ZL201830064822. 5

申请日： 2018/2/9

专利权人： 全英实

简要说明：1. 本外观设计产品的用途：用于日常休闲穿着。2. 设计要点：形状、图案。

9. 名称： 蓝牙音箱

专利号： ZL201830083336. 8

申请日： 2018/3/6

专利权人： 吴成琳

简要说明：1. 本外观设计产品的用途：用于播放音频。2. 设计要点：产品外形。

10. 名称： 鞋子（二）

专利号： ZL201830064365. X

申请日： 2018/2/9

专利权人： 全英实

简要说明：1. 本外观设计产品的用途：用于日常休闲穿着。2. 设计要点：形状、图案。

11. 名称： 鞋子（四）

专利号： ZL201830064400. 8

申请日： 2018/2/9

专利权人： 全英实

简要说明：1. 本外观设计产品的用途：用于日常穿着。2. 设计要点：形状、图案。

12. 名称： 鞋子（一）

专利号： ZL201830064651. 6

申请日： 2018/2/9

专利权人： 全英实

简要说明：1. 本外观设计产品的用途：用于日常穿着。2. 设计要点：形状、图案。

13. 名称：鞋子（三）

专利号：ZL201830064711.4

申请日：2018/2/9

专利权人：全英实

简要说明：1. 本外观设计产品的用途：用于日常穿着。2. 设计要点：形状、图案。

14. 名称：鞋子（五）

专利号：ZL201830064774.X

申请日：2018/2/9

专利权人：全英实

简要说明：1. 本外观设计产品的用途：用于日常穿着。2. 设计要点：形状、图案。

15. 名称：鞋子（七）

专利号：ZL201830064806.6

申请日：2018/2/9

专利权人：全英实

简要说明：1. 本外观设计产品的用途：用于日常穿着。2. 设计要点：形状、图案。

16. 名称：多功能手机贴

专利号：ZL201830011717.5

申请日：2018/1/10

专利权人：金京日

简要说明：1. 本外观设计产品的用途：用于手机贴。2. 设计要点：产品的形状。

17. 名称：润滑油壶

专利号：ZL201830020391.2

申请日：2018/1/17

专利权人：李学权

简要说明：1. 本外观设计产品的用途：用于盛装润滑油。2. 设计要点：形状和轮廓。

18. 名称：桌腿

专利号：ZL201730642591.7

申请日：2017/12/15

专利权人：李培果

简要说明：1. 本外观设计产品的用途：用于桌腿。2. 设计要点：产品的形状。

19. 名称：口腔种植体

专利号：ZL201730086392.2

申请日：2017/3/22

专利权人：延边伊诺登医疗科技有限公司

简要说明：1. 本外观设计产品的用途：用于植入口腔代替牙根，在其上安装修复假牙。2. 设计要点：产品的形状。

20. 名称：置地衣架用衣钩（二）

专利号：ZL201730071659.0

申请日：2017/3/10

专利权人：金日光

简要说明：1. 本外观设计产品的用途：用于挂衣服等。2. 设计要点：外形。

21. 名称：置地衣架用衣钩（一）

专利号：ZL201730071681.5

申请日：2017/3/10

专利权人：金日光

简要说明：1. 本外观设计产品的用途：用于挂衣服等。2. 设计要点：外形。

22. 名称：泡泡洗脸机（F1）

专利号：ZL201630519929.5

申请日：2016/10/31

专利权人：池浩光；苏悦强

简要说明：1. 本外观设计产品的用途：用于洗脸，清洁面部。2. 设计要点：产品的整体形状。

23. 名称：脚盆

专利号：ZL201630243723.4

申请日：2016/6/14

专利权人：车明玉

简要说明：1. 本外观设计产品的用途：用于洗脚或盛水。2. 设计要点：整体形状。请求保护的外观设计设计包含色彩。

24. 名称：3D 颈椎枕

专利号：ZL201630335535.4

申请日：2016/7/21

专利权人：池永权

简要说明：1. 本外观设计产品的用途：睡眠用枕。2. 设计要点：形状和图案。

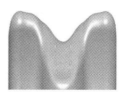

25. 名称：浴盆

专利号：ZL201630238351.6

申请日：2016/6/14

专利权人：车明玉

简要说明：1. 本外观设计产品的用途：用于婴儿洗澡。2. 设计要点：整体形状。

请求保护的外观设计包含色彩。

26. 名称：随行茶具包（咏而归）

专利号：ZL201630320255.6

申请日：2016/7/13

专利权人：金日

简要说明：1. 本外观设计产品的用途：盛装茶具。2. 设计要点：产品的外观形状及内部构造。

27. 名称：伸缩移动衣架

专利号：ZL201530572991.6

申请日：2015/12/30

专利权人：金日光

简要说明：1. 本外观设计产品的用途：主要用作晾晒物品。2. 设计要点：外形。

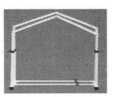

28. 名称：包装袋（胡氏宴臭鳜鱼）

专利号：ZL201430293424.2

申请日：2014/8/19

专利权人：胡治国

简要说明：1. 本外观设计产品的用途：用于包装物品。2. 设计要点：产品的整体形状、图案、色彩的结合；请求保护的外观设计包含色彩。

第六章 和龙市外观设计专利

1. 名称：清洁护理液包装盒

专利号：ZL201830275005.4

申请日：2018/6/4

专利权人：张立志

简要说明：1. 本外观设计产品的用途：包装物品。2. 设计要点：产品的外形和图案。

2. 名称：工艺品（朝鲜族牛车）

专利号：ZL201730536187.1

申请日：2017/11/3

专利权人：李万福

简要说明：1. 本外观设计产品的用途：用于观赏工艺品。2. 设计要点：形状。

3. 名称：包装盒（繁花似锦）

专利号：ZL201730435188.7

申请日：2017/9/14

专利权人：李光

简要说明：1. 本外观设计产品的用途：包装。2. 设计要点：色彩、图案、形状及其结合。

4. 名称：空气清新机（实木材质）

专利号：ZL201730096317.4

申请日：2017/3/28

专利权人：和龙双昊高新技术有限公司

简要说明：1. 本外观设计产品的用途：净化空气。2. 设计要点：形状。

5. 名称：积木拼接孔

专利号：ZL201730033576.2

申请日：2017/1/22

专利权人：朴虎

简要说明：1. 本外观设计产品的用途：用于玩具拼接。2. 设计要点：产品的形状。

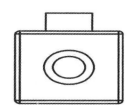

6. 名称：布包

专利号：ZL201730009867.8

申请日：2017/1/11

专利权人：崔昌范

简要说明：1. 本外观设计产品的用途：盛装物品。2. 设计要点：产品的整体形状、图案。

7. 名称：包

专利号：ZL201730009866.3

申请日：2017/1/11

专利权人：崔昌范

简要说明：1. 本外观设计产品的用途：盛装物品。2. 设计要点：产品的整体形状、图案。

8. 名称：帕灯（60par）

专利号：ZL201630350485.7

申请日：2016/7/28

专利权人：郑永哲

简要说明：1. 本外观设计产品的用途：照明。2. 设计要点：外观造型。

9. 名称：帕灯（12par）

专利号：ZL201630350495.0

申请日：2016/7/28

专利权人：郑永哲

简要说明：1. 本外观设计产品的用途：照明。2. 设计要点：外观造型。

10. 名称：帕灯（36par）

专利号：ZL201630350494.6

申请日：2016/7/28

专利权人：郑永哲

简要说明：1. 本外观设计产品的用途：照明。2. 设计要点：外观造型。

11. 名称：MP3播放器外壳（E100）

专利号：ZL201630272294.3

申请日：2016/6/23

专利权人：宋寿男

简要说明：1. 本外观设计产品的用途：用作MP3播放器的外壳。2. 设计要点：产品的外部造型。

12. 名称：宠物干毛包

专利号：ZL201630174711.0

申请日：2016/5/11

专利权人：李永权

简要说明：1. 本外观设计产品的用途：
用于宠物的居住及携带。2. 设计要点：
产品的形状、色彩及其结合。

13. 名称：宠物电推剪（CP－3200）

专利号：ZL201530133234.9

申请日：2015/5/8

专利权人：辛成虎

简要说明：1. 本外观设计产品的用途：
用于为宠物修剪毛发。2. 设计要点：
形状。

14. 名称：理发器（CHC－3300）

专利号：ZL201430013042.X

申请日：2014/1/17

专利权人：辛成虎

简要说明：1. 本外观设计产品的用途：
理发。2. 设计要点：形状。

15. 名称：理发器（P180）

专利号：ZL201430013043.4

申请日：2014/1/17

专利权人：辛成虎

简要说明：1. 本外观设计产品的用途：
理发。2. 设计要点：形状。

16. 名称：理发器（CHC－9680）

专利号：ZL201430013047.2

申请日：2014/1/17

专利权人：辛成虎

简要说明：1. 本外观设计产品的用途：
理发。2. 设计要点：形状。

17. 名称：理发器（CHC－805）

专利号：ZL201330379946.X

申请日：2013/8/9

专利权人：辛成虎

简要说明：1. 本外观设计产品的用途：
理发。2. 设计要点：形状。

18. 名称：理发器（CHC－806）

专利号：ZL201330379905.0

申请日：2013/8/9

专利权人：辛成虎

简要说明：1. 本外观设计产品的用途：理发。2. 设计要点：形状。

19. 名称：电推剪（CP－8000）

专利号：ZL201330379912.0

申请日：2013/8/9

专利权人：辛成虎

简要说明：1. 本外观设计产品的用途：理发。2. 设计要点：形状。

20. 名称：电推剪（CP－7800）

专利号：ZL201330379927.7

申请日：2013/8/9

专利权人：辛成虎

简要说明：1. 本外观设计产品的用途：理发。2. 设计要点：形状。

21. 名称：电推剪（CP－6800）

专利号：ZL201330379985.X

申请日：2013/8/9

专利权人：辛成虎

简要说明：1. 本外观设计产品的用途：理发。2. 设计要点：形状。

22. 名称：电推剪（A3）

专利号：ZL201330303561.5

申请日：2013/7/3

专利权人：辛成虎

简要说明：1. 本外观设计产品的用途：理发。2. 设计要点：形状。

23. 名称：电推剪（A2）

专利号：ZL201330303564.9

申请日：2013/7/3

专利权人：辛成虎

简要说明：1. 本外观设计产品的用途：理发。2. 设计要点：形状。

24. 名称：电推剪（A1）

专利号：ZL201330303565.3

申请日：2013/7/3

专利权人：辛成虎

简要说明：1. 本外观设计产品的用途：理发。2. 设计要点：形状。

25. 名称：电推剪（A4）

专利号：ZL201330303572.3

申请日：2013/7/3

专利权人：辛成虎

简要说明：1. 本外观设计产品的用途：理发。2. 设计要点：形状。

26. 名称：电推剪（A5）

专利号：ZL201330309674.6

申请日：2013/7/5

专利权人：辛成虎

简要说明：1. 本外观设计产品的用途：理发。2. 设计要点：形状。

27. 名称：包装盒（荨麻疹丸）

专利号：ZL201230554886.6

申请日：2012/11/15

专利权人：吉林龙鑫药业有限公司

简要说明：1. 外观设计产品的用途：包装药品。2. 设计要点：产品的图案及其组合。本外观设计请求保护色彩。

28. 名称：包装盒（丹黄祛瘀胶囊）

专利号：ZL201230554761.3

申请日：2012/11/15

专利权人：吉林龙鑫药业有限公司

简要说明：1. 本外观设计产品的用途：包装药品。2. 设计要点：产品的图案及其组合。本外观设计请求保护色彩。

29. 名称：包装盒（舒筋活血丸）

专利号：ZL201230554911.0

申请日：2012/11/15

专利权人：吉林龙鑫药业有限公司

简要说明：1. 外观设计产品的用途：包装药品。2. 设计要点：产品的图案及其组合。

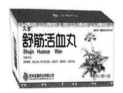

第七章　汪清县外观设计专利

1. 名称：人参包装盒（中华参）

专利号：ZL201830109290.2

申请日：2018/3/23

专利权人：薛秀云

简要说明：1. 本外观设计产品的用途：盛放人参。2. 设计要点：产品的外形和图案。

2. 名称：灯饰配件（003）

专利号：ZL201830020771.6

申请日：2018/1/17

专利权人：吴文元

简要说明：1. 本外观设计产品的用途：用作灯饰配件。2. 设计要点：产品的外形。

3. 名称：酒瓶（金达莱）

专利号：ZL201830259652.6

申请日：2018/5/29

专利权人：汪清隆盛啤酒有限公司

简要说明：1. 本外观设计产品的用途：盛装酒类液体。2. 设计要点：产品的形状、图案、色彩及其结合。请求保护的外观设计包含色彩。

4. 名称：灯饰配件（001）

专利号：ZL201830020749.1

申请日：2018/1/17

专利权人：吴文元

简要说明：1. 本外观设计产品的用途：用作灯饰配件。2. 设计要点：产品的外形。

5. 名称：手镯

专利号：ZL201730437969.X

申请日：2017/9/15

专利权人：李占诚

简要说明：1. 本外观设计产品的用途：用作佩戴装饰品。2. 设计要点：产品的形状。

6. 名称：首饰吊坠（A）

专利号：ZL201730437970.2

申请日：2017/9/15

专利权人：李占诚

简要说明：1. 本外观设计产品的用途：用于佩戴装饰品。2. 设计要点：产品的形状。

7. 名称：首饰吊坠（D）

专利号：ZL201730452058.4

申请日：2017/9/22

专利权人：李占诚

简要说明：1. 本外观设计产品的用途：用作佩戴装饰品。2. 设计要点：产品的形状。

8. 名称：首饰吊坠（C）

专利号：ZL201730452059.9

申请日：2017/9/22

专利权人：李占诚

简要说明：1. 本外观设计产品的用途：

用于佩戴装饰品。2. 设计要点：产品的形状。

9. 名称：首饰吊坠（B）

专利号：ZL201730452060.1

申请日：2017/9/22

专利权人：李占诚

简要说明：1. 本外观设计产品的用途：用于佩戴装饰品。2. 设计要点：产品的形状。

10. 名称：首饰吊坠（E）

专利号：ZL201730452081.3

申请日：2017/9/22

专利权人：李占诚

简要说明：1. 本外观设计产品的用途：用于佩戴装饰品。2. 设计要点：产品的形状。

11. 名称：灯饰配件

专利号：ZL201730551212.3

申请日：2017/11/9

专利权人：金龙男

简要说明：1. 本外观设计产品的用途：用作灯饰配件。2. 设计要点：产品的外形。

12. 名称：床护栏

专利号：ZL201730505503.9

申请日：2017/10/23

专利权人：李明

简要说明：1. 本外观设计产品的用途：防止睡觉时跌落。2. 设计要点：产品的整体形状。

13. 名称：易拉罐（金达莱黑啤）

专利号：ZL201730178571.9

申请日：2017/5/16

专利权人：汪清隆盛啤酒有限公司

简要说明：1. 本外观设计产品的用途：用于装啤酒的易拉罐。2. 设计要点：产品的形状、图案、色彩及其结合。请求保护的外观设计包含色彩。

14. 名称：食品包装袋

专利号：ZL201630251913.0

申请日：2016/6/17

专利权人：汪清县申联食品有限公司

简要说明：1. 本外观设计产品的用途：用于食品的包装。2. 设计要点：产品的形状和图案。

15. 名称：食品包装袋

专利号：ZL201630251945.0

申请日：2016/6/17

专利权人：汪清县申联食品有限公司

简要说明：1. 本外观设计产品的用途：用于食品的包装。2. 设计要点：产品的形状和图案。

16. 名称：二维码果蔬包装盒

专利号：ZL201630029935.2

申请日：2016/1/27

专利权人：周旭昌；周龙华；赵莹；周健；周晓萌；汪清龙昌山珍食品有限公司

简要说明：1. 本外观设计产品的用途：用于长白山地区出产的各类水果、蔬菜、山货的包装。2. 设计要点：图案。

17. 名称：磁扣

专利号：ZL201530034398.6

申请日：2015/2/5

专利权人：杨仁龙

简要说明：1. 本外观设计产品的用途：固定物品。2. 设计要点：产品整体形状。

18. 名称：包装盒（中华参）

专利号：ZL201030106636.7

申请日：2010/2/10

专利权人：吉林省中华参加工有限公司

简要说明：1. 本外观设计产品用途：包装人参。2. 设计要点：图案。

第八章　安图县外观设计专利

1. 名称：沙发
专利号：ZL201830431169.1
申请日：2018/8/3
专利权人：李柱哲
简要说明：1. 本外观设计产品的用途：用于休息。2. 设计要点：产品形状和图案。

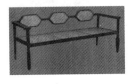

2. 名称：包装盒
专利号：ZL201830331427.9
申请日：2018/6/26
专利权人：许光哲
简要说明：1. 本外观设计产品的用途：用于产品的外包装。2. 设计要点：产品的形状、图案及其结合。

3. 名称：平衡车二合一操纵杆
专利号：ZL201830208627.5
申请日：2018/5/9
专利权人：边疆
简要说明：1. 本外观设计产品的用途：用作安装平衡车零部件。2. 设计要点：产品的形状、图案及其结合。

4. 名称：碳晶管
专利号：ZL201830003844.0
申请日：2018/1/4
专利权人：张绍文
简要说明：1. 本外观设计产品的用途：用于加热取暖。2. 设计要点：产品的形状。

5. 名称：沙发
专利号：ZL201730674067.8
申请日：2017/12/22
专利权人：李柱哲
简要说明：1. 本外观设计产品的用途：用于休息。2. 设计要点：形状和图案。

6. 名称：沙发
专利号：ZL201730196526.6

申请日：2017/5/22

专利权人：李柱哲

简要说明：1. 本外观设计产品的用途：用于休息。2. 设计要点：形状和图案。

7. 名称：桌子

专利号：ZL201730150365.7

申请日：2017/4/27

专利权人：李柱哲

简要说明：1. 本外观设计产品的用途：盛放东西。2. 设计要点：形状和图案。

8. 名称：瓶（晶钻42）

专利号：ZL201630083198.4

申请日：2016/3/19

专利权人：延边州宏雅矿泉饮品有限公司

简要说明：1. 本外观设计产品的用途：盛装饮料。2. 设计要点：产品的形状。

9. 名称：瓶贴（长白甘泉）

专利号：ZL201630165276.5

申请日：2016/5/6

专利权人：延边州宏雅矿泉饮品有限公司

简要说明：1. 本外观设计产品的用途：瓶贴。2. 设计要点：形状和图案。本外观设计请求保护色彩。

10. 名称：琥珀挂饰

专利号：ZL201630187988.7

申请日：2016/5/18

专利权人：董彦明

简要说明：1. 本外观设计产品的用途：主要用于汽车内的挂饰。2. 设计要点：产品的形状、图案及其结合。

11. 名称：瓶（晶钻41）

专利号：ZL201630083097.7

申请日：2016/3/19

专利权人：延边州宏雅矿泉饮品有限公司

简要说明：1. 本外观设计产品的用途：盛装饮料。2. 设计要点：产品的形状。

12. 名称：瓶（长白甘泉）

专利号：ZL201630011585.7

申请日：2016/1/13

专利权人：延边州宏雅矿泉饮品有限公司

简要说明：1. 本外观设计产品的用途：盛装饮品。2. 设计要点：产品的上部分图案。

13. 名称：瓶（一）

专利号：ZL201530495167.5

申请日：2015/12/2

专利权人：延边州宏雅矿泉饮品有限公司

简要说明：1. 本外观设计产品的用途：盛装饮品。2. 设计要点：产品的形状。

14. 名称：瓶

专利号：ZL201530495330.8

申请日：2015/12/2

专利权人：延边州宏雅矿泉饮品有限公司

简要说明：1. 本外观设计产品的用途：盛装饮品。2. 设计要点：瓶身下半部的棱面形状。

15. 名称：毛绒玩具（长白山吉祥物天池水怪）

专利号：ZL201330016382.3

申请日：2013/1/21

专利权人：董孝禹

简要说明：1. 本外观设计产品的用途：毛绒玩具。2. 设计要点：产品的整体形状。保护色彩。

16. 名称：玩具（长白山吉祥物九仙女）

专利号：ZL201330016383.8

申请日：2013/1/21

专利权人：董孝禹

简要说明：1. 本外观设计产品的用途：毛绒玩具。2. 设计要点：产品的整体形状。保护色彩。

17. 名称：标贴

专利号：ZL201230059211.4

申请日：2012/3/14

专利权人：延边农心矿泉饮料有限公司

简要说明：1. 本外观设计产品的用途：贴于包装瓶等容器上。2. 设计要点：图案和色彩的结合。

第二部　　商　　标

商标是商品的生产者、经营者在其生产、制造、加工、拣选或者经销的商品上或者服务的提供者在其提供的服务上采用的，包括文字、图形、字母、数字、三维标志、颜色组合和声音等，以及上述要素的组合，具有显著特征的标志。经国家知识产权局商标局核准注册的商标为"注册商标"，受法律保护。商标是用以区别商品和服务不同来源的商业性标志。商标承载着商品和服务的信誉，优质的商品或服务可以提升商标价值，成为知识资产，通过商标许可等运营，为整个生产企业的资产增值。截至2018年底，延边朝鲜族自治州有效商标注册量达到14570件，并拥有中国驰名商标15件，核准注册地理标志商标8件。本书汇集的是延边朝鲜族自治州中国驰名商标、部分普通商标及地理标志商标名录。

中国驰名商标

1.

商标名称：敖东
核定使用商标/服务：药品
注册人：吉林敖东药业集团股份有限公司
驰名商标认定时间：1999/12/29

2.

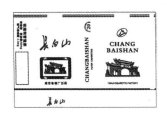

商标名称：长白山及图
核定使用商标/服务：卷烟
注册人：延吉卷烟厂
驰名商标认定时间：2006/10/16

3.

商标名称：春苗及图
核定使用商标/服务：水稻插秧机
注册人：延吉插秧机制造有限公司
驰名商标认定时间：2010/10/8

4.

商标名称：美来
核定使用商标/服务：木制地板
注册人：敦化市中信木业有限责任公司
驰名商标认定时间：2010/10/8

5.

商标名称：喜来健
核定使用商标/服务：健美按摩设备等
注册人：延吉喜来健实业有限公司
驰名商标认定时间：2011/5/27

6.

商标名称：新元 xin yuan 及图
核定使用商标/服务：木质地板
注册人：吉林新元木业有限公司
驰名商标认定时间：2011/5/27

7.

商标名称：丹华 JL 及图
核定使用商标/服务：干制蔬菜、木耳、
冬菇
注册人：延边丹华山珍食品有限责任公司
驰名商标认定时间：2012/4/27

8.

商标名称：高丽村

核定使用商标/服务：含酒精液体；含酒精浓汁；烧酒

注册人：刘志东、延边边城酒业有限公司

驰名商标认定时间：2012/4/27

9.

商标名称：金立华 JIN LIHUA

核定使用商标/服务：非医用营养液、非医用营养胶囊等

注册人：金立华/珲春华瑞参业生物工程股份有限公司

驰名商标认定时间：2013/1/4

10.

商标名称：奥箭 AJ 及图

核定使用商标/服务：实木脱脂地板

注册人：吉林奥箭木业集团有限责任公司

驰名商标认定时间：2013/1/4

11. 地球卫士

商标名称：地球卫士

核定使用商标/服务：纸

注册人：吉林省地球卫士环保新材料股

份有限公司

驰名商标认定时间：2014/1/14

12.

商标名称：吉绿源

核定使用商标/服务：干食用菌、腌制蔬菜

注册人：吉林省郑氏绿色食品有限公司

驰名商标认定时间：2014/1/14

13.

商标名称：犇福及图

核定使用商标/服务：牛肉

注册人：延边畜牧开发集团有限公司

驰名商标认定时间：2014/9/4

14. 小棉袄

商标名称：小棉袄

核定使用商标/服务：家务服务

注册人：吉林小棉袄家政集团股份有限公司

驰名商标认定时间：2014/9/4

15.

商标名称：福盈门及图

核定使用商标/服务：非金属门；非金属门框；

注册人：敦化市大福门业有限公司

驰名商标认定时间：2015/6/5

第二篇

部分普通商标

第一章　延吉市

1.

商标名称：天池

商品/服务：杀菌剂；土壤消毒剂；灭杂草剂；杀虫剂；兽医用药；医用制剂；兽医用生物制剂；种子酸洗剂

注册人：延边春雷生物药业有限公司

注册号：1152641

注册公告日期：1998/2/21

2.

商标名称：海宇

商品/服务：服装

注册人：延边海宇服饰有限公司

注册号：1286080

注册公告日期：1999/6/21

3.

商标名称：金达菜

商品/服务：方便面；面条；银丝面；挂面；面粉碾磨制品；通心粉；粗面粉

注册人：延吉金达莱民族餐饮有限责任公司

注册号：1363968

注册公告日期：2000/2/14

4.

商标名称：美人松

商品/服务：半成品木材；木材；胶合板；贴面板；地板；木屑板；纤维板；铁路用非金属枕木；非金属门；非金属窗

注册人：长白山森工集团有限公司

注册号：1564889

注册公告日期：2001/5/7

5.

商标名称：波波夫

商品/服务： 矿泉水；无酒精果汁；汽水；豆奶；水果饮料；茶饮料（水）；奶茶（非奶为主）；可乐；无酒精饮料（不含酒精）

注册人： 徐飞峰

注册号： 1691295

注册公告日期： 2001/12/28

6.

商标名称：丰益

商品/服务： 腌制蔬菜；干蔬菜；泡菜；精制坚果仁；木耳；干食用菌

注册人： 延边丰义土特产有限公司

注册号： 1997522

注册公告日期： 2002/10/14

7. 檀君

商标名称：檀君

商品/服务： 人参；人参片；人参粉

注册人： 延边开城医药有限公司

注册号： 1909041

注册公告日期： 2002/10/21

8.

商标名称：图形

商品/服务： 垫褥（亚麻制品除外）；垫子（靠垫）；野营睡袋；枕头；垫枕；弹簧床垫

注册人： 延吉鲜明实业有限公司

注册号： 1929777

注册公告日期： 2002/12/28

9.

商标名称：供求世界

商品/服务： 印刷品；手册；海报；期刊；地图册；歌曲集；书籍；印刷出版物；印刷时刻表；报纸

注册人： 吉林省正进供求世界广告集团有限公司

注册号： 3158718

注册公告日期： 2003/7/21

10.

商标名称：三农

商品/服务： 肉；死家禽；鱼（非活的）；泡菜、酸菜；腌制蔬菜；咸菜；榨菜；加工过的瓜子；木耳；干食用菌

注册人： 延边三汉物产有限公司

注册号： 3318821

注册公告日期： 2003/9/14

11.

商标名称：金刚山

商品/服务：泡菜、酸菜；小黄瓜；腌制蔬菜；速冻菜；干蔬菜；咸菜；萝卜干；制汤剂；酱菜；海带

注册人：延边金刚山食品股份有限公司

注册号：3335194

注册公告日期：2003/9/28

12.

商标名称：义财

商品/服务：中药药材

注册人：吉林省义财参茸制品有限公司

注册号：3503610

注册公告日期：2005/1/14

13.

商标名称：青波

商品/服务：眼镜行

注册人：傅青波

注册号：3482706

注册公告日期：2005/3/28

14.

商标名称：延比尔

商品/服务：人用药；医用药物；药草；医用生物制剂；化学药物制剂；原料药；中药成药；生化药品；医药制剂；补药

注册人：吉林敖东药业集团延吉股份有限公司

注册号：3674481

注册公告日期：2005/12/28

15.

商标名称：小棉袄

商品/服务：侦探公司；安全咨询；社交护送（陪伴）；安全及防盗警报系统的监控；婚姻介绍所；约会；服装出租；开保险锁；殡仪；收养所

注册人：吉林小棉袄家政集团股份有限公司

注册号：3949191

注册公告日期：2006/11/7

16.

商标名称：都市新人

商品/服务：数字成像服务；摄影；微缩摄影；录像带编辑；录像剪辑；录像带录制

注册人：闫巨江

注册号：4070221

注册公告日期：2007/5/7

17.

商标名称：图形

商品/服务：快餐馆；自助餐馆；饭店；餐馆；咖啡馆；酒吧；茶馆；餐厅；住所（旅馆、供膳寄宿处）；假日野营服务

（住所）

注册人：朴星花

注册号：4070224

注册公告日期：2007/5/7

18.

商标名称：卓业

商品/服务：升降机操作设备；热调节装置；工业操作遥控电力装置；工业操作遥控电器设备；整流用电力装置；高压防爆配电装置；电站自动化装置；用于计算器操作仪器的机械装置

注册人：延边东方电控设备有限公司

注册号：4603907

注册公告日期：2008/2/14

19.

商标名称：双三角

商品/服务：玻璃烧瓶（容器）；小玻璃瓶（容器）；玻璃瓶（容器）；广口玻璃瓶（酸坛）；玻璃罐（坛）；玻璃杯（容器）；日用玻璃器皿（包括杯、盘、壶、缸）；药瓶

注册人：延吉大恒玻海有限公司

注册号：4652078

注册公告日期：2008/9/28

20.

可喜安

商标名称：可喜安

商品/服务：医用电热垫；医用电加热垫；医用电毯

注册人：延吉可喜安医疗器械有限公司

注册号：5036212

注册公告日期：2008/11/14

21.

商标名称：梅花鹿牌

商品/服务：捆扎机；装瓶机；包装机；打包机；工业用封口机；装填机；胶带分配器（机器）；瓶子盖塞机；气动捆扎机

注册人：延边龙川包装机械有限公司

注册号：4243920

注册公告日期：2009/1/28

22.

商标名称：礼美

商品/服务：工作服；衬衣；衬衫；服装；套服；裤子；鞋；帽子（头戴）；披巾

注册人：朴爱花

注册号：4652154

注册公告日期：2009/2/7

23.

商标名称：阿拉里及图

商品/服务：面条；面粉制品；挂面；方便面

注册人：延边阿拉里食品有限公司

注册号：5007360

注册公告日期：2009/4/28

24.

商标名称：OMO

商品/服务：鱼制食品；腌制鱼；牛板筋（加工过的）；腌肉；鱿鱼；鱼子酱；鱼肉干；腌制蔬菜；紫菜；干食用菌

注册人：杨洁

注册号：5712618

注册公告日期：2009/6/21

25.

商标名称：图形

商品/服务：快餐馆；自助餐馆；饭店；茶馆；餐馆；咖啡馆；酒吧；住所（旅馆、供膳寄宿处）；假日野营服务（住所）；流动饮食供应

注册人：金善英

注册号：5039726

注册公告日期：2009/7/7

26.

商标名称：智程

商品/服务：鱼制食品；甲壳动物（非

活）；咸腌鱼；虾酱；海米；海参（非活）；海蜇皮；干贝；鱿鱼；蛤蜊干

注册人：延吉永真食品有限公司

注册号：6022605

注册公告日期：2009/8/7

27.

商标名称：长白山神

商品/服务：补药（药）；中药药材；人用药；药物饮料；中药成药；生化药品；医用营养食物；医用营养品；药酒；洋参冲剂

注册人：程延福

注册号：5486538

注册公告日期：2009/9/28

28.

商标名称：延田

商品/服务：米糕；谷类制品；人食用的去壳谷物；玉米（磨过的）；玉米（烘过的）；米；豆类粗粉；生糯粉；方便米饭；调味酱

注册人：延边佳禾米业有限公司

注册号：5825779

注册公告日期：2009/11/7

29.

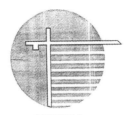

商标名称：WOHUA

商品/服务：起重机；升降设备；装卸设备

注册人：延边光华集团有限公司

注册号：6285395

注册公告日期：2010/2/14

30.

商标名称：海彼拉因

商品/服务：榨汁机；混合机（机器）；电动制饮料机；非手工操作的磨咖啡器；家用非手工操作研磨机；食品加工机（电动）；厨房用电动机器；家用电动榨水果机

注册人：延吉海彼拉因日用电器有限公司

注册号：7144976

注册公告日期：2010/7/21

31.

PUSHIZHE

扑食者

商标名称：扑食者

商品/服务：运动球类；台球；台球记分器；乒乓球台；台球杆；台球杆皮头；台球桌；乒乓球拍；门球器材；台球杆筒（盒）

注册人：延边大魁经贸有限公司

注册号：6696880

注册公告日期：2010/7/28

32.

商标名称：YIREH

商品/服务：茶馆；饭店；假日野营服务（住宿）；酒吧；咖啡馆；快餐馆；流动饮食供应；养老院；住所（旅馆、供膳寄宿处）；自助餐馆

注册人：延边以勒苑餐饮有限公司

注册号：8086733

注册公告日期：2011/7/14

33.

商标名称：善生堂

商品/服务：冬菇；干食用菌；加工过的松子；精制坚果仁；木耳；食用干花；食用油；腌制蔬菜

注册人：吉林省善生堂药业有限公司

注册号：8599752

注册公告日期：2012/4/21

34.

商标名称：天子 天子创意

商品/服务：表演艺术家经纪；电视广告；广告；广告策划；广告传播；广告设计；商业管理和组织咨询；数据通讯网络上的在线广告

注册人：延边天子文化创意有限公司

注册号：9720816

注册公告日期：2013/5/21

35.

宝连迪

商标名称： 宝连迪

商品/服务： 表；铂（金属）；耳环；贵重金属合金；贵重金属盒；贵重金属塑像；贵重金属艺术品；戒指（首饰）；金刚石；链（首饰）；手镯（首饰）；银制工艺品；玉雕首饰；珠宝首饰；翡翠

注册人： 延边宝连迪珠宝有限公司

注册号： 13577794

注册公告日期：2015/2/21

36.

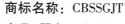

商标名称： CBSSGJT

商品/服务： 木材；胶合板；木板条；树脂复合板；木地板；纤维板；石板；大理石；人造石；膨胀珍珠岩；花岗石；石膏板；水泥；水泥管；瓷砖；非金属地砖；非金属耐火建筑材料；石棉水泥瓦；沥青；防水卷材；非金属水管；非金属窗；非金属门；非金属制屋顶覆盖物；拼花地板；非金属板；塑钢门窗；非金属建筑物；涂层（建筑材料）；砖黏合料；石、混凝土或大理石艺术品；非金属纪念碑；非金属预制房（成套组件）

注册人： 长白山森工集团有限公司

注册号： 13221021

注册公告日期： 2015/4/21

第二章 珲春市

1.

商标名称： 常氏

商品/服务： 豆瓣酱

注册人： 常喜发

注册号： 1005690

注册公告日期： 1997/5/14

2.

商标名称： 图形

商品/服务： 地板；木板材条；已加工木材；半成品木材；制家用器具木材；镶花地板条；成品木材；锯切木材；铺地木材；拼花地板条

注册人： 珲春兴业木业有限责任公司

注册号： 1378235

注册公告日期： 2000/3/28

3.

商标名称： 第一缕曙光

商品/服务： 茶；非医用营养液；蜂蜜；糕点；米；方便面；膨化水果片、蔬菜片；豆粉；食用淀粉；酱油

注册人： 珲春市曙光农产品加工厂

注册号： 1730864

注册公告日期： 2002/3/14

4.

商标名称： 无迪

商品/服务： 馅饼；炒饭；元宵；饺子；包子；盒饭；方便米饭；馒头；花卷；锅巴

注册人： 吉林省无迪商贸有限公司

注册号： 1966652

注册公告日期： 2002/12/14

5.

商标名称： 珲春河

商品/服务： 米；谷类制品；玉米（磨过的）；玉米（烘过的）

注册人： 珲春市绿色米业有限公司

注册号： 2011759

注册公告日期： 2003/1/14

6.

商标名称：织柔

商品/服务：针织服装；T恤衫；围巾；纺织品婴儿尿布；童装；内衣；服装；袜；帽；鞋

注册人：珲春运达针织服装有限公司

注册号：3556394

注册公告日期：2005/8/28

7.

商标名称：航旭

商品/服务：金属板条；金属楼梯；建筑用金属架；金属门；金属外窗；金属窗；金属门板

注册人：珲春市航旭门窗制造有限公司

注册号：4603910

注册公告日期：2008/2/14

8.

商标名称：川乡乐

商品/服务：谷类制品；面粉；米；谷物片；豆类粗粉；玉米粉

注册人：珲春市田野粮米加工有限公司

注册号：5734150

注册公告日期：2009/10/7

9.

商标名称：长白弘

商品/服务：肉；死家禽；牛奶制品；蔬菜罐头；蘑菇罐头；肉罐头；泡菜、酸菜；腌制蔬菜；干蔬菜；蛋；食用油

注册人：珲春市吉兴牧业有限公司

注册号：5589748

注册公告日期：2009/10/21

10.

商标名称：胖老太

商品/服务：豆腐制品；豆腐；泡菜；速冻菜；鱼制食品；肉；食用油；干食用菌

注册人：延边胖老太豆制品有限公司

注册号：6529863

注册公告日期：2009/12/7

11.

商标名称：紫蕴神草

商品/服务：人参；鹿茸；中药成药；人用药；医用营养品；微生物用营养物质；消毒剂；农业用杀菌剂；兽医用药；中药袋

注册人：吉林合信药业开发有限公司

注册号：6743536

注册公告日期：2010/5/21

12.

商标名称：一口定情

商品/服务：谷类制品；米；面粉；人食用的去壳谷物

注册人：珲春市龙裕农业发展集团有限公司

注册号：7037105

注册公告日期：2010/6/14

13.

商标名称：延盛

商品/服务：朝鲜泡菜；冻田鸡腿；豆腐制品；干食用菌；干蔬菜；加工过的花生；速冻菜；鱼制食品；腌肉；腌制蔬菜

注册人：翁桂新

注册号：7569812

注册公告日期：2010/12/7

14.

商标名称：及长城

商品/服务：菌种；植物用种菌；蘑菇繁殖菌；谷种；新鲜菌块；鲜食用菌；新鲜蘑菇；新鲜蔬菜

注册人：珲春长城菌业科技开发有限公司

注册号：7075092

注册公告日期：2011/3/14

第三章 图们市

1.

商标名称：泉水

商品/服务：清洁巾

注册人：秦凤云

注册号：634636

注册公告日期：1993/3/21

2.

商标名称：峻泉牌

商品/服务：人用药；药物饮料；中药药材；人参；中药成药；医用营养饮料；医用营养品

注册人：延边特产实业有限公司

注册号：3706163

注册公告日期：2006/2/28

3.

商标名称：凉水

商品/服务：谷类制品；米；人食用的去壳谷物；生糯粉

注册人：延边高丽有机大米开发有限公司

注册号：4334740

注册公告日期：2007/3/21

4.

商标名称：图形

商品/服务：鱼（非活的）；鱼制食品；虾（非活）；速冻菜；腌制蔬菜；蛤（非活）；贝壳类动物（非活）；干食用菌；龙虾（非活）；鱼肉干

注册人：图们旺达食品有限公司

注册号：4429816

注册公告日期：2007/7/28

5.

商标名称：采幽

商品/服务：洗发液；抑菌洗手剂；清洁制剂；上光剂；化妆剂；化妆品；化妆洗液；口气清新喷洒剂；香；动物用化妆品

注册人：吉林正德药业有限公司

注册号：4547461

注册公告日期：2008/7/28

6.

好旺角福牌

商标名称：好旺角福牌

商品/服务：挂面；面条；豆粉；豆浆；酱油；醋精；豆酱（调味品）；酸辣酱（调味品）

注册人：黄翠翠

注册号：6667388

注册公告日期：2010/3/28

第四章　敦化市

1.

商标名称： 华丹
商品/服务： 中西成药
注册人： 吉林华康药业股份有限公司
注册号： 784019
注册公告日期： 1995/10/21

2.

商标名称： 圣喜
商品/服务： 中西药制剂；中西成药；
药酒
注册人： 吉林华康药业股份有限公司
注册号： 1162689
注册公告日期： 1998/3/28

3.

商标名称： 吉森
商品/服务： 建筑用木材；厚木板；胶合
板；半成品木材；地板；纤维板
注册人： 敦化市吉森木业有限责任公司

注册号： 1216087
注册公告日期： 1998/10/21

4.

商标名称： 敖都
商品/服务： 食用油
注册人： 敦化市广晟油脂生物科技有限
责任公司
注册号： 1249305
注册公告日期： 1999/2/21

5.

商标名称： 亚威
商品/服务： 木屑板；纤维板；贴面板；
胶合板；地板；非金属门板；树脂复
合板
注册人： 吉林福敦木业有限公司
注册号： 1375764
注册公告日期： 2000/3/21

6.

商标名称： 甩湾子
商品/服务： 醋；调味酱油；酱油；醋
精；调味品；酱菜（调味品）；豆豉；调

味酱；除香精油外的调味品；佐料（调味品）

注册人：敦化市甩湾子酿造厂

注册号：1378978

注册公告日期：2000/3/28

7.

商标名称：美世

商品/服务：木屑板；纤维板；贴面板；胶合板；地板；门板；树脂复合板；非金属门

注册人：吉林福敦木业有限公司

注册号：1407653

注册公告日期：2000/6/14

8.

商标名称：雁鸣湖

商品/服务：豆（未加工过的）；谷（谷类）；玉米；未加工的稻

注册人：敦化市雁鸣湖工贸有限责任公司

注册号：1458893

注册公告日期：2000/10/14

9.

商标名称：敖珠

商品/服务：豆（未加工的）；谷（谷类）；玉米；未加工的稻；谷种

注册人：中央储备粮敦化直属库有限公司

注册号：1578249

注册公告日期：2001/5/28

10.

商标名称：森珍

商品/服务：中药材

注册人：敦化市长白山野生动物繁殖试验场

注册号：584601

注册公告日期：1992/2/28

11.

商标名称：长仙

商品/服务：中药成药；人用药；医用制剂

注册人：吉林瑞隆药业有限责任公司

注册号：1716519

注册公告日期：2002/2/21

12.

商标名称：正兴

商品/服务：研磨材料；研磨剂；磨光粉；研磨膏

注册人：敦化市正兴磨料有限责任公司

注册号：1971238

注册公告日期：2003/5/14

13.

商标名称：金亚

商品/服务：牛奶饮料（以牛奶为主的）；牛奶制品；加工过的瓜子；加工过的松子；加工过的榛子；加工过的开心果；五香豆；熟制豆；木耳；豆腐制品

注册人：吉林金亚果仁加工有限责任公司

注册号：3200278

注册公告日期：2003/6/21

14.

商标名称：黄金一代

商品/服务：玉米营养面；玉米片；玉米粉；麦片；虾味条；玉米花；面包；谷类制品

注册人：吉林佳粮玉米食品有限公司

注册号：3308804

注册公告日期：2004/2/28

15.

吉來

JILAI

商标名称：吉来

商品/服务：食用王浆（非医用）；蜂蜜；食用蜂胶（蜂胶）；食用蜂胶（蜂蜜胶）；非医用蜂王浆；非医用营养液；非医用营养粉

注册人：敦化市大方生态食品有限公司

注册号：3411801

注册公告日期：2004/5/7

16.

商标名称：小万庄

商品/服务：泡菜、酸菜；腌制蔬菜；咸菜；酱菜；腐乳；速冻方便菜肴；酸辣泡菜；榨菜；脱水菜；速冻菜

注册人：刘东伟

注册号：3546803

注册公告日期：2004/9/14

17.

商标名称：宝利

商品/服务：食用蜂胶（蜂胶）；蜂蜜；非医用蜂王浆；花粉健身膏；非医用营养粉；茶

注册人：延边宝利祥蜂业股份有限公司

注册号：3624834

注册公告日期：2005/3/28

18.

实尔新

商标名称：实尔新

商品/服务：人用药；膏剂；胶丸；中药成药；片剂；药酒；原料药

注册人：吉林敖东延边药业股份有限公司

注册号：3552846

注册公告日期：2005/4/21

19.

商标名称：YO

商品/服务：非医用蜂王浆；龟苓膏；乳鸽精；冰糖燕窝；虫草鸡精；燕窝梨膏；非医用营养液；非医用营养膏；非医用营养粉；非医用营养胶囊

注册人：吉林碧源生物有限责任公司

注册号：3895570

注册公告日期：2005/12/7

20.

商标名称：扪倒驴

商品/服务：烧酒；米酒；酒（饮料）；黄酒；果酒（含酒精）；开胃酒；蜂蜜酒；酒精饮料（啤酒除外）；料酒；威士忌酒

注册人：吉林紫金酒业有限公司

注册号：3645398

注册公告日期：2006/4/14

21.

商标名称：敖喜

商品/服务：生化药品；针剂；片剂；人用药；原料药；中药成药；医用药物；医用药丸

注册人：吉林省东北亚药业股份有限公司

注册号：4033333

注册公告日期：2007/1/14

22.

商标名称：东北亚药业

商品/服务：医药制剂；化学药物制剂；医用药草；人用药；各种针剂；片剂；原料药；中药成药；杀害虫剂

注册人：吉林省东北亚药业股份有限公司

注册号：4646783

注册公告日期：2008/12/21

23.

商标名称：图形

商品/服务：人用药；中药成药；医用营养食物；医用营养品；兽医用药；兽医用制剂；医用保健袋；杀害虫剂；生化药品；药用植物根

注册人：吉林福康药业股份有限公司

注册号：5359391

注册公告日期：2010/1/7

24.

商标名称：草还丹

商品/服务：防腐剂（医用）；人用药；生化药品；栓剂；眼药水；药酒；药用胶囊；药油；医药制剂；中药成药

注册人：吉林草还丹药业有限公司

注册号：6027128

注册公告日期：2010/1/28

25.

万融

商标名称：万融

商品/服务：半成品木材；成品木材；地板；胶合板；木地板；拼花地板条；三合板；纤维板；镶花地板；镶饰表面的薄板

注册人：敦化市万融木业有限责任公司

注册号：7814191

注册公告日期：2010/12/7

26.

商标名称：安之威

商品/服务：地板；木材；非金属建筑物；建筑玻璃；非金属建筑涂面材料；非金属建筑材料；非金属水管；防水卷材；建筑石料；塑钢门窗

注册人：敦化市洪源木业有限公司

注册号：6150249

注册公告日期：2010/2/14

27.

商标名称：金博湾

商品/服务：无酒精果汁饮料；不含酒精的果汁饮料；矿泉水（饮料）；餐用矿泉水；葡萄汁；蔬菜汁；果汁饮料（饮料）；豆类饮料；等渗饮料；姜汁饮料

注册人：吉林金博湾饮品有限公司

注册号：6401839

注册公告日期：2010/3/7

28.

商标名称：帝健 A＋E

商品/服务：蛋；蛋黄；蛋粉；咸蛋；皮蛋（松花蛋）；鹌鹑蛋；精制坚果仁；加工过的榛子；干食用菌；蛋白

注册人：敦化市长白山绿色禽产品科技开发有限公司

注册号：6982654

注册公告日期：2010/5/21

29.

商标名称：森泰林

商品/服务：半成品木材；成品木材；地

板；厚木板（建筑用）；建筑用木材；建筑用木浆板；胶合板；可塑木料；木衬条；木地板；木屑板；铺地木材；三合板；树脂复合板；贴面板；镶花地板；橡木板；小块木料（木工用）；已切锯木材；制家用器具用木材；制模用木材

注册人：敦化森泰木业有限责任公司

注册号：7036173

注册公告日期：2010/7/7

30.

商标名称：忽汗河

商品/服务：果酒（含酒精）；含酒精果子饮料；含酒精浓汁；含酒精液体；酒（饮料）；料酒；米酒；葡萄酒；烧酒；食用酒精

注册人：吉林忽汗河酒业有限公司

注册号：7143290

注册公告日期：2010/7/7

31.

商标名称：素帝

商品/服务：豆腐；豆腐制品；腐竹；开花豆；食物蛋白；食用蛋白；食用油；食用油脂；熟制豆

注册人：吉林丰正大豆食品有限公司

注册号：7282403

注册公告日期：2010/10/7

32.

商标名称：亚联机械

商品/服务：木材加工机；农业机械；刨花机；刨削机；拼板机；制木屑的机器

注册人：亚联机械股份有限公司

注册号：7450651

注册公告日期：2010/10/14

33.

商标名称：众利源

商品/服务：蛋；干食用菌；鸡肉；肉；肉汤；食用油脂；死家禽；香肠；腌肉；腌制蔬菜

注册人：延边众达禽业发展有限公司

注册号：7769633

注册公告日期：2011/2/21

34.

商标名称：德蕴

商品/服务：电站自动化装置；高压防爆配电装置；工业操作遥控电力装置；工业操作遥控电器设备；热调节装置；铁道岔遥控电力设备；铁路道岔遥控电动设备；远距离点火用电气设备；远距离电点火装置；整流用电力装置

注册人：吉林省德蕴电气有限公司

注册号：7934690

注册公告日期：2011/3/7

35.

聚源之家

商标名称：聚源之家

商品/服务：地板；防水卷材；非金属建筑材料；非金属建筑涂面材料；非金属建筑物；非金属水管；建筑玻璃；建筑石料；木材；塑钢门窗

注册人：敦化市洪源木业有限公司

注册号：8256595

注册公告日期：2011/5/7

36.

守尔

商标名称：守尔

商品/服务：包装用纸袋或塑料袋（信封、小袋）；彩色皱纹纸；卫生纸；卸妆纸巾；纸餐巾；纸巾；纸手帕；纸制抹布；纸制洗脸巾

注册人：王晔

注册号：8890101

注册公告日期：2011/12/14

37.

东北仁儿

商标名称：东北仁儿

商品/服务：干食用菌；果酱；加工过的松子；加工过的榛子；精制坚果仁；木耳；食用葵花籽油；食用油；蔬菜罐头；以果蔬为主的零食小吃

注册人：延边东北仁儿食品有限公司

注册号：7330934

注册公告日期：2012/10/7

38.

一收

商标名称：一收

商品/服务：播种机（机器）；插秧机；打谷机；谷物脱粒机；农业机械；喷雾机；收割机；中耕机；种子发芽器；种子清洗设备

注册人：敦化市方正农业机械装备制造有限责任公司

注册号：12132373

注册公告日期：2014/7/21

39.

商标名称：千峰草

商品/服务：蛋；豆腐制品；干食用菌；果冻；加工过的坚果；木耳；牛奶制品；肉罐头；鱼（非活）；腌制蔬菜

注册人：敦化市长白山绿色禽产品科技开发有限公司

注册号：13583136

注册公告日期：2015/2/28

第五章 龙井市

1.

商标名称： 海兰江

商品/服务： 水果

注册人： 延边华龙集团有限公司

注册号： 764830

注册公告日期： 1995/9/7

2.

延大草仙

商标名称： 延大草仙

商品/服务： 人用药；化学医药制剂；医用制剂；补药；医用葡萄糖；中药成药；生化药品；各种针剂；片剂；医药生物制剂

注册人： 延边大学草仙药业有限公司

注册号： 1560429

注册公告日期： 2001/4/28

3.

商标名称： 海兰江

商品/服务： 谷类制品；面粉；玉米（磨过的）；玉米（烘过的）；米；粗面粉；食用面粉；食用淀粉产品；食用土豆粉；豆粉

注册人： 延边宇星无公害农产品开发有限公司

注册号： 4336847

注册公告日期： 2007/3/21

4.

商标名称： 东盛涌

商品/服务： 米；玉米（磨过的）；玉米（烘过的）；谷类制品

注册人： 姜永新

注册号： 5426966

注册公告日期： 2009/5/21

5.

商标名称： 洪峰

商品/服务： 醋；酱油；调味品

注册人： 孙育红

注册号： 6529867

注册公告日期： 2010/3/28

6.

商标名称：鲜阳

商品/服务：干食用菌；加工过的花生；甲壳动物（非活）；精制坚果仁；萝卜干；食用油；速冻菜；咸菜；以果蔬为主的零食小吃；鱼肚；鱼制食品；腌制蔬菜

注册人：延边向阳经贸有限公司

注册号：9602692

注册公告日期：2012/7/14

第六章 和龙市

1.

商标名称：古城
商品/服务：水泥
注册人：吉林德全水泥集团股份有限公司
注册号：172739
注册公告日期：1983/3/15

2.

商标名称：平岗
商品/服务：谷类制品；米；面粉；玉米（磨过的）；豆类粗粉；食用淀粉；冰淇淋；冰糕
注册人：吉林众鑫绿色米业集团有限公司
注册号：1348936
注册公告日期：1999/12/28

3.

商标名称：吉人
商品/服务：熊胆粉
注册人：吉林海兰江生物制药有限公司
注册号：1750428
注册公告日期：2002/4/21

4.

商标名称：久金

商品/服务：人用药；中药成药；放射性药品；生化药品；药酒；血液制品；原料药；药用化学制剂；消毒剂；急救箱（备好药的）
注册人：吉林龙鑫药业有限公司
注册号：1972089
注册公告日期：2002/11/14

5.

商标名称：春江月
商品/服务：饼干；蛋糕；糕点；面包；饼干（曲奇）；月饼；麻花；油茶粉；芝麻糊；甜食
注册人：李红伟
注册号：5142618
注册公告日期：2008/12/14

6.

商标名称：鸭泉
商品/服务：豆包；谷类制品；食用面粉；玉米粉；玉米（磨过的）；米；糖果；饼干；百合粉；调味品
注册人：吉林艾利特有机米业有限责任公司
注册号：5836349
注册公告日期：2009/11/7

第七章　汪清县

1.

商标名称：庙岭

商品/服务：水泥；三厘灰

注册人：汪清北方水泥有限公司

注册号：540941

注册公告日期：1991/1/20

2.

商标名称：汪特

商品/服务：红参；参片；生晒参；熊胆

注册人：吉林省中华参科技开发有限公司

注册号：543215

注册公告日期：1991/2/20

3.

商标名称：申联

商品/服务：方便面；挂面；/饼；糕点；饼干；面包；方便米

注册人：汪清县申联食品有限公司

注册号：704436

注册公告日期：1994/9/7

4.

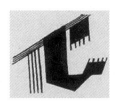

商标名称：图形

商品/服务：纺织品毛巾；纺织品餐巾；毛巾被；枕巾；床单；床罩；被罩；餐桌用布；纺织品台布；装饰织品（台布，窗帘）

注册人：延边振东巾被有限公司

注册号：1333229

注册公告日期：1999/11/14

5.

商标名称：人参鸟

商品/服务：中药成药；生化药品；原料药；药酒；水剂；酊剂；片剂；洋参冲剂；蜂王精；药物饮料

企业名称：吉林省博维实业有限公司

注册号：1800577

注册公告日期：2002/7/7

6.

商标名称：TRUE FEELINGS

商品/服务：家具

注册人：汪清斯宅木业有限公司

注册号：4457719

注册公告日期：2008/4/14

7.

商标名称：木都

商品/服务：非金属门；非金属窗；非金属楼梯踏板；非金属百叶窗；非金属大门；非金属门板；非金属建筑材料

注册人：吉林省汪清木都木业有限公司

注册号：6667390

注册公告日期：2010/3/28

8.

商标名称：春利来

商品/服务：干食用菌

注册人：延边汪清干菜加工有限公司

注册号：7037106

注册公告日期：2010/9/7

9.

商标名称：雅世缘

商品/服务：非金属建筑材料；非金属百叶窗；非金属窗；非金属地板；非金属护壁板；非金属楼梯；非金属门；非金属门框架；非金属外窗；非金属折门

注册人：延边盛达木业有限公司

注册号：7367699

注册公告日期：2010/12/14

10.

商标名称：可耐尔森 KNES

商品/服务：半成品木材；成品木材；地板

注册人：汪清森宝木业有限公司

注册号：8752342

注册公告日期：2012/1/7

第八章 安图县

1.

三江长白山泉

商标名称：三江长白山泉

商品/服务：矿泉水；矿泉水（饮料）；无酒精果汁；葡萄汁；花生牛奶（软饮料）；茶饮料（水）；可乐；水（饮料）；啤酒；饮料制剂

注册人：吉林省三江长白山泉饮品有限公司

注册号：1991328

注册公告日期：2002/12/14

2.

雪山湖

商标名称：雪山湖

商品/服务：肉；猎物（非活）；腌制蔬菜；山野菜（加工过的）；食用油；木耳；干食用菌；加工过的松子；加工过的榛子

注册人：李忠欣

注册号：4980984

注册公告日期：2008/9/14

3.

绿兹美

商标名称：绿兹美

商品/服务：茶叶代用品；非医用蜂王浆；非医用营养粉；非医用营养膏；非医用营养胶囊；非医用营养液；蜂蜜；食用蜂胶（蜂胶）；食用蜂胶（蜜蜂胶）；食用王浆（非医用）

注册人：延边绿洲国际实业发展有限公司

注册号：9692045

注册公告日期：2012/8/21

第三篇

地理标志商标

1.

商标名称： 延边苹果梨

商品/服务： 苹果梨

注册人： 延边苹果梨产业协会

注册号： 7602084

注册公告日期： 2010/2/21

2.

商标名称： 延边黄牛

商品/服务： 黄牛

注册人： 延边朝鲜族自治州家畜繁育改良工作总站

注册号： 6229407

注册公告日期： 2010/10/21

3.

商标名称： 珲春大米

商品/服务： 大米

注册人： 珲春大米产业协会

注册号： 8468771

注册公告日期： 2011/2/21

4.

商标名称： 敦化小粒黄豆

商品/服务： 大豆（未加工的）

注册人： 敦化市小粒黄豆产业协会

注册号： 10070230

注册公告日期： 2012/11/28

5.

商标名称： 安图大米

商品/服务： 大米

注册人： 安图县大米行业协会

注册号： 17666377

注册公告日期： 2016/10/28

6.

商标名称： 安图人参

商品/服务： 人参

注册人： 安图县人参行业协会

注册号： 16820020

注册公告日期： 2016/11/7

7. **安图黑木耳**

商标名称：安图黑木耳
商品/服务：木耳
注册人：安图县黑木耳行业协会
注册号：17666379
注册公告日期：2017/3/28

8. **安图香瓜**

商标名称：安图香瓜
商品/服务：香瓜（新鲜水果）
注册人：安图县香瓜行业协会
注册号：17666378
注册公告日期：2017/5/28

第三部　地理标志保护产品

地理标志产品，是指产自特定地域所具有的质量、声誉或其他特性本质上取决于该产地的自然因素和人文因素，经审核批准以地理名称进行命名的产品。地理标志是特定产品来源的标志和质量的象征，在提升地方特色产品形象、增加产品附加值等方面具有重要作用。截至2018年底，延边朝鲜族自治州有人参、大米、苹果梨等12个地理标志保护产品。本书汇集的是延边朝鲜族自治州被国家质量监督检验检疫总局批准的地理标志保护产品名录。资料来源为国家知识产权局中国地理标志网。

第一篇

延边辣白菜

（一）简介

在延边朝鲜族自治州，朝鲜族人将辣白菜称作"口葦（读作'给牧齐'）"，意译成中文叫"泡菜"，国际食品法典规定为"KIMCHI"。延边辣白菜全称为"延边朝鲜族辣白菜"，以白菜为主料，抹有以鲜红的辣椒粉为主料的调味酱，吃起来辣而爽口。因此，延边人民形象地称这种朝鲜族传统泡菜为"辣白菜"。

延边辣白菜腌制的特点在于调味酱的使用。延边辣白菜在发酵之前，把调味酱均匀地涂抹在初腌制的每片白菜叶子表面，在低温条件下乳酸发酵。调味酱由辅料、香辛料、调味料组成。辅料又由蔬菜类、水果类、坚果类、淀粉类和动物类原料组成。蔬菜类有萝卜、韭菜、水芹、胡萝卜、香菜等，水果类有苹果梨、苹果等，坚果类有松籽、栗子、银杏等，淀粉类有大米粉、糯米粉等，动物类有牡蛎、刀鱼、鱿鱼、鳕鱼，以及牛肉、野鸡肉、鸡肉等。香辛料由大蒜、大葱、香葱、生姜、辣椒粉、香菜籽粉、苏子粉、芝麻等组成。而调味料由食盐、酱油、饴糖、蔗糖、蜂蜜、发酵海鲜酱、各种鱼露等组成。调味酱一般由上述原料中至少十几种原料组成，风味极佳，是朝鲜族传统"酱"文化的代表。

（二）地理标志

2011年12月26日，国家质量监督检验检疫总局发布《关于批准对延边辣白菜、笔架鱼肚、黄陂荆蜜、赤壁猕猴桃、潼关酱笋实施地理标志产品保护的公告》（2011年第195号）。从此，延边辣白菜成为国家地理标志保护产品，国家对其实施保护。根据该《公告》，延边辣白菜：

1. 产地范围

延边辣白菜产地范围为吉林省延边朝鲜族自治州延吉市、图们市、珲春市、龙井市、和龙市、敦化市、汪清县、安图县8个市县现辖行政区域。

2. 专用标志使用

延边辣白菜产地范围内的生产者，可向吉林省延边朝鲜族自治州质量技术监督局提出使用"地理标志产品专用标志"的申请，经吉林省质量技术监督局审核，报国家质量监督检验检疫总局核准后予以公告。延边辣白菜的法定检测机构由吉林省质量技术监督局负责指定。

3. 质量技术要求

（1）主要原辅材料

—大白菜：产自保护区内。品种为北京三号。要求成熟适度，新鲜完整，单株重≥2kg。

—辣椒：品种为益都红、北京红，产自保护区内，每年10～11月采摘，要求成熟适度，果实呈红色，质地脆嫩，新鲜完整。

—生产用水：使用保护区内的地下水，符合国家生活饮用水标准规定。

—辣椒调味酱：选用保护区内生产的辣椒，采用当地传统制酱工艺生产。

（2）加工工艺

大白菜→清洗整理→切分→腌渍→脱盐→整形沥水→抹料→冷藏发酵→成品。

（3）加工要点

—切分：将白菜沿根部中心轴线方向切成两半。

—腌制：采用腌菜池腌制，白菜切割面朝上整齐码放。腌制盐水浓度为5%～7.5%，腌渍时间为20～22小时，盐水量为白菜总重量的80%～85%。

—脱盐：采用清水浸泡脱盐，脱盐期间换水2～3次。

—整形沥水：腌渍白菜切面朝下摆放沥水，沥水时间为3～4小时。

—拌酱：将辣椒调味酱拌入到脱盐的白菜中。拌入辣椒调味酱时，从白菜内叶到外叶逐层均匀地涂抹。辣椒调味酱的加入量为白菜重量的2.5%～3.5%。

—冷藏发酵：采用酱缸冷藏发酵，发酵温度为0～4℃，发酵时间为7～10天。

（4）质量特色

—感官特色：具有乳酸发酵所固有的香味，口味清香，颜色鲜艳，白绿透红，咸、酸、甜、辣、鲜五味调和，上色均匀、质地脆嫩、清爽可口。

—理化指标（见表1）。

表1 延边辣白菜质量特色的理化指标

项 目	指 标
水分	≤95%
食盐（以氯化钠计）	2%～7%
总酸（以乳酸计）	<1%

—安全及其他质量技术要求：产品安全及其他质量技术要求必须符合国家相关规定。

第二篇

延边大米

（一）简介

延边朝鲜族自治州是中国北方著名的水稻之乡，延边州从1868年开始种植水稻，出产的大米色白、透明度强、味道好、黏性大、营养价值高。清末，延边朝鲜族自治州龙井市开山屯专为皇宫贡米；伪满洲时期，延边大米更是专供皇族的供品米。延边大米历史悠久，是中国优质大米——北方（东北）大米之首，延边州一度被称为中国北方水稻生产的发源地。

延边大米与地域特点密切相关。气候资源方面，延边朝鲜族自治州地处北半球温带，属于中温带湿润多风气候，东面临日本海，西北部有高山为天然屏障，气候与同纬度、同海拔地区相比，冬暖夏凉，且太阳辐射总量为110~120千卡/平方厘米·年，年日照时数为2063~2551小时，年降水量500~700毫米（集中在水稻生育季节），≥10℃活动积温2000~2800℃，全区无霜期100~145天，光照和温度充足，雨水充沛，昼夜温差大（特别是水稻的灌浆期），水稻同化作用强，异化作用弱，有利于水稻光合产物的积累，生产优质无公害大米的天然条件十分优越。水土资源方面，延边朝鲜族自治州森林覆盖率为78.6%，水稻生产主要分布在海兰江、布尔哈通河、珲春河、嘎呀河、图们江、牡丹江流域，有400多条水系。这些江河水流量充足，各江河上游都设有大中型水库，水利设施齐全，水量充裕。而且全州水稻种植主要集中在鸠巢平原、平岗平原、细田平原、百草沟平原、珲春平原等地，种稻历史悠久，耕地整平、园田化面积多，土壤有机质含量高，土地肥沃，土壤基本上都属于冲积型水稻土和草甸型水稻土，为大米产业发展提供了特有的水土资源。

（二）地理标志

2006年12月31日，国家质量监督检验检疫总局发布《关于批准对延边大米实施地理标志产品保护的公告》（2006年第220号）。从此，延边大米成为国家地理标志保护产品，国家对其实施保护。根据该《公告》内容，延边大米：

1. 产地范围

延边大米地理标志产品保护范围以吉林省延边朝鲜族自治州人民政府办公室《关于划定延边大米地理标志产品保护范围的通知》（延州政办电〔2005〕120号）提出的范围为准，为吉林省延边朝鲜族自治州延吉市、图们市、珲春市、龙井市、和龙市、敦化市、汪清县、安图县 8 个县（市）现辖行政区域。

2. 专用标志使用

延边大米地理标志产品保护范围内的生产者，可向吉林省延边朝鲜族自治州质量技术监督局提出使用"地理标志产品专用标志"的申请，由国家质量监督检验检疫总局公告批准。

3. 质量技术要求

（1）品种

选用通过国家或地方审定适应当地种植的耐冷、优质水稻吉粳 81、五优一号等具有同类特色的中晚熟粳稻品种。

（2）立地条件

草甸型水稻土、冲积型水稻土和白浆型水稻土。pH5.18 ~ 6.45，有机质含量 ≥2.34%。

（3）栽培管理

—育苗：育苗地选择无污染、背风向阳、地下水位低、排水良好的旱田或庭院。育苗方式为简塑盘旱育苗。播种量：每平方米播催芽种子为 150 克至 200 克。播种期为 4 月 1 日至 10 日。

—插秧：春翻在 4 月 25 日前完成，放水泡田。插秧时间为 5 月 15 日至 31 日。插秧密度：行距×株距为 27 厘米×18 厘米，秧龄 45 ~ 50 天，叶龄 4.5 ~ 5 叶。

—田间肥水管理：配方施肥，以复混肥为主，每年每公顷施用 400 ~ 500 千克，纯氮量每公顷不超过 120 千克，利用无污染的河水灌水。

（4）收获与脱粒

完熟期后收获，自然晾晒，按品种收割、脱粒。

（5）加工

稻谷→初清→去石→砻谷→碾米→抛光→定量→检验→包装。

（6）质量特色

感官特征：米粒呈椭圆形，米粒长度 5.0 ~ 5.5 毫米，米粒长宽比为 1.8 ~ 2.0，蒸煮时可散发出浓郁的饭香味，米饭口感柔软、黏性适中、适口性好，米饭表面有油光，凉后不回生。

理化指标：垩白米率 2% ~ 10%，直链淀粉含量 16% ~ 19%，胶稠度 ≥78 毫米，碱消值为 7，蛋白质含量 7.0% ~ 8.5%。

第三篇

延边黄牛肉

（一）简介

延边黄牛是我国五大地方优良牛之一，是经过长期自然和人工选择而形成的，是我国畜禽基因库中一份极其珍贵的"财宝"。延边地区是延边黄牛的发源地，朝鲜族人民在迁入的过程中，将朝鲜咸镜北道东海岸的朝鲜牛输入我国延边地区，经过长期的生产实践，输入的朝鲜牛逐步改良而形成了适合于延边地区自然条件的牛即延边黄牛。

延边朝鲜族自治州具有发展养牛业的独特优势。气候资源方面，延边朝鲜族自治州山清水秀、森林茂密，属于中温带湿润季风气候，春季干燥多风、夏季温热多雨、秋季凉爽少雨、冬季寒冷期长。因东临日本海，西部、北部又有高山作天然屏障，与吉林省内同纬度同海拔高度地区的气候相比，冬季较暖和，夏季较凉爽。州内平均气温大致随海拔高度和纬度的增高而递减，东部高于西部，盆地高于山地；中部盆地和东北部山谷地区降水量较少，西部山区和东南部近海地区降水量较多；冬季多偏西风，夏季多偏东风，风速以春季最大，十分有利于发展养牛业。水草资源方面，延边朝鲜族自治州地处中温带湿润的长白山针阔混交林植物区，森林植被茂密。森林覆盖率高，林下草地丰富，长白山腹地地下水资源丰富，自然矿泉遍布全州。全州草场植被常与森林、灌丛等植被插花分布，林木用草场多。草场生态类群突出而多样，生态序列明显，有稀树林草丛草地、灌丛草甸草地、草甸草地、沼泽草甸草地、零星小片草地等五大类草场，并且营养价值较高、适口性强的禾草和豆科草居多，利于放牧。环境质量方面，延边黄牛保护区域的植被属长白山植被区系，区域内植物种类繁多，原始自然植被以森林为主。延边朝鲜族自治州，以中低山区为主，包括间峡、丘陵及盆地，区内生态环境优良，其地形（质）地貌、植被、气候等自然条件极适于延边黄牛的繁衍生息。

（二）地理标志

2008年5月30日，国家质量监督检验检疫总局发布《关于批准对桓仁山参、桓仁蛤蟆油、延边黄牛肉、来凤漆筷、临潼火晶柿子实施地理标志产品保护的公告》（2008年第65号）。从此，延边黄牛肉成为国家地理标志保护产品，国家对其实施保护。根据该《公告》内容，延边黄牛肉：

1. 产地范围

延边黄牛肉地理标志产品保护范围以吉林省延边朝鲜族自治州人民政府办公室《关于划定延边黄牛肉地理标志产品保护范围的通知》（延州政办函〔2007〕65 号）提出的范围为准，为吉林省延边朝鲜族自治州延吉市、图们市、珲春市、龙井市、和龙市、敦化市、汪清县、安图县 8 个县（市）现辖行政区域。

2. 专用标志使用

延边黄牛肉地理标志产品保护范围内的生产者，可向吉林省延边州质量技术监督局提出使用"地理标志产品专用标志"的申请，经由吉林省质量技术监督局审核，报国家质量监督检验检疫总局公告核准后予以公告。延边黄牛肉的法定监测机构由吉林省质量技术监督局负责指定。

3. 质量技术要求

（1）品种

在保护地域范围内出生的延边黄牛（含75%以上延边黄牛血统）。

（2）品种（系）谱系管理要求

—每头牛都需有谱系档案，连续记载 3 代，血缘关系清楚。

—谱系格式采用国际通用的竖式谱系格式。

（3）饲养环境

平均气温为 2 ~ 6℃，大气环境及饮用水源清洁无污染，无农药残留的禾草和豆科草为主的草场。

（4）饲养技术要求

① 舍饲育肥

育肥牛的选择：6 ~ 12 月龄健康架子牛。

饲养密度：散养时以 5 ~ 6 头牛分为一群，每头所占面积为 4 平方米以上；拴养时牛床长度×牛床宽度为 1.75 ~ 1.95 米×0.8 ~ 1.00 米。

牛舍环境：牛舍内应干燥、通风、防风、防潮，阳光照射充足，牛舍的温度要保持在 5 ~ 28℃。

驱虫：犊牛断奶后驱虫 1 次，10 ~ 12 个月龄驱虫 1 次。驱虫后连续饲喂健胃散 2 ~ 3 天。

饲料质量：投入的饲草饲料无霉变，有毒有害物质及微生物允许量符合国家相关的规定；育肥牛饲料中不含有激素、类激素产品及抗生素滤渣等违禁成分。

出栏标准：24 ~ 36 月龄、体重 450 ~ 600 千克。

② 放牧补饲育肥

放牧育肥的季节：5 ~ 10 月。

放牧育肥牛的选择：12 ~ 18 月龄的健康架子牛。

驱虫：定期注射倍硫磷防牛皮蝇、定期药浴，驱除体外寄生虫，定期防疫程序符合国家的相关规定。

补饲：夜间补饲混合精料，并备有舔砖。

出栏标准：24～36 月龄、体重 450～600 千克。

③ 环境、安全要求

饲养环境、疫情疫病的防治与控制、饮水质量等必须执行国家相关规定。

（5）屠宰加工

① 牛源

活牛原料必须来自非疫区，经当地动物防疫监督机构检验合格。

② 屠宰加工流程

击晕/放血→去头/蹄→剥皮→去内脏→去尾→劈开胴体→冲洗→排酸→分割→包装→冷藏。

③ 产品品质检验

屠宰加工之后卫生、感官、理化及微生物检验按照国家同类产品品质检验规程执行。

（6）排酸时间

排酸时间≥5 天（120 小时）。

（7）质量特色

① 感官特征

延边黄牛肉红色均匀，有光泽，脂肪呈白色和微黄色，纤维清晰，有韧性，肉外表面微干或潮湿，不粘手，切面湿润，指压后凹陷立即恢复，具有鲜牛肉应有的气味，无臭味，无异味。

根据延边黄牛胴体分级标准，大理石花纹等级标准不低于 No. 2 级；脂肪颜色为乳白色（No. 1 或 No. 2 级），肌肉颜色为鲜红色（No. 2 或 No. 3 级）。

② 理化指标

延边黄牛（外脊）：水分含量≤72.8%，粗蛋白含量≤23.5%，粗脂肪≥4.5%，灰分≤2.0%，谷氨酸含量≥12.5%，油酸的含量≥38.0%。

③ 安全要求

产品安全指标必须达到国家对同类产品的相关规定。

第四篇

延边苹果梨

（一）简介

延边苹果梨已有 90 多年的栽培历史。1952 年，吉林省果树品种调查组在延边调查时发现这一品种，并为了统一品种的名称，根据品种果形偏圆、底色黄绿、向阳面有红晕、远看似苹果等特征，将其称为"苹果梨"。

延边苹果梨素有"北方梨中之秀"的美称，苹果梨树每年 5 月中旬开花，9 月下旬至 10 月上旬果实成熟，幼树长至 4~5 年即可结果，8~9 年进入盛果期。梨果大，平均单果重 254.31~238.78 克，最大者可达 700 克。果皮黄绿色，贮后转为鲜黄色，阳面有鲜红晕，黄红相映，整个果面多杂浅色锈斑；果肉洁白、细嫩，果心小，水丰汁浓，味道甘甜。其最大特点是甜酸适度营养丰富，口味鲜美香甜，果大肉多，肉色乳白细腻，质地脆而汁多，果核小，可食部分占 85.9%。延边苹果梨不仅营养物质丰富，口味鲜美，而且还便于贮存，在一般的地窖里可以贮藏 8~9 个月，贮后的果皮变黄，果皮面有一层蜡质分泌物。延边苹果梨含有丰富的维生素 C、B_1、B_2 等以及钙、磷、铁等成分，营养丰富。有润肺、消痰、止咳、降火、清心、利尿之功效，还能增进食欲、助消化。

苹果梨喜冷凉湿润气候，耐高寒，在 -32℃ 以内可以安全过冬，宜在海拔 300 米左右、昼夜温差大的丘陵坡地生长。地处吉林省长白山山脉并近海的延边朝鲜族自治州，具有苹果梨所需的生态环境，因而成为苹果梨的"发祥地"和主产地。

（二）地理标志

2002 年 12 月 9 日，国家质量监督检验检疫总局发布公告（2002 年第 129 号），批准自即日起对延边苹果梨实施原产地域产品保护。根据该公告内容，延边苹果梨：

1. 产地范围

延边苹果梨原产地域范围以吉林省延边朝鲜族自治州人民政府《关于成立延边朝鲜族自治州苹果梨原产地域产品保护领导小组的通知》（延州编发〔2000〕2 号）提出的地域范围为准，为延边朝鲜族自治州的延吉市、图们市、珲春市、龙井市、和龙市、汪清县 6 个县（市）现辖行政区域。

2. 专用标志使用

延边苹果梨地理标志产品保护范围内的生产者，可向吉林省延边州质量技术监督局提出使用"地理标志产品专用标志"的申请,经由吉林省质量技术监督局审核,报国家质量监督检验检疫总局公告核准后予以公告。延边苹果梨的法定监测机构由吉林省质量技术监督局负责指定。

3. 质量技术要求

（1）苹果梨果园的建立

① 园地选择

苹果梨建园园址的选择,一般选在土层深厚、土壤肥沃、有机质含量高、排水好、坡向朝阳、坡度较缓的北坡,坡度一般为5°~15°为好,地下水位在1.5米以下,土壤pH以5.5~7为宜。

② 苗木选择与授粉树的配置

苗木要选择用山梨嫁接的、根条发达、芽眼饱满、主干粗壮的苗木。授粉树可选用南果梨、洋梨、锦丰梨等,授粉品种与主栽品种以1:4为宜,不少于1:8的配置,采用中心配置的方式。

③ 栽植时期与方法

苗木处理。就地苗随刨随栽,尽量少伤根。外运苗往往因运输或贮藏不良失水较多,影响成活。栽前必须在清水中泡一下,如有根部劈折腐烂的应剪掉。便于栽后管理,在栽前应按根系大小、苗木壮弱进行分级栽植,还要准备5%~10%的预备苗做缺苗补植准备。栽植时间以4月中下旬为宜,采用长方形栽植。密植园株行距2米×3米、2.5米×3米、3米×4米等,稀植园可用4米×5米、4米×6米的株行距。按定好的点先整地,穴深60厘米~80厘米,开口直径1米。底土、表土分开堆放,栽植时先将农家肥与表土混匀回填坑内,回土2/3呈馒头形、踩实并浇透水然后两人一组,一个人提苗,将苗提直放到植坑将根系舒展,另一人填土,边填边将根稍稍抖动上提,边填边踏,栽苗的深浅要适宜,填到原来苗的土域栽后做树盘,准备浇水。

（2）苹果梨果园管理

① 深翻改土

秋季进行深翻扩穴,结合深翻扩穴施入农家肥、绿肥、秸秆和矿质肥料,改良土壤。

② 间作

幼龄果园间作小麦、豆类、瓜类和早熟蔬菜、油料作物或绿肥,增加收入。间作物与果树要保持一定距离。成年果园间作绿肥压青。

③ 耕作

春夏浅耕,松土保墒,除杂草;秋冬深耕,熟化土壤;结合降雨和浇水进行树行、树盘松土。

④ 施基肥

秋冬落叶后、土壤冻结前进行,幼树施农家肥50~100千克/株,还可增施其他化肥，环沟或放射状施入。

⑤ 追肥

—土壤追肥

幼树每次施硝铵 0.1~0.3 千克/株，磷肥 0.5~1.5 千克/株；结果树每次施硝铵 1.0~2.5 千克/株，磷肥 1.5~2.5 千克/株。在不同生长季节根据土壤养分状况，春末、夏季多施氮肥，秋、冬初多施磷、钾肥，调配氮、磷、钾比例，以满足树体生长发育的需要。

—叶面追肥

4~5 月喷 1~2 克/升的硼砂 1 次；5~6 月喷 3~5 克/升的尿素 2~3 次，喷 50 克/升的萘乙酸钠 1 次；7—8 月喷 3 克/升的磷酸二氢钾、3 克/升过磷酸钙和尿素 1~2 次，也可根据果树生长状况施喷施宝、旱地龙等叶面微肥。

⑥ 浇水

灌区梨园每年浇水 4~7 次，每次浇水量 1000~1500 立方米/公顷。春水早浇，冬水迟浇，灌足；根据梨树物候期，发芽至开花或展叶期、新梢生长和幼果膨大期、新梢第二次生长前期和果实迅速生长期适时浇水；新梢第二次生长期、采果后至落叶前控制灌水。

⑦ 地面覆盖

采用地膜、秸秆进行树盘、树行覆盖，覆膜宽度 1 米以上，覆草宽 1 米以上、厚 20 厘米，长度依需要确定。

（3）苹果梨整形修枝技术

① 定干

在树干 0.7~0.8 米高处短截，剪口封蜡，剪口下第一个芽向西北方向，留 7~10 个芽为整形带。

② 嫁接

砧木园在定干后采用高位芽接或高位分枝芽接进行嫁接，每株接芽 3~4 个，每芽之间的夹角 100°~140°，芽间距 15~30 厘米。

③ 基本树形

密植园采用自由纺锤形，稀植园采用主干疏层形。

—自由纺锤形

主干高度 40~50 厘米，树高 2.5~3.5 米，中心干直立旺盛，上留 8~12 个主枝，开张角度 70°~90°。

—主干疏层形

主干高 50~70 厘米，树高 3.5~4.0 米，主枝 5~7 个，枝向角 90°~120°，3~4 层，层间距 1.5~2.0 米。

④ 幼树修剪

以轻剪长放、培养树体为主。

—夏季修剪

主要采用放、伤、变的修剪方法，促进发枝和树体形成。

—冬季修剪

对中央领导干进行中短截，控制树高和培养主枝，对主枝进行轻短截，促发侧枝。

⑤ 盛果树修剪

—落头开心

控制树高，回缩中央领导干和主枝，调整营养生长和生殖生长比例，保证生长与结果的平衡。

—调整花芽与叶芽的比例

花芽与叶芽的比例一般为1∶4；营养枝与结果枝比例为1∶3～4，全树花芽量占30%左右，中小枝组占90%以上。

—疏花疏果

每花序留花1～3朵，留果1～2个，花序间距15～20厘米，做到合理负载。

第五篇

长白山五味子

（一）简介

五味子最早以"菋、荎藸"之名，始见于《尔雅》，因皮肉甘酸，核中辛苦，都有咸味而得名。五味子作药用始载于《神农本草经》。李时珍在《本草纲目》中将五味子分成南北，称："五味今有南北之分，南产者色红，北产者色黑，入滋补药必用北者为良"，表明长白山五味子是五味子中之上品。据考证，长白山五味子开发利用已有百余年历史。20 世纪 60 年代，长白山五味子驯化栽培成功。

长白山五味子耐寒，－35℃能安全过冬，生长适宜温度为 20～25℃，昼夜温差 > 10℃，冬季积雪厚，有利于其生长。长白山五味子喜光耐阴，喜湿怕旱，喜湿润、肥沃、腐质层深厚、微酸性的暗棕色森林土壤或砂质土壤。

（二）地理标志

2011 年 8 月 18 日，国家质量监督检验检疫总局发布《关于批准对长白山五味子、通河大米、巴马矿泉水、威宁党参、藏毯（西藏产区）实施地理标志产品保护的公告》（2011 年第 121 号公告）。自此，长白山五味子成为国家地理标志保护产品，国家对其实施保护。根据该公告内容，长白山五味子：

1. 产地范围

长白山五味子地理标志产品保护产地范围为吉林省长白县、靖宇县、抚松县、临江市、白山市江源区、白山市八道江区、集安市、通化县、辉南县、梅河口市、柳河县，通化市东昌区、二道江区，桦甸市、蛟河市、永吉县、舒兰市、磐石市，延边朝鲜族自治州的汪清县、安图县、敦化市、和龙市、珲春市、延吉市、龙井市，及长白山保护开发区管理委员会池北区、池西区、池南区 28 个市区县现辖行政区域。

2. 专用标志使用

长白山五味子地理标志产品保护产地范围内的生产者，可向吉林省质量技术监督局提出使用"地理标志产品专用标志"的申请，经吉林省质量技术监督局审核，由国家质量监督检验检疫总局公告批准。长白山五味子的法定检测机构由吉林省质量技术监督局负责指定。

3. 质量技术要求

（1）种源

五味子〔*Schisandra chinensis*（Turcz.）Baill〕。

（2）立地条件

保护区范围内海拔 200 米至 800 米的平地或坡地，腐殖质层厚≥10 厘米的壤土或砂质土壤，土壤 pH5.5~6.8。

（3）栽培管理

① 育苗移栽

种子繁殖或无性繁殖育苗 1~2 年，苗期需要遮荫。秋季 10 月上中旬或春季 4 月中旬至 5 月上旬移栽定植，定植密度为 10000~14000 株/公顷。

② 田间管理

搭设引蔓架，施用有机肥≥45 立方米/公顷，及时进行修剪，收获前半月内禁止使用各种农药。

③ 环境、安全要求

农药、化肥等的使用必须符合国家的相关规定，不得污染环境。

（4）采收

① 采收

每年 8 月末或 9 月初，果实变软有弹性、呈红色或紫红色时采收。

② 干燥

自然晾（晒）干或 50~70℃烘干，至果实含水量≤12%，表面皱缩，呈紫红色或暗红色。

（5）质量特色

① 感官特色

呈皱缩球状颗粒，果实表面紫红色或暗红色，有网状皱纹。果粒大，肉厚，柔软，油润，有光泽，常显有"白霜"。

② 理化指标

杂质≤1%，五味子醇甲≥0.45%。

③ 安全及其他质量技术要求

产品安全及其他质量技术要求必须符合国家相关规定。

第六篇

吉林长白山人参

（一）简介

人参从远古即被发现，距今已有四千多年的历史，是古老的孑遗植物之一，稀有名贵，是世界科学界公认的具有特殊功效的名贵药材。吉林长白山人参的出现距今已有1700多年，长白山脉是我国保存下来的唯一人参最早起源的产地。

人参为五加科，属植物，通常所说的人参是指其干燥根。吉林长白山人参分类形式多样，有按栽培方式命名的，如野山参、移山参、栽培人参等；有按产地命名的，如吉林人参、石柱人参；有按炮制方法命名的，如红参、白糖参、生晒参等；也有兼顾两种情况的，如高丽红参、吉林野山参等。吉林长白山野山参以其形美、质坚硬，断面皮部显裂隙，形成层明显，气微香，味微苦且甘，被誉为人参中珍品。

吉林长白山人参的活性成分是人参皂苷。经对不同产地的人参皂苷含量进行比较测定发现，吉林长白山人参皂苷的含量高于其他的人参。国内外学者从20世纪初开始研究，已从吉林长白山人参中发现和分离出30多种人参皂苷。吉林长白人参以其"补五脏、安精神、定魂魄、除邪气、止惊悸，明目开心益志，久服轻身延年"的神奇功效，被誉为百草之王、稀世珍宝，民间称人参为长白山三宝之首。

（二）地理标志保护

2002年12月25日，国家质量监督检验检疫总局发布《关于批准对吉林长白山人参实施原产地域产品保护的公告》（2002年第130号），从此，吉林长白山人参成为国家原产地域产品，国家对其实施保护。根据该《公告》内容，吉林长白山人参：

1. 产地范围

吉林长白山人参原产地域范围以吉林省人民政府《关于成立吉林长白山人参原产地域产品保护申报小组的复函》（吉政办函〔2002〕25号）提出的地域范围为准，为抚松县、靖宇县、长白朝鲜族自治县、江源县、通化县、集安市、辉南县、敦化市、安图县、汪清县、珲春市、蛟河市、桦甸市、临江市14个县（市）现辖行政区域。

2. 专用标志使用

吉林长白山人参产地范围内的生产者，可向吉林省质量技术监督局提出使用"地理标志产品专用标志"的申请，经吉林省质量技术监督局审核，由国家质量监督检验检疫总局核准后予以公告。吉林长白山人参的法定检测机构由吉林省质量技术监督局负责指定。

3. 质量技术要求

（1）选地

① 地理位置

长白山东南部，即北纬 40°52′~44°30′，东经 125°17′~131°20′的区域内。种植基地远离污染源，距公路主干道或铁路 50 米以上，运输方便、靠近无污染水源。

② 坡向坡度

以阴坡为宜，坡度≤25°。

③ 大气

应符合 GB 3095 要求。

④ 灌溉水

应符合 GB 5084 要求。

⑤ 土壤

底土（活黄土）多选黄砂腐殖土和黑砂腐殖土、壤土和砂质壤土，具有良好的团粒结构。土壤微酸性（pH5.5~6.6），土壤中五氯硝基苯浓度≤0.1 毫克/千克，六六六的浓度≤0.1 毫克/千克。

⑥ 气候

年平均气温 4.2~7.5℃，1 月平均气温 -18℃，7~8 月平均气温 20~21℃，年降雨量 600~800 毫米，无霜期 100~150 天。

⑦ 植被

以柞树、椴树为主的阔叶混交林或针阔混交林地为宜。

（2）土壤处理

① 消毒（见表 1）

结合倒土、作床，于播种前均匀施入土壤消毒剂。

表 1　土壤消毒药剂种类及用量

有效成分、含量及剂型	制剂用药量（克/平方米）	使用方法
70%恶霉灵可溶性粉剂	1.0~1.5	拌土或喷洒
50%多菌灵可湿性粉剂	10.0	拌土或喷洒
1000 亿芽孢/克枯草芽孢杆菌 WP	1~3	浇施
3 亿 CFU/克哈茨木霉菌	4.0~6.0	浇施

② 杀虫（见表 2）

结合倒土，将防治地下害虫的药剂均匀施入土中。

表2　防治地下害虫的药剂种类及使用方法

有效成分、含量及剂型	制剂使用剂量（克/100千克）	使用方法
70%噻虫嗪	70～90	种子包衣
25%噻虫·咯·霜灵悬浮种衣剂	400、880、1360	种子包衣

③ 施肥及作床

—根据土壤性状进行测土施肥，可施用腐熟的有机肥（鹿粪、猪粪、绿肥、落叶堆肥等）和化肥。

—根据地势的具体情况确定参床的适宜高度，防止参床积水，提高植株抗病性，减轻病害发生。

—春季播籽或移栽，应在播种或移栽前7～10天作床；秋季播籽或移栽，要边作床边播种或移栽。

（3）种源与种子

① 种源

五加科人参属人参 *Panaxginseng* C. A. Mey。采用通过省级以上农作物品种审定委员会审定的品种。

② 种子质量

以裂口籽为宜（见表3）。

表3　播种用裂口籽指标

净度	生活力	水分	成熟度	发芽率
≥95.0%	≥99.0%	≤60.0%	≥85%	≥98.0%

（4）育苗

① 栽培制

采用二三制、三二制、三三制、二二二制为宜，5年以上收获。

② 时间

—春播：4月下旬至5月初，土壤耕层解冻后即可播经过冬贮后的催芽种子。

—夏播：一般在6月中旬至下旬，东北参区北部在6月下旬至7月上旬，播上年干籽。

—秋播：一般在10月上旬至土壤封冻前，东北参区北部在9月下旬至土壤封冻前，播催芽裂口籽。

③ 种子消毒（见表4）

在播种前将药剂用水稀释8～10倍按比例倒在参籽上，拌匀阴干后播种。

表4 种子处理药剂及用量

有效成分、含量及剂型	使用剂量（克/100 千克）
70%噻虫嗪	70～90
25%噻虫·咯·霜灵悬浮种衣剂	400、880、1360
25 克/升咯菌腈	5～10

④ 播种

采用点播机播种或用压眼器人工播种，每穴一粒种子。培育二年生苗，采用 3 厘米×5 厘米或 4 厘米×4 厘米点播为宜；培育三年生苗采用 5 厘米×5 厘米或 5 厘米×8 厘米点播为宜。播后均匀覆土 5～8 厘米为宜，覆土后要适当镇压。

⑤ 苗田管理：床面消毒，除草，病虫害防治，施肥灌水，调阳等。

（5）移栽

① 种苗质量（见表 5）

人参种苗应浆气足，浆气不足者应≤5%，否则应重新挑选。种苗应健康，根、须完整，无烧须、无病虫害及破伤。

表5 人参种苗分级标准

年生	等级	标 准		
		单根重（克）	支数/500 克（支）	主根长（厘米）
二年生	一等苗	≥8.0	≤60	≥12
	二等苗	≥5.0	≤95	≥10
三年生	一等苗	≥20.0	≤24	≥14
	二等苗	≥15.0	≤32	≥12
	三等苗	≥10.0	≤48	≥10
四年生	一等苗	≥30.0	≤17	≥16
	二等苗	≥25.0	≤20	≥14
	三等苗	≥20.0	≤24	≥12

② 下须整形

将主根上的毛须去掉。

③ 消毒（见表 6）

选择根、须、芦、芽苞完整、芽苞肥大、浆足无病的参根作种苗。种苗在移栽前用药剂 50～100 倍液浸 30 分钟（越冬芽同时浸），捞出稍晾即可栽植。

表6 种苗处理药剂种类及用量

有效成分、含量及剂型	制剂用药量
10 亿活芽孢/克枯草芽孢杆菌 WP	1、2、3 克/平方米
25 克/升咯菌腈悬浮种衣剂	5～10 克/100 千克苗栽

④ 时间

选用优质参苗春栽在 4 月中下旬，秋栽在 10 月中下旬。

⑤ 方法

采用斜栽或平栽，芦头朝下，如表 7 所示，二年生种苗覆土 6 ~ 7 厘米，三年生种苗覆土 8 ~ 9 厘米，四年生，顺山倒置。

表 7　移栽行株距规格

年　生	二年生		三年生		四年生		
项　目	行距/厘米	株数/行	株数/行	行距/厘米	株数/行	行距/厘米	
等　级	1	13 ~ 15	13	13 ~ 15	15	12 ~ 14	15 ~ 17
	2	15 ~ 16	13	15 ~ 16	15	14 ~ 16	17 ~ 20
	3	17 ~ 20	11 ~ 12	17 ~ 20	13 ~ 15	17 ~ 19	20 ~ 22

（6）田间管理

—松土除草：松土除草 3 次 ~ 4 次，见草就拔。

—摘蕾疏花：5 月下旬，人参花序柄长到 5 厘米 ~ 6 厘米时，从花序柄的上 1/3 处将花序掐掉；留种时，6 月上旬从伞形花序内部向外疏掉 1/3 或 1/2。

—扶苗培土：6 月中旬前把倾斜生长的人参扶到参棚下，第二、三次松土要进行覆土管理。

—防旱排涝：人参生长季节，及时疏通排水沟排涝。清除杂物，疏通水沟，清理作业道。

—追肥：根据不同生长期增加底肥追肥叶面肥。5 月下旬至 6 月中旬，在第一次松土开沟施入。施肥量 150 克/平方米豆饼粉，或 100 克/平方米豆饼粉加入 50 克/平方米炒熟并粉碎的芝麻或苏子。6 月下旬或 7 月初进行根外追肥。追施人参叶面肥。

—调光：在直射光照到参体上发生光害时可插花、挂花。

—防寒：晚秋，气温在稳定通过 0℃ 上下剧烈变动时往床面床帮覆盖防寒物。冬季积雪后，要把作业道上积雪撮到床面床帮上并盖匀，厚度为 15 厘米。

—防"桃花水"：每年积雪融化时，清除积雪、疏通排水沟，把存水的地方刨开，引出"桃花水"。

—维修参棚：修复破损和不牢固参棚，调整遮光物密度和牢固程度。

—撤防寒物：4 月中旬至 5 月初床土化透后越冬芽萌动前，撤去防寒物。

—搂畦子：将参根上面的床土搂松，深度以近于参根，但不伤参根和芽胞为宜，床帮要深松。松动的土块要压碎，松后搂平床面、床帮。风大的地方，在迎风口夹好防风障。

—田间消毒：用 1% 的硫酸铜液对棚盖、立柱、床面、床帮、床头、作业道、排水沟全面喷雾消毒，以药液湿透表土为宜。

（7）病虫害防治

① 出苗前

根据发病规律选用适宜药剂对参床进行全面消毒（见表 8），使人参顶药出土，地下害虫的防治可结合春季松土施肥作业进行。

表 8　参床消毒药剂种类及防治对象

有效成分、含量及剂型	制剂用量（克/平方米）	使用方法	防治对象
70%恶霉灵可湿性粉剂	2.8～5.6	喷洒	根腐病
1.5%、3%多抗霉素可湿性粉剂	0.25～0.33	喷洒	黑斑病
25%丙环唑乳油	0.009～0.013	喷洒	黑斑病
64%代森锰锌、8%霜脲氰	0.18～0.30	喷洒	疫病
250 克/升嘧菌酯悬浮剂	0.015～0.023	喷洒	黑斑病

② 出苗展叶期

—地上病害防治：出苗 30%～50%即开始及时喷施防治药剂，7～10 天 1 次，交替施用 3 次，药剂种类及用量见表 9。

—地下病害防治：及时挖除病株，并连同植株根部和土壤一同带出田外，集中深埋。病穴用生石灰或 50%多菌灵可湿性粉剂 500 倍液，每穴浇灌 500 毫升药液。

表 9　出苗展叶期防治病害的药剂、用量及防治对象

有效成分、含量及剂型	制剂用量（克/平方米）	使用方法	防治对象
1.5%、3%多抗霉素可湿性粉剂	0.010～0.020	喷雾	黑斑病
50%异菌脲可湿性粉剂	0.10～0.13	喷雾	黑斑病
10%苯醚甲环唑水分散粒剂	0.1～0.15	喷雾	黑斑病
50%多菌灵·乙霉威可湿性粉剂	0.075～0.098	喷雾	灰霉病
64%代森锰锌、8%霜脲氰	0.18～0.30	喷洒	疫病
3 亿 CFU/克哈茨木霉菌可湿性粉剂	0.1～0.2	喷雾	灰霉病
1000 亿芽孢/克枯草芽孢杆菌 WP	0.06～0.12	喷雾	灰霉病、黑斑病

——害虫防治：结合浇水松土用药剂灌根或拌土可防治地下害虫。在地上害虫危害初期向参床及周围杂草喷洒药剂可防治地上害虫（见表 10）。

表 10　防治地上害虫的药剂种类及用量

有效成分、含量及剂型	使用方法	制剂用量（克/平方米）
25%噻虫嗪水分散粒剂	喷雾	0.013～0.026

③ 现蕾开花期

及时遮荫。不留籽地块，选晴天掐花，并在掐花后及时喷施药剂（见表 11）。

表 11 现蕾开花期防治病害的药剂用量及防治对象

有效成分、含量及剂型	制剂用量（克/平方米）	使用方法	防治对象
1.5%、3%多抗霉素可湿性粉剂	0.010～0.020	喷雾	黑斑病
1000亿芽孢/克枯草芽孢杆菌WP	0.06～0.12	喷雾	灰霉病、黑斑病
3亿CFU/克哈茨木霉菌可湿性粉剂	0.1～0.2	喷雾	灰霉病
30%醚菌酯可湿性粉剂	0.018～0.027	喷雾	黑斑病
10%苯醚甲环唑水分散粒剂	0.1～0.15	喷雾	黑斑病
50%异菌脲可湿性粉剂	0.10～0.13	喷雾	黑斑病
50%嘧菌环胺	0.03～0.045	喷雾	灰霉病
25%丙环唑乳油	0.067～0.10	喷雾	灰霉病、黑斑病

④ 果实成熟期：要及时调光。

⑤ 根部膨大期

—田间管理：雨前要及时人工除草、清理作业通道；培实内移池帮，严防积水；及时查补参膜；扶苗，发现病株及时摘除，带出田外深埋或烧毁。

—药剂防治（见表12）。

表 12 根部膨大期防治病害的药剂、用量及防治对象

有效成分、含量及剂型	制剂用量（克/平方米）	使用方法	防治对象
1.5%、3%多抗霉素可湿性粉剂	0.010～0.020	喷雾	黑斑病
1000亿芽孢/克枯草芽孢杆菌WP	0.06～0.12	喷雾	灰霉病、黑斑病
3亿CFU/克哈茨木霉菌可湿性粉剂	0.1～0.2	喷雾	灰霉病
30%醚菌酯可湿性粉剂	0.018～0.027	喷雾	黑斑病
10%苯醚甲环唑水分散粒剂	0.1～0.15	喷雾	黑斑病
50%异菌脲可湿性粉剂	0.10～0.13	喷雾	黑斑病
50%嘧菌环胺	0.03～0.045	喷雾	灰霉病
25%丙环唑乳油	0.067～0.10	喷雾	黑斑病
50%乙霉·多菌灵可湿性粉剂	0.075～0.098	喷雾	灰霉病
64%代森锰锌、8%霜脲氰	0.18～0.30	喷洒	疫病
30%王铜水悬浮剂	0.09～0.18	喷雾	疫病、黑斑病、灰霉病

⑥ 枯萎期－休眠期

—根据天气情况适时上防寒物，确保人参安全越冬。

—根据需要，进行参床土壤消毒，可选用药剂种类及用量见表1。

（8）采收

9月上中旬至10月上中旬进行人参参根收获。

第七篇

吉林梅花鹿

（一）简介

梅花鹿鹿茸及鹿副产品的应用历史十分悠久。鹿茸在我国已有1800余年的应用历史。东汉时期的《神农本草经》载有"味甘温，主漏下恶血，寒热惊痫，益气强志，生齿不老"。《本草纲目》称鹿茸可以"生精补髓，养血益阳，强筋健骨，治一切虚损，耳聋目暗，眩晕虚痢"。此外，《名医别录》《梦溪笔谈》《药性论》《本草经疏》等著作均有论述，并逐渐由此扩展至鞭、筋、血、尾、胎、脱盘、角等部位入药。我国将鹿血、鹿茸血应用于医疗保健的历史可追溯至宋代。当时，"刺血生饮"为皇宫和达官贵人的一种滋补之道。至明代李时珍《本草纲目》对鹿血医疗作用作了详细记载："大补虚报，益精血，解痘毒……"。

我国梅花鹿有东北亚种、华南亚种、四川亚种、台湾亚种、山西亚种和河北亚种6个亚种。其中，野生梅花鹿东北亚种，主要栖息于吉林省的长白山区。长白山区自山麓到山顶植被分布呈明显的垂直变化，从下而上分为阔叶林带、针阔叶混交林带、针叶林带、岳桦林带和山地苔原带。梅花鹿主要栖于阔叶林和针叶林的过渡带，该地带植物种类丰富，是长白山植物最多、分布面积最大的景观带。野生梅花鹿一般栖于森林的边缘和山地草原。梅花鹿水平分布在东经127°以东，北纬46°以南的局部地区，在吉林省境内有汪清县、珲春市、安图县、抚松县及长白县。

（二）地理标志

2005年12月28日，国家质量监督检验检疫总局发布《关于对吉林梅花鹿鹿茸、鹿鞭等实施地理标志产品保护的公告》（2005年第185号），从此，吉林梅花鹿产品成为国家地理标志保护产品，国家对其实施保护。根据该公告内容，吉林梅花鹿产品：

1. 产地范围

吉林梅花鹿鹿茸、鹿鞭、鹿血、鹿尾、鹿胎膏、鹿筋、鹿脱盘地理标志产品保护范围以吉林省人民政府办公厅《关于成立吉林梅花鹿鹿茸等产品原产地域产品保护申报小组的复函》（吉政办函〔2004〕67号）提出的范围为准，为吉林省蛟河市、桦甸市、磐石市、舒兰市、龙潭区、丰满区、永吉县、东丰县、东辽县、梨树县、伊通县、抚松县、靖宇县、长白县、临江市、梅河口市、辉南县、柳河县、集安市、通化县、延吉市、龙井县、汪清县、安图县、敦化市、珲春市、图们市、和龙县、双阳区和九台市等 30 个县（市）现辖行政区域。

2. 专用标志使用

吉林梅花鹿鹿茸、鹿鞭、鹿血、鹿尾、鹿胎膏、鹿筋、鹿脱盘等 7 种地理标志产品保护范围内的生产者，可向吉林省质量技术监督局提出使用"地理标志产品专用标志"的申请，由国家质量监督检验检疫总局公告批准。

3. 质量技术要求

（1）品种（系）谱系管理

① 谱系管理主要针对双阳、东丰、四平、敖东梅花鹿品种及长白山梅花鹿品系。

② 鹿只谱系清楚，有可追溯性。

每只鹿都有谱系记载，连续记载 3 代，血缘关系清楚。

③ 谱系格式采用国际通用格式竖式谱系格式。

（2）饲养环节技术要求

① 饲养

—精料按不同鹿、不同生物学时期营养需要量喂给，粗料、多汁料等以吃足、不浪费为限。

—饲喂要定时定量。

—变更日粮要逐渐进行。

—饲料要精心保管，不喂发霉酸败的变质饲料。

—日粮配合要科学合理，计量准确，比例适宜，适口性好。

② 饲喂

—时间与次数：每昼夜饲喂 3 次，按季节早、午、晚均衡饲喂。

—给料原则：先精后粗，均匀投料，精料准确。

③ 饮水

供给充足清洁的饮水，北方冬季饮温水。

④ 舍饲

—保护圈舍清洁，及时隔离治疗病鹿。

—圈舍要防风防雪，保持干燥，出入圈舍要关门。

（3）加工工艺

① 鹿茸加工

—排血茸加工工艺（马派炸茸）

鹿茸→编号、称重、测尺、登记→排血→刷洗→破伤茸处理→上架固定→第一次煮炸（第一排水、第二排水）、烘烤、风干→第二次水煮（回水）、烘烤、风干→第三次水煮（回水）、烘烤、风干→第四次水煮（回水）、烘烤、风干→煮头、烘烤、风干→质检→包装→贮藏→出厂。

—带血茸

鹿茸→编号、称重、测尺、登记→刷洗→破伤茸处理→上架固定→第一次煮炸（第一排水、第二排水）、烘烤、风干→第二次水煮（回水）、烘烤、风干→第三次水煮（回水）、烘烤、风干→第四次水煮（回水）、烘烤、风干→煮头、烘烤、风干→质检→包装贮藏→出厂。

—冷冻干燥茸

鹿茸→编号、称重、测尺、登记→刷洗→速冻→升华脱水→冻干茸。

② 鹿鞭加工

鹿屠宰后→环切包皮→将阴茎与腹壁剥离至坐骨结节处切断，并将两侧睾丸与输精管少许一起切断→去掉阴茎上的残肉和筋膜→将阴茎拉直，将睾丸附在阴茎根部→钉在木板上阴干或烤干成型。

③ 鹿血加工

鲜血→放于平底浅盘中→70～80℃烘干→粉成细粉（过40目筛）。

④ 鹿尾加工

鹿屠宰后→在荐椎与尾椎相接处将尾割下，去掉残肉和脂肪与第一尾椎骨→浸泡（80～90℃，30～50秒），拔掉尾毛，刮掉尾上绒毛和表皮，尾端用棉线缝合或用夹子夹住→烘干成型（冬季或早春也可阴干）。

⑤ 鹿筋加工

取筋→浸泡（2～3天）→刮去肌肉→浸泡（1～2天）→再刮一次，将肌肉全部刮掉→排接→用细木棍穿起挂在阳光下干燥。

⑥ 鹿胎膏加工

—取胎→酒浸（2～3天）→整形→烘烤（开始时的温度在90～100℃，烘烤2小时左右）→煎煮（当胎儿骨肉分离时，停止煎煮，将骨肉捞出）→过滤胎浆（低温保存备用）。

—将捞出的骨肉分别放入烘干箱内→80℃烘干→头骨和长轴骨砸碎后再烘干，直至骨肉酥黄纯干为止→将纯干的骨肉粉碎成80～100目的鹿胎粉→称重保存。

—熬膏：上述原浆→煮沸→加入鹿胎粉→搅拌均匀→加1.5倍（比鹿胎粉重）红糖→用文火煎熬浓缩，至呈牵缕状不粘手时出锅，倒入抹有豆油的瓷盘内，置于阴凉处，冷却后即为鹿胎膏。

4. 主要质量控制参数

（1）鹿茸

① 感官特征（见表1）

表1　鹿茸的感官特征

名　称	感　官
二杠锯茸	分枝正常，比例欠协调，主挺不怪角，嘴头扭嘴未分枝，根部有包棱，骨痘明显。纯干、不臭、无虫蛀。排血茸皮色欠亮泽，剖面含残血；带血茸皮色灰暗，剖面含血少，血色陈旧。单枝重高于75克以上的二杠锯茸
二杠砍茸	头骨洁白，无残肉，无损伤，嘴头饱满，眉枝与主挺均称。加工不破皮，不倒毛，不底漏，不存折，无异味，无虫蛀的二杠砍茸
三杈锯茸	基本呈三杈形，不怪角，根部有奶子，质地较老，骨痘较多，破皮不露茸；加工不臭茸无虫蛀。排血茸排血不净，皮色发暗；带血茸含血量少，血色灰暗。单枝重高于200克以上的三杈锯茸
三杈砍茸	分枝正常，比例欠协调，根部包棱较大或者有奶子，骨化程度大，骨痘明显。整架砍茸重高于850克以上的三杈砍茸

② 理化特性

水分不得超过16%；灰分：不得超过45%；酸不溶性灰分不得超过15%；水溶性浸出物不得低于15%；

醇溶性浸出物：不得低于3.0%。

（2）鹿鞭

① 感官特征

呈长圆柱形，略扁；有纵横纹；海绵体断面呈蝶状；表面棕黄色或棕红色；气微腥，味微咸。

② 理化特性

水分不得超过13%；总灰分不得超过4.6%；水浸出物不得低于23%。

（3）鹿血

① 感官特征

为鲜鹿血或红褐色粉末，气腥，味甘、咸。鹿血粉为红褐色粉末。

② 理化特性

水分：鲜鹿血60%～80%；鹿血粉5%～8%。蛋白质不得低于8%。

（4）鹿尾

① 感官特征

呈扁锥形，腹面扁平，背面微凸；尾椎骨不外露，无残肉。质地坚实，内部饱满，细长，表面为紫黑色或紫褐色，有光泽；气微腥，味微咸。

② 理化特性：水分含量不得超过13%；总灰分不得超过4.6%。

（5）鹿筋

① 感官特征

呈长条形，上部开叉，下端留有两个附蹄；表面棕黄色，半透明，有光泽。气微腥，味淡。

② 理化特性

水分含量不得超过 13%；总灰分不得超过 4.6%。

（6）鹿胎膏

① 感官特征

为棕褐色至黑褐色干膏方块，味甘，微苦。每块重 50 克。

② 理化特性

水分含量为 8%~12%。

（7）鹿脱盘

① 感官特征：呈盔状或盘状，周边有珍珠状凸起，类骨质结构。直径 3~6 厘米，高 1.5~4 厘米。表面灰褐色或灰黄色，有光泽，中部具蜂窝状细孔。

② 理化特性：水分含量不得超过 5%。

第八篇

吉林长白山天然矿泉水

（一）简介

吉林长白山天然矿泉水是在特定的地质环境条件下，地下水在循环过程中，不断溶解含水介质中的有益矿物组分和微量元素，并在水中富集而形成的液体矿产，类型多样、资源丰富、水质优良。长白山区域生态环境良好，水源没有污染。经多年监测，长白山矿泉水水质指标符合饮用天然矿泉水国家标准（GB 8537—2008），也符合德国和欧盟矿泉水标准。长白山区域天然矿泉水以偏硅酸型、锶型、碳酸型、偏硅酸与锶复合型为主，富含钙、镁等常量元素，以及硅、锶、锂、硒等 29 种微量元素，pH 多呈弱碱性，一般矿化度较低，口感极佳。

吉林长白山天然矿泉水与地域特性密切相关，自然条件方面，吉林长白山地区由一系列北东走向的山脉和山间盆地组成，地势向北、西、南方向逐渐降低。北部延边中低山地山间盆地较发育，西部吉中山地以低山丘陵为主，南部老岭—龙岗山脉山体陡峻，地形侵蚀切割强烈。长白山地区地表水系发育，河流众多，分属松花江、鸭绿江和图们江水系，仅汪清的东部属绥芬河水系。白头山为三江之源，图们江、松花江和鸭绿江呈放射状向北、西、南方向流，构成长白山地区独特的水文网。吉林长白山地区人口密度小，生态环境优良，植被发育，森林覆盖率高，茂盛的植被创造了良好的水源涵养条件。地质条件方面，吉林长白山地区主要赋存有玄武岩类孔洞裂隙水、碎屑岩类孔隙裂隙承压水、碳酸盐岩溶洞裂隙水和基岩裂隙水，其中与矿泉水的形成与赋存密切相关的地下水类型为玄武岩类孔洞裂隙水和碎屑岩类孔隙裂隙水，碳酸型矿泉水的形成及赋存与碳酸盐岩溶洞裂隙水有关。玄武岩孔洞裂隙水主要分布在长白、靖宇和敦化熔岩台地区，含水介质主要为第四系军舰山组玄武岩，水量丰富，水化学类型以重碳酸钙镁型为主，次为镁、镁钙型。碎屑岩类孔隙裂隙承压水主要分布在延吉盆地内，水量一般为重碳酸钙镁或钠钙型水。这些奇特的地质构造，形成了长白山天然矿泉水资源。

（二）地理标志

2004 年 7 月 1 日，国家质量监督检验检疫总局发布《关于批准吉林长白山天然矿泉水实施地理标志产品保护的公告》（2004 年第 83 号），从此，吉林长白山天然矿泉水成为国家地理标志保护产品，国家对其实施保护。根据该公告内容，吉林长白山天然矿泉水：

1. 产地范围

吉林长白山天然矿泉水原产地域范围以《吉林省人民政府办公厅关于成立吉林长白山天然矿泉水原产地域保护申请小组的复函》(吉政办函〔2003〕87 号) 提出的地域范围为准，即安图县、敦化市、龙井市、和龙市、汪清县、抚松县、靖宇县、长白县、临江市、江源县、辉南县、柳河县、通化县、磐石市、桦甸市、蛟河市 16 个县(市)。

2. 专用标志使用

在吉林长白山天然矿泉水原产地域范围内的生产者，如使用吉林长白山天然矿泉水"原产地域产品专用标志"，须向当地质量技术监督局设立的申报机构申请并经初审合格，由国家质量监督检验检疫总局公告批准后，方可使用吉林长白山天然矿泉水"原产地域产品专用标志"。

3. 质量技术要求

(1) 从水源处取水按 GB 8537—1995 要求执行。

(2) 界限指标

① 偏硅酸型 (含量在 25.22~114.40 毫克/升之间)；

② 锶型 (含量在 0.20~1.50 毫克/升之间)；

③ 偏硅酸与锶复合型 (含量与前两项相同)；

④ 碳酸型 (二氧化碳含量≥500 毫克/升)；

⑤ 特殊型 (偏硅酸与锶、锂、可溶性总固体同时达标)。

(3) 限量指标

① 砷、汞、铅、铬、镉、银，按 GB/T 8538 无法检出最低含量；

② 硝酸盐含量 <20 毫克/升。

(4) 污染物指标

挥发酚、氰化物、亚硝酸盐 3 项指标，按 GB/T 8538 规定的检验方法无法检出最低含量。

(5) 感官要求

色度≤5 度；浑浊度≤1 度。

(6) 水源卫生防护设立三级保护区

① 严格保护区

在泉群轴线两侧及端点 30 米区域内设立防护网，严禁无关人员进入；

② 限制保护区

在泉群轴线两侧及端点 60 米区域内设立防护栏，禁止进行有可能引起含水层受污染和破坏的各项活动。

③ 监察区

根据不同水源的补给状况，设立不小于 300 米的监控区，设立界牌，防止水源遭到破坏和可能引起污染。

（7）水源开采量

≥200 吨/日。

第九篇

长白山蓝莓

（一）简介

长白山蓝莓为长白山区特产的小浆果，具有独特的风味及营养保健价值，有着悠久的开发利用历史。长白山蓝莓的品质特性，一是感官方面，长白山蓝莓椭圆形，鲜果单个 0.5～1.0 克。浆果蓝紫色，具白粉。风味偏酸并有特殊香气，口感酸、稍涩。种子极小入口几乎没有感觉，可食率为 100%。二是理化方面，总糖≥8.6%，可滴定酸≥2.82%，蛋白质≥264 毫克/100 克，脂肪≥396 毫克/100 克，花青素≥0.27%，SOD 活力≥16280u/100g，总黄酮≥261.21 毫克/100 克，维生素 C≥27.74 毫克/100 克。三是质量方面，长白山蓝莓果中所含有的花青素、SOD、维生素 C、维生素 E、氨基酸及微量元素等的有效成分和营养成分高于新西兰进口品，质量优异。

长白山蓝莓生长区位于长白山主峰西南麓，年平均降水量为 763～834 毫米。丰富的地表水和适宜的降雨量，适宜长白山蓝莓生长。土壤多系白浆土和灰棕色森林土，为强酸性 pH（4.0～4.5），长白山蓝莓要求土壤疏松、养分充足、通气透水性良好，pH 以 4.3～4.8 为宜。此外，长白山蓝莓主要生长在冷凉和寒冷区，性耐阴，-40℃能安全越冬。

（二）地理标志

2011 年 7 月 5 日，国家质量监督检验检疫总局发布《关于批准对白洋淀咸鸭蛋（安新产区）、白洋淀皮蛋（安新产区）、长白山蓝莓、老君眉茶、木子店老米酒实施地理标志产品保护的公告》（2011 年第 99 号），从此，长白山蓝莓成为国家地理标志保护产品，国家对其实施保护。根据该公告内容，长白山蓝莓：

1. 产地范围

长白山蓝莓产地范围为吉林省长白县、靖宇县、抚松县、临江市、白山市江源区、白山市八道江区、安图县、汪清县、珲春市、和龙市、敦化市、通化县、梅河口市及长白山保护开发区管理委员会池北区、池西区、池南区 16 个市区县现辖行政区域。

2. 专用标志使用

长白山蓝莓产地范围内的生产者，可向吉林省质量技术监督局提出使用"地理标志产品专用标志"的申请，经吉林省质量技术监督局审核，报国家质量监督检验检疫总局核准后予以公告。长白山蓝莓的法定检测机构由吉林省质量技术监督局负责指定。

3. 质量技术要求

（1）品种

笃斯越橘（Vaccinium uliginosum L.）。

（2）立地条件

坡度<10度，土壤 pH 为 4.0～5.5，有机质含量≥5%，土壤质地为壤土或砂壤土。

（3）栽培管理

① 繁殖方法：以优良单株为母本，采用扦插繁殖法或植物组织培养繁殖法。

② 栽植时间：春栽时间为 4 月上旬至 5 月上旬，秋栽时间为 10 月上旬至 10 月中旬。

③ 栽植密度：为每公顷不超过 10000 株。

④ 环境、安全要求：农药、化肥等使用必须符合国家的相关规定，不得污染环境。

（4）采收

① 采收时期：果实完全成熟后方可采摘，每年 7 月末至 8 月中旬采收。

② 采收方式：人工采收与机械采收相结合。鲜食用果采用人工采收，加工用果可用机械采收。采收当日装箱入库冷藏。

（5）质量特色

① 感官特色（见表1）

表1　长白山蓝莓的感官特色

项　目	要　求
色泽	果皮黑色，被白色果粉，呈蓝黑色或紫黑色
形状	近球形或椭圆形
口感风味	味酸甜，微涩，果肉有本品特有芳香气味，皮薄，汁多
均匀度与成熟度	果实大小较均匀，充分成熟，成熟度一致，青果率不得超过5%

② 理化指标（见表2）

表2　长白山蓝莓的理化指标

项　目	指　标
可溶性固形物	≥12%
总　酸	1.86%～2.20%

③ 安全及其他质量技术要求：产品安全及其他质量技术要求必须符合国家相关规定。

第十篇

吉林长白山中国林蛙油

（一）简介

吉林长白山中国林蛙油是以国家批准的吉林长白山中国林蛙油地理标志产品保护范围内的中国林蛙长白山亚种为动物基源，摘取雌蛙的输卵管，采用传统工艺与现代先进技术进行加工而成的、具有特定品质的蛤蟆油及制品。

中国林蛙长白山亚种皮肤颜色随季节变化而有所变化，秋季多为褐色。头部形状扁宽，长度略小于头长或相等。口阔，吻端钝圆，略突出于下颚，吻棱较钝，口内锄骨齿2短，斜行。鼻位于吻眼之间，鼻间距大于眼间距而与上眼睑等宽。眼大，凸出。眼后方鼓膜显著，呈正圆形，黑色，其直径为眼径的2/3。头侧眼后缘及鼓膜处有三角黑斑。皮肤上有很多细小的疵粒，体侧分布较多。背侧褶不平直，在鼓膜上方略斜向外侧，随即又折向中线，再向后延伸达跨部，至颞部形成曲折状。侧褶间有少数分散的疣粒，并参有较大块红色斑纹。肩部有一"∧"形黑色条纹。背部及四肢背侧有显著的黑色横纹。腹面皮肤光滑，雌性黄色或红黄色，有褐色或红褐色斑点，雄性灰白色或红黄色，有褐色斑点，下颚部近乳白色。前肢短壮，与后肢股部等长。四指，指端圆，指细长略扁，指长顺序3、1、4、2，指关节下瘤及内外掌突均较显著。雄性第一指内侧有两个发达的灰色婚垫，交尾时用于抱住雌蛙腋部。后肢长，胫跗关节前伸达眼或略过之，跳跃性颇强。蹠部有显著的长圆形的内蹠突起，外蹠突起消失。蹼发达，为膜状。第四趾最长，第三、五趾等长，关节下瘤小而明显，内跖突窄长，外跖突小圆。无外声囊，雄蛙有一对咽下侧内声囊。雄性成蛙躯干内侧较瘦，长6～7厘米；雌性成蛙躯干部肥圆，长6.5～8.5厘米。

（二）地理标志

2004年7月1日，国家质量监督检验检疫总局发布《关于对有关企业提出的鞍山南果梨、吉林长白山中国林蛙油等6个地理标志产品获得地理标志产品保护的公告》（2004年第84号）。从此，长白山中国林蛙油成为国家地理标志保护产品，国家对其实施保护。

1. 产地范围

吉林长白山中国林蛙油的地理标志产品保护范围限于国家质量监督检验检疫行政主管部门根据《地理标志产品保护规定》批准保护的范围，即吉林省舒兰市、桦甸市、蛟河市、磐石市、集安市、通化县、辉南县、柳河县、白山市八道江区、靖宇县、抚松县、临江市、长白县、江源县、敦化市、安图县、珲春市、汪清县、延吉市、和龙市20个县（市、区）现辖行政区域。

2. 质量技术要求

（1）生态环境

吉林长白山中国林蛙油的基源动物为中国林蛙长白山亚种，保护地域为吉林省长白山区域，包括东部山区和中部半山区，北纬 40°51′55″ ~ 44°38′54″，东经 125°16′57″ ~ 131°19′2″。

东部山区为寒温两带交错地区，主要植被类型是针阔叶混交林，天然植被占优势，森林覆盖率68.3%，夏季枝繁叶茂，郁闭度大，土质肥沃，含水性强，地表温度高，林下植物生长旺盛；中部半山区为森林草原植被，林地占13%，草本植物种类繁多。

整个地区林下植被繁茂，枯枝落叶层厚度可达20厘米，昆虫种类多，密度大，河流纵横，水系交错，水体无污染，pH 为 6 ~ 7，含氧量4mg/升，为中国林蛙长白山亚种的生长发育提供了良好的地理环境。

本地域属大陆性季风气候，东部山区年平均气温多在 3℃ 左右，无霜期 120 天左右，年平均降水量600 ~ 1300 毫米，林下相对湿度85% 左右；中部半山区年平均气温4.5℃，无霜期达 140 天。

（2）中国林蛙长白山亚种的养殖

① 养蛙场选择

两山夹一沟，沟长 1 ~ 5 千米，沟宽200 ~ 1500 米，河宽 1 ~ 5 米，水深20 ~ 30 厘米为宜，水流不断。沟内无污染，无农药残留，远离村庄及畜禽。植被为阔叶林或针阔混交林，郁闭度0.6 以上。林下有灌木、草本植物和枯枝落叶层，利于保持土壤水分和昆虫的繁衍。

② 养蛙设施

—孵化池

孵化区位于河流中下游，孵化池按每平方米投放 5 个卵团左右计算，面积为20 ~ 40 平方米，池水深20 ~ 30 厘米为宜，排水口低于入水口，口上设栏网设施。

—饲养池

每平方米放养向蝌蚪1000 ~ 1500 只，水池面积不超过 40 平方米，水深25 ~ 30 厘米为宜，出水口与入水口处均设栏网。

—变态池

在沟内沿河道每隔 500 米左右建一变态池，面积为 30 ~ 40 平方米为宜，池形为锅底形，中间深 30 厘米，边缘深 10 厘米。

—越冬池

在沟内河道边缘处，每隔 500 ~ 1000 米建一越冬池，水深 2.0 ~ 2.5 米为宜，确保不冻层 1 米以上。越冬池内应是流水，并且不渗水。

一贮蛙池

选择距河道近的地方修建贮蛙池，并将水引入贮蛙池，水深 80～100 厘米为宜，要求能过水，能入能排。

③ 选留种蛙

一时间

在上年 10 月下旬、11 月初或当年 3 月末及 4 月初选择。

一雄雌比

抱对雄雌蛙的比例为 1∶1。

一形态

身体健壮，体形好，无损伤，动作灵活，背部皮肤黑褐色并有黑斑，肩部有一倒"V"形黑色条纹。

雄蛙：二年至四年生，体重 15～30 克，身长 5.0～6.8 厘米。

雌蛙：二年至四年生，腹部红黄色稍带花纹，体重 25～55 克，身长 6.0～8.6 厘米，每只产孵 1500～2000 粒，卵团重 20～28 克。

④ 孵化条件

雄雌蛙交配水温 8～10℃，孵化适宜水温 10～22℃，受精卵发育期（尾芽期）240 小时左右，孵化率 88%～90%。

⑤ 蝌蚪的饲养

每万只蝌蚪喂精饲料 1 千克，无毒青饲料 5 千克。

完整蝌蚪体长 1.2～1.3 厘米，尾长 2.1～2.4 厘米。蝌蚪发育 25～35 天长出后肢，体长 1.3～1.5 厘米，尾长 2.5～3.2 厘米。蝌蚪发育 40～50 天长出前肢，体长 1.4～1.8 厘米，尾长 2.9 厘米。

蝌蚪变态率一般为 70%～80%。变态后幼蛙体长 1.3～1.5 厘米，体重 0.5～1 克，身长为体长的 1/3。

⑥ 蛙放养

变态蝌蚪放养：每公顷有效森林放养 10～25 千克（1 千克含变态蝌蚪 1800 只左右）。

一年生幼蛙放养量：每公顷 7500～9000 只。

二年生成蛙放养量：每公顷 4500 只左右。

幼蛙森林活动期在 5 月下旬至 9 月下旬，成蛙下山冬眠期为 9 月末至翌年 3 月下旬。

⑦ 蛙的生长发育

二年生雄蛙身长 5.0～5.6 厘米，体重 15～20 克；二年生雌蛙身长 6.0～6.9 厘米，体重 25～32 克。

三年生雄蛙身长 5.7~6.5 厘米，体重 21~24 克；三年生雌蛙身长 7.0~7.5 厘米，体重 33~45 克。

四年生雄蛙身长 6.6~6.8 厘米，体重 25~30 克；四年生雌蛙身长 7.6~8.6 厘米，体重 46~55 克。

蛙群中一年生与二、三年生比例约为 7:3，雌、雄蛙比例控制在 3:2 为好。

⑧ 下山回河越冬蛙

秋后气温下降到 10℃ 以下，河水温度 8℃ 以下，林蛙开始下山回河。此时，林蛙处在不稳定冬眠状态，11 月初至 11 月中旬进入稳定冬眠。回捕的林蛙先入贮蛙池，11 月初送入越冬池，保持温度 1~5℃。死亡率控制在 2% 以下，回捕率为 3%~5%。

（3）蛙油加工工艺流程

收购→分等→穿蛙→隙晒→软化→扒油→净选去杂→阴干→包装→贮存。

（4）感官要求

应符合表 1 的规定。

表 1　吉林长白山中国林蛙油感官要求

项　目	要　求
形态	呈不规则块状，弯曲而重叠
大小	长 2~5 厘米，厚 1.5~5 毫米
色泽	黄白色至土黄色或暗黄色
表面特征	呈脂肪样光泽，偶有带灰白色或灰黑色薄膜状干皮
质地	质硬，手摸有滑腻感
气味	具有腥气，味微甘，嚼之有黏滑感，无其他异味
膨胀性	温水中浸泡，体积膨胀为原来的 10 倍以上
杂质	无肉眼可见外来杂质

（5）理化指标

应符合表 2 的规定。

表 2　吉林长白山中国林蛙油理化指标

项　目	指　标
膨胀度/（毫升/克）	≥100
水分/%	≤18

（6）卫生指标

应符合表 3 的规定。

表3 吉林长白山中国林蛙油卫生指标

项 目	指 标
菌落总数/（CFU/克）	≤15000
大肠菌群（MPN/100 克）	≤100
霉菌计数/（CFU/克）	≤300
酵母计数/（CFU/克）	≤30
致病菌[a]	不得检出
六六六/（微克/克）	≤0.2
滴滴涕/（微克/克）	≤0.4
无机砷（As）/（毫克/千克）	≤0.5
铅（Pb）/（毫克/千克）	≤0.5
镉（Cd）/（毫克/千克）	≤0.1
甲基汞（Hg）/（毫克/千克）	≤0.5

致病菌[a]系指肠道致病菌及致病性球菌。

（7）安全及其他质量技术要求

产品安全及其他质量技术要求必须符合国家相关规定。

第十一篇

松花石

（一）简介

松花石又名松花玉，因其质地坚硬如玉、色彩艳丽柔润而得名。产于长白山区的江河之畔。松花石地质学名叫作微晶灰岩，内含方解石、石英、磷、硼、钡和铁等多种矿物质。各种成分含量的些许差别，使得松花石色调丰富，以绿、紫、黄、黑、驼青等色居多。正是由于是缓慢沉积而形成的，松花石保存了形成之初的痕迹，形成了独特的，如木纹般流畅舒缓的自然纹理。其各色相兼、纹理奇特、点线皆明、质地坚实、温润如玉、凝如膏脂、细如肌肤、扣之如铜、声脆悦耳，色彩间杂而多变，细腻坚硬、色明晶莹。

2007 年 9 月，吉林省地矿勘察局 606 队，在江源进行了为期 2 个多月的松花石矿产资源勘察。勘察报告中显示，松花石形成于 8 亿多年前的震旦纪。松花石是随着地壳的演变，在长白山从汪洋大海里渐渐隆起过程中，由海底淤积的细泥和藻类经过沉积、覆盖、压制等物理过程形成的。由于地壳的运动，太平洋板块插入亚洲板块之下，使交汇边缘抬升，海底变成陆地或山峦，松花石的矿床也就显露出来。

（二）地理标志

2011 年 2 月 21 日，国家质量监督检验检疫总局发布《关于批准对松花石、松花砚、仓桥水晶梨、汉寿甲鱼、澧县葡萄实施地理标志产品保护的公告》（2011 年第 22 号）。从此，松花石成为国家地理标志保护产品，国家对其实施保护。根据该公告内容，松花石：

1. 产地范围

松花石产地范围为吉林省白山市江源区、浑江区、临江市、靖宇县，通化市东昌区、二道江区、通化县、柳河县、辉南县、集安市，延边州敦化市、安图县 12 个市区县现辖行政区域。

2. 专用标志使用

松花石产地范围内的生产者，可向吉林省质量技术监督局提出使用"地理标志产品专用标志"的申请，经吉林省质量技术监督局审核，报国家质量监督检验检疫总局核准后予以公告。松花石的法定检测机构由吉林省质量技术监督局负责指定。

3. 质量技术要求

（1）开采与整理

① 开采

—持有国家有关部门的开采许可证。

—开采时禁止使用爆破等破坏性开采方式。

—采挖时选用原始工具如镐、铁锹等，大块开采时用水钻、木楔及挖掘设备。

② 整理

—由有资质的加工企业或个人对毛坯原料进行加工、喷砂整理。

—加工整理时要保持原有的自然形状和颜色，禁止雕凿、粘接或染色等人为加工行为。

—根据松花石的形状配座。

（2）质量特色

① 感官特色

油脂光泽。

② 理化指标

—硬度：3.0～4.5（摩氏）。

—矿物颗粒：0.01 毫米以下。

（3）安全及其他质量技术要求

产品安全及其他质量技术要求必须符合国家相关规定。

第十二篇

松花砚

（一）简介

松花砚是由产自吉林长白山地区的松花石雕制而成。用松花石制砚始于明代末年，推崇于清朝。松花砚以其温润如玉，纣绿无瑕，质坚而细，色嫩而纯，滑不拒墨，涩不滞笔，能使松烟浮艳，毫款增辉的特点深受帝王喜爱。康熙帝对松花砚十分欣赏，封它为"御砚"，一直专供宫廷使用，并赞誉松花砚："寿古而质润，色绿而声清，起墨溢毫，故其宝也。"

在中国制砚史上，松花砚从开采、设计、雕刻到其文化历史背景，都占有非常重要的地位，是中国砚文化中一支璀璨的奇葩。根据松花石硬度、密度、吸水率、抗压强度、冻融压缩强度、防腐能力等独特物理化学组织，加之主要矿物成分微晶方解石、颗粒细小（大都小于 0.01 毫米）、结构分布均匀等特性，所制的松花石砚润色饱墨，具有夏不枯、冬不冻、虫不蠹的三大优点。松花砚色系丰富，色彩众多，是现有砚系中最丰富的，尤其以绿色为主，给人以健康向上、蓬勃的生机之感。

松花石系海相沉积砚，千万年在低温海水的作用下，温润含蓄，不燥不涩，平和淡雅，能吸附空气中的水分。以手覆盖砚面，一会工夫抬起手来，就会发现砚面凝结着一层的水汽。这种奇特的现象，尤其在水雾浓重的烟雨江南地区表现得尤为突出。松花砚置案台之上，墨汁凝塘，久日不干，提笔舔墨，光亮如初。

（二）地理标志

2011 年 2 月 21 日，国家质量监督检验检疫总局发布《关于批准对松花石、松花砚、仓桥水晶梨、汉寿甲鱼、澧县葡萄实施地理标志产品保护的公告》（2011 年第 22 号）。从此，松花石成为国家地理标志保护产品，国家对其实施保护。根据该公告内容，松花砚：

1. 产地范围

松花砚产地范围为吉林省白山市江源区、浑江区、临江市、靖宇县，通化市东昌区、二道江区、通化县、柳河县、辉南县、集安市，延边州敦化市、安图县 12 个市区县现辖行政区域。

2. 专用标志使用

松花砚产地范围内的生产者，可向吉林省质量技术监督局提出使用"地理标志产品专用标志"的申请，经吉林省质量技术监督局审核，报国家质量监督检验检疫总局核准后予以公告。松花砚的法定检测机构由吉林省质量技术监督局负责指定。

3. 质量技术要求

（1）开采与加工

① 开采

—持有国家有关部门的开采许可证。

—开采时禁止使用爆破等破坏性开采方式，合理保护资源。

—采挖时选用原始工具如镐、铁锹等，大块开采时用水钻、木楔及挖掘设备。

② 加工

松花砚（松花石砚）的生产流程：选料→设计→加工。

—用手工篆刻，雕琢。根据砚料的外形、颜色变化进行设计，用手工篆刻。

—以手工为主，辅助雕刻机雕刻。用绞磨机等机械简单处理砚台整体，再用手工雕琢砚台的图案、图饰，并打磨和抛光。

③ 复制清宫御砚

仿制清宫御砚的质地、颜色、刷丝、图案进行雕琢。

（2）质量特色

① 感官特色

颗粒度小，质地致密、细腻，手感凉爽，抚摸略有滑涩感。色系丰富，色彩众多，以绿色为主，分翡翠绿、苹果绿、杨黄绿、菠菜绿、青灰绿、淡灰绿、暗灰绿7个绿色级别。

② 理化指标

—摩氏硬度：4.0~4.5。

—密度：2.64~2.74克/立方米。

—吸水率：0.09%~0.98%。

—抗压强度：78.13~121.20兆帕。

③ 安全及其他质量技术要求

产品安全及其他质量技术要求必须符合国家相关规定。